Klaus Kleinmann

D1725634

Die Turbo-Übungs-grammatik

von ziemlich leicht bis ganz schön schwer

Deutsch als Zweitsprache
in der Sekundarstufe

BRIGG
Pädagogik
VERLAG

Klaus Kleinmann

Die Turbo-Übungsgrammatik

von ziemlich leicht bis ganz schön schwer

Deutsch als Zweitsprache

Übungsmaterial mit separatem Lösungsschlüssel –
auch für grammatische Übungen
im Regelunterricht der Sekundarstufe

Lösungsheft

Gedruckt auf umweltbewusst gefertigtem, chlorfrei gebleichtem
und alterungsbeständigem Papier.

1. Auflage 2010
Nach den seit 2006 amtlich gültigen Regelungen der Rechtschreibung
© by Brigg Pädagogik Verlag GmbH, Augsburg

ISBN 978-3-87101-**436**-9

www.brigg-paedagogik.de

Lösungen

Die Lösungen werden im folgenden unter der gleichen Gliederungsnummer aufgeführt, unter der sie in den einzelnen Kapiteln erscheinen.

2. Die Verben: Erste Schritte

2.1 Die Endungen der Verben im Präsens

▶ **Bilde die richtige Form und setze ein:**

Hallo Serkan, wohin gehst du? Ich gehe jetzt nach Hause.	gehen, gehen
Arbeiten Sie? – Ja, das sehen Sie doch!	arbeiten sehen
Klaus und Markus, was macht ihr? – Wir spielen Schach!	machen spielen
Da kommt Markus. – Er wohnt in Berlin.	kommen wohnen
Wann fahren wir endlich los? Wann kommt unser Zug an?	fahren kommen
Rechnest du gerne? Ja, ich rechne sehr gerne.	rechnen rechnen
Malt Paul gerne? – Ich glaube, er singt lieber.	malen glauben singen
Wir brauchen Kreide. Serkan holt welche.	brauchen holen
Wer kennt den Weg ins Kino? – Wir kennen ihn.	kennen kennen

▶ **Kombiniere und schreibe auf**: du gehst, wir malen, ihr macht; sie wohnt, wir fahren, ich schreibe; sie machen, du spielst, ich hole

2.2 Das Präsens einiger Verben mit Vokaländerung

▶ Setze die richtige Form im Präsens ein.

fahren (Achtung, Umlaut!)
Ich fahre mit der Straßenbahn. – Du fährst mit dem Auto. – Serkan fährt nach Frankfurt. – Wir fahren heim. – Ihr fahrt mit dem Bus in die Schule. – Sandra und Serkan fahren Fahrrad. – Herr Maier, fahren Sie Ski?

laufen (Achtung, Umlaut!)
Ich laufe nach Hause. – Du läufst sehr schnell. – Petra läuft mit mir um die Wette. – Wir laufen durch den Wald. – Ihr lauft schon eine Stunde. – Paul und Hans laufen zum Kiosk.

helfen (Achtung, Umlaut!)
Ich helfe dir in der Schule. – Du hilfst mir in der Schule. – Hanna hilft mir heute bei den Hausaufgaben. – Wir helfen Opa Schneider im Garten. – Ihr helft euch am besten selber. – Leon und Jessi helfen ihrer Mutter im Haushalt.

lesen (Achtung, Umlaut!)
Ich lese nicht nur in der Schule. – Du liest einen spannenden Roman. – Das kleine Kind liest noch sehr langsam. – Wir lesen täglich Zeitung. – Ihr lest zu wenig. – David und Nino lesen sich gegenseitig Witze vor.

▶ **Schreibe folgende Sätze in dein Heft. Setze die richtige Form am Stern ein:**

Der Bundeskanzler empfängt den Minister. – Du bäckst einen Kuchen. – Kevin isst ein Eis. – Das Kind schläft noch nicht. – Du hilfst deiner Mutter. – Der Wind bläst. – Paul trägt seinen Ranzen. – Die Pflanze wächst schnell. – Das Eis schmilzt im Frühling. – Du weißt Bescheid. – Der Schütze trifft ins Ziel. – Dein Pulli gefällt mir. – Der Torwart fängt den Ball. – Das Hähnchen brät im Grill. – Heute geschieht nicht viel. – Du wäschst dein T-Shirt. – Pascal fährt Auto. – Der Apfel fällt vom Baum. – Petra liest viel. – Er spricht nicht mit mir. – Das Kind schlägt einen Purzelbaum. – Du wirfst mit einem Schneeball. – Sie gibt ihrem Bruder das Buch. – Er tritt in einen Hundehaufen. – Du siehst mich wohl nicht. – Der Ochse stößt mit seinen Hörnern. – Petra vergisst ihre Hausaufgaben. – Paul nimmt sich einen Kaugummi. – Der Schreiner misst den Tisch nach. – Der Hund gräbt ein Loch in die Erde.

2.3 Der Imperativ

▶ **Bilde solche Sätze im Imperativ; verwende die Formen mit „du", „ihr" und „Sie"**

warten	Peter, warte bitte. Marta und Paul, wartet bitte. Herr Meier, warten Sie bitte.
schreiben	Peter, schreibe bitte. Marta und Paul, schreibt bitte. Herr Meier, schreiben Sie bitte.
nicht weinen	Peter, weine nicht. Marta und Paul, weint nicht. Herr Meier, weinen Sie nicht.
fragen; mich	Peter, frage mich. Marta und Paul, fragt mich. Herr Meier, fragen Sie mich.

Klaus Kleinmann: Die Turbo-Übungsgrammatik · Best.-Nr. 436
© Brigg Pädagogik Verlag GmbH, Augsburg

▶ **Bilde weitere Sätze im Imperativ; verwende die Formen mit „du", „ihr" und „Sie":**

Bring(e) mir bitte den Mantel. Bringt mir bitte den Mantel. Bringen Sie mir bitte den Mantel.
Hol(e) mir bitte eine Banane. Holt mir bitte eine Banane. Holen Sie mir bitte eine Banane.
Such(e) bitte den Bleistift. Sucht bitte den Bleistift. Suchen Sie bitte den Bleistift.
Putz(e) den Tisch. Putzt den Tisch. Putzen Sie den Tisch.
Mal(e) ein Bild. Malt ein Bild. Malen Sie ein Bild.
Schenk(e) mir bitte mal ein Blatt. Schenkt mir bitte mal ein Blatt. Schenken Sie mir bitte mal ein Blatt.

Die Wörter „bitte" und „mal" sind fakultativ. Sie können in allen Sätzen stehen, müssen aber nicht. Das ist eine Frage der Höflichkeit.

▶ **Hier brauchst du die Form mit „Sie" nicht zu schreiben. Verwende im Singular „deinen/deine/dein", im Plural „euren/eure/euer". Dein Lehrer hilft dir, das ist nicht schwer:**

Rufe deine Schwester. Ruft eure Schwester. – Hole deinen Bruder. Holt euren Bruder. – Putze deine Brille. Putzt eure Brille (sinnvoller: eure Brillen). – Zeige mir dein Heft. Zeigt mir euer Heft. – Sage mir deinen Namen. Sagt mir euren Namen. – Rechne deine Aufgabe. Rechnet eure Aufgabe. – Benutze deinen Radiergummi. Benutzt euren Radiergummi.

Hier kann immer das fakultative „bitte" stehen. Außer bei „rechne" kann das End -e in der Singularform wegfallen.

▶ **Bilde Sätze mit den Formen „du", „ihr" und „Sie":**

Sprich langsam. Sprecht langsam. Sprechen Sie langsam. – Hilf mir. Helft mir. Helfen Sie mir. – Iss den Apfel. Esst den Apfel. Essen Sie den Apfel. – Nimm ein Messer. Nehmt ein Messer. Nehmen Sie ein Messer. – Brich das Brot. Brecht das Brot. Brechen Sie das Brot. – Gib mir eine Blume. Gebt mir eine Blume. Geben Sie mir eine Blume. – Wirf den Ball zu mir. Werft den Ball zu mir. Werfen Sie den Ball zu mir. – Lies den Text. Lest den Text. Lesen Sie den Text.

2.4 Die Formen von „haben" und „sein"

▶ **Setze die richtigen Formen von „haben" ein:**
Klaus hat heute keine Lust zu rechnen. – Marco, hast du morgen Zeit? – Wir haben heute Deutschkurs. – Petra hat einen roten Pullover an. – Ihr habt eure Aufgaben gemacht. – Ich habe gut geschlafen. – Wir haben gut geschlafen. – Yildiz und Paul haben viel gelacht. – Sie haben wohl ein neues Auto, Herr Meier? – Ich habe den Bericht in der Zeitung gelesen. – Das kleine Kind hat Hunger. – Ich habe Hunger. – Habt ihr die Hausaufgaben gemacht? – Er hat keine Lust zu arbeiten. – Du hast eine gute Note verdient.

▶ **Setze die richtigen Formen von „sein" ein:**

Ich bin noch müde. – Klaus ist hungrig. – Wir sind spazieren gegangen. – Er ist nicht da. – Ihr seid schlau. – Du bist fleißig. – Ihr seid heute besonders schnell. – Herr Meier, sind Sie fertig? – Das Kind ist hingefallen. – Klaus und Katrin sind heute nicht in der Schule. – Sabine und Petra, seid ihr gerne in Deutschland?

2.5.1 Wir üben die Verwendung der Hilfsverben

a) Die Verwendung von „haben" im Sinne von „besitzen". Bilde Sätze:
Ich habe einen neuen Computer. – Du hast einen schönen Anorak. – Herr Meier hat einen Sechser im Lotto. Jetzt hat er keine Sorgen mehr, denn er hat ja jede Menge Geld. Dafür hat er keine Frau. – Wir haben bald Ferien. Unsere Eltern haben schon Pläne für eine weite Reise. – Habt ihr schon die Aufgaben für morgen? Was haben wir denn in Mathe auf? Sveta, welches Ergebnis hast du? – Ich habe Lust, Motorrad zu fahren. Wer hat noch Lust darauf?

b) Die Verwendung von „sein" als Beschreibung eines Zustandes:
Leon und Serkan sind die besten Fußballspieler im Verein. Serkan ist noch etwas besser als Leon. Ich selber bin darin nicht ganz so gut, ich bin im Zeichnen besser. Wie gut seid ihr im Fußballspielen? – Heute ist es ziemlich heiß. – Wir sind noch müde von gestern. – Wie spät ist es? – Yildiz, warum bist du noch nicht fertig? Ich bin doch fertig, hier ist das Ergebnis. – Wo ist die Bushaltestelle? – Ich hoffe, ihr seid mit euren Lehrern zufrieden. – Frau Meier ist Ärztin von Beruf, Herr Müller ist Schlosser.

c) Hier musst du selber entscheiden, ob „haben" oder „sein" verwendet wird:
Unser Deutschlehrer ist krank, deswegen haben wir schon nach der 5. Stunde frei. – Herr Meier ist zwar nach seinem Lottogewinn reich, doch er ist traurig, dass er keine Frau hat. Aber mit viel Geld ist es nicht mehr so schwer, eine zu finden. Sicher hat er bald eine. Seine Schulden ist er jedenfalls los, da hat er ein großes Problem weniger. – Paul hat ein schönes Moped. Er ist auch ein guter Fahrer. – Wir sind die netteste Klasse an der Schule, und wir haben die nettesten Lehrer. – „Lena, hast du einen neuen Pullover? Er ist jedenfalls sehr hübsch." – „Nein, ich habe keinen neuen Pullover, er ist schon älter. Aber ich habe ihn heute seit langer Zeit zum ersten Mal an." – Hans ist 15 Jahre alt und er hat große Pläne. Er sagt: „In spätestens zehn Jahren bin ich Astronaut." Hast du Lust, mit ihm zu fliegen?

Klaus Kleinmann: Die Turbo-Übungsgrammatik · Best.-Nr. 436
© Brigg Pädagogik Verlag GmbH, Augsburg

d) Die Verwendung von „es gibt" (in den meisten Sätzen musst du „gibt es" schreiben):
Es gibt keine Dinosaurier mehr. In Deutschland gibt es auch keine Kängurus. Gibt es in deinem Land Wölfe? Bei uns gibt es wieder welche, aber es gibt nicht sehr viele davon. – „Gibt es in dem Laden da drüben gute Brötchen?" „Keine Ahnung, aber es gibt dort gute Stückchen." – In unserer Klasse gibt es kaum jemanden, der nicht gern in die Schule geht. – Wo gibt es hier in der Nähe eine Tankstelle? Wo gibt es einen Bäckerladen und wo gibt es einen Aldi? – Die Milch ist alle, es gibt keine mehr. Im Supermarkt gibt es aber noch welche, da gibt es auch Kaugummi und Mäusespeck.

2.6   Das Perfekt (einfache Form mit „haben")

▶ **Bilde Sätze im Perfekt; verwende das Verb in Klammern; setze am * die richtige Personalform von „haben" ein, am + die Form mit ge---t (das Partizip II):**

1. Die Arbeiter haben ein großes Haus gebaut. – 2. Ich habe mir gestern am Kiosk einen Lolli gekauft. – 3. Er hat sehr gut geschmeckt. – 4. Zum Glück habe ich meinen Fehler gerade noch im richtigen Moment gemerkt. – 5. Boris hat viel Geld gespart. – 6. Er hat sich davon ein neues Auto gekauft. – 7. Ihr habt einen neuen Klassensprecher gewählt. – 8. Leon und Sveta haben Urlaub an der Nordsee gemacht. – 9. Meine Mutter hat mich heute sehr früh geweckt. – 10. Dabei habe ich gerade so schön geträumt. – 11. Wir haben letztes Jahr noch in Kasachstan gewohnt. – 12. Ihr habt eure Schuhe sehr schön geputzt. – 13. Du hast jetzt schon eine Menge über das Perfekt gelernt.

Kleine Variation I: Verben auf -eln und -ern

▶ **Bilde Sätze nach dem gleichen Muster wie in der letzten Aufgabe:**

1. Wir haben unserer Lehrerin zum Geburtstag etwas Schönes gebastelt. – 2. Sie hat mit uns lange gefeiert. – 3. Mama hat mir meine neue Bluse gebügelt. – 4. Beim Gewitter hat es laut gedonnert. – 5. Das Konzert hat nicht sehr lange gedauert. – 6. Der Wärter hat die Robben im Zoo mit vielen Fischen gefüttert. – 7. Du hast deine Meinung geändert. – 8. Ihr habt völlig richtig gehandelt. – 9. Kevin und Paul haben viele Magic-Karten gesammelt. – 10. Der kleine Hund hat vor Hunger laut gejammert.

Kleine Variation II:

▶ **Bilde wieder Sätze nach dem Muster wie oben:**

1. Du hast mir noch nicht auf meine Frage geantwortet. – 2. Die Kirchenglocken haben geläutet. – 3. Petra hat den Brief mit zitternden Fingern geöffnet. – 4. Wir haben eine große Wohnung in Frankfurt gemietet. – 5. Tanja hat ein wunderschönes Pferd gezeichnet. – 6. Die Bauern haben das Korn geerntet. – 7. Mein ältester Bruder hat vor zwei Wochen geheiratet. – 8. Ich habe mich in dieser Stunde sehr oft gemeldet. – 9. Es hat seit Wochen nicht mehr richtig geregnet. – 10. Du hast das Fenster weit geöffnet. – 11. Meine Mutter hat die verdorbene Milch ins Klo geschüttet. – 12. Meine neuen Schuhe haben sehr viel Geld gekostet.

2.7   Das Perfekt mit „sein"

▶ **Bilde wieder Sätze nach diesem Muster; verwende aber diesmal am Stern die richtige Form von „sein":**

1. Das Flugzeug ist gestern Abend vom Flughafen Frankfurt gestartet. – 2. Heute Morgen ist es in Moskau gelandet. – 3. Serkan und Sveta sind in die Schule geradelt. – 4. Der kleine Leon ist über einen Stein gestolpert. – 5. Dabei ist er auf den Boden gestürzt. – 6. Auf der Wanderung sind wir immer brav der Lehrerin gefolgt. – 7. Du bist auf einen hohen Baum geklettert. – 8. Ihr seid gestern über den Teich gerudert. – 9. Mein Großvater ist um die halbe Welt gereist. – 10. An meinem Fahrrad ist ein Reifen geplatzt.

2.8   Das Perfekt ohne die Vorsilbe „ge-" beim Partizip II

▶ **Bilde wieder Sätze nach dem bekannten Muster mit „haben"; die Varianten I und II sind jetzt gleich dabei, du schaffst das schon:**

1. Er hat seine Bücher auf dem Gepäckträger befestigt. – 2. Du hast uns gestern nicht besucht. – 3. Ein Polizist hat einen Verbrecher beobachtet. – 4. Dann hat er ihn verfolgt. – 5. Am Ende hat er ihn verhaftet. – 6. Die Leute haben ihn für seinen Mut bewundert. – 7. Sein Chef hat ihn für die gute Arbeit belohnt. – 8. Der Uhrmacher hat die Uhr in ihre Einzelteile zerlegt. – 9. Meine Eltern haben mir den Kinobesuch erlaubt. – 10. Der Hund hat die Schuhe zerkaut.

begegnen: Ich **bin** der Bundeskanzlerin auf der Straße **begegnet**.

Klaus Kleinmann: Die Turbo-Übungsgrammatik · Best.-Nr. 436
© Brigg Pädagogik Verlag GmbH, Augsburg

▶ **Konjugiere weiter und schreibe alle möglichen Sätze auf:**

Du bist der Bundeskanzlerin auf der Straße begegnet. Er ist der Bundeskanzlerin auf der Straße begegnet. Wir sind der Bundeskanzlerin auf der Straße begegnet. Ihr seid der Bundeskanzlerin auf der Straße begegnet. Sie sind der Bundeskanzlerin auf der Straße begegnet.

2.9 Die Teilung des Verbs

▶ **Bilde Sätze wie in den Kästen oben. Achte auf die Teilung des Verbs:**

1. Du siehst heute besonders nett aus. – 2. Ich stehe jeden Morgen früh auf. – 3. Serkan kommt ins Kino mit. – 4. Nach der Pause gehen wir in die Klasse zurück. – 5. Meine Oma kommt morgen mit dem Flugzeug aus Moskau an. – 6. Nach dem Deutschkurs ruhe ich mich zu Hause aus. – 7. Wir hören in der Schule gut zu. – 8. Hier kommen alle Schüler gerne hin. – 9. Sveta fährt morgens immer ganz früh los. – 10. Sie kommt abends immer ganz spät zurück.

2.10 Der Imperativ teilbarer Verben

▶ **Bilde Sätze. Beachte die Verbstellung in der Satzklammer:**

1. Tina, fange bitte deine Arbeit an. – 2. Leon und Jessi, macht bitte euer Heft auf. – 3. Hans, kaufe bitte Brot und Käse ein. – 4. Petra, mache dein Buch zu. – 5. Herr Meier, geben Sie mir bitte meine Jacke zurück. – 6. Sabine und Sandra, räumt bitte euer Zimmer auf. – 7. Petra, rufe bitte mal deine Mutter an. – 8. Frau Kowalski, packen Sie bitte das Parfüm und den Lippenstift ein. – 9. Helena, hole bitte unseren Vater vom Bahnhof ab. – 10. Papa, wirf bitte das Blatt weg. – 11. Sandra und Serkan, packt mal euren Atlas aus. – 12. Leon, ziehe bitte heute keinen Pullover an. – 13. Paul, lade bitte Peters Schwester zur Party ein. – 14. Frau Müller, treten Sie bitte ein. – 15. Lisa, gib bitte deine Bücher in der Bibliothek ab.

2.11 Das Perfekt teilbarer Verben

▶ **Bilde Sätze, zunächst im Präsens, dann im Perfekt. Das Perfekt wird immer regelmäßig mit „haben" gebildet.**

1. Tina guckt beim Test von ihrer Nachbarin ab. Tina hat beim Test von ihrer Nachbarin abgeguckt. 2. Oma klebt die Briefmarke auf. Oma hat die Briefmarke aufgeklebt. – 3. Dann schickt sie den Brief ab. Dann hat sie den Brief abgeschickt. – 4. Florian regt sich über Tanja auf. Florian hat sich über Tanja aufgeregt. – 5. Du strengst dich richtig an. Du hast dich richtig angestrengt. – 6. Der alte Mann lehnt sich an die Mauer an. Der alte Mann hat sich an die Mauer angelehnt. – 7. Ihr lacht eine Mitschülerin aus. Ihr habt eine Mitschülerin ausgelacht. – 8. Wir stimmen über einen neuen Kurssprecher ab. Wir haben über einen neuen Kurssprecher abgestimmt. – 9. Danach zählen wir die Stimmzettel aus. Danach haben wir die Stimmzettel ausgezählt. – 10. Ich kämme meinem Hund die Haare durch. Ich habe meinem Hund die Haare durchgekämmt. – 11. Sergej klappt das Heft zu. Sergej hat das Heft zugeklappt. – 12. Er legt seinen Füller weg. Er hat seinen Füller weggelegt. – 13. Dann macht er das Buch zu. Dann hat er das Buch zugemacht. – 14. Der Abschleppdienst schleppt unser Auto ab. Der Abschleppdienst hat unser Auto abgeschleppt. – 15. Der Polizist führt den Verbrecher ab. Der Polizist hat den Verbrecher abgeführt. – 16. Du machst mir alles nach. Du hast mir alles nachgemacht. – 17. Nach dem Essen stellen wir das schmutzige Geschirr weg. Nach dem Essen haben wir das schmutzige Geschirr weggestellt. – 18. Wir trocknen in der Küche das Geschirr ab. Wir haben in der Küche das Geschirr abgetrocknet. – 19. Zusammen räumen wir die Küche auf. Zusammen haben wir die Küche aufgeräumt.

2.12 Die Modalverben

▶ **Setze die richtigen Formen ein:**

können
Kannst du heute zu mir kommen? – Ihr könnt gut schreiben. – Wir können lesen. – Ich kann dich verstehen. – Serkan kann rechnen. – Sandra und Sabine können auf den Händen laufen.

wollen
Wir wollen ein Eis essen. – Leon will ein Fahrrad kaufen. – Petra und Sandra wollen telefonieren. – Ihr wollt gerne schreiben. – Willst du heute zu mir kommen?

mögen (im Sinne von „wollen")
Ich möchte einen Kuchen backen. – Möchtest du bei uns zu Mittag essen? – Wir möchten fernsehen. – Tanja möchte ins Schwimmbad gehen. – Paul und Jessi möchten ins Kino gehen. – Möchtet ihr ein Eis essen?

mögen (im Sinne von „gern haben")
Ich mag Spaghetti. – Magst du Hähnchen? – Wir mögen keinen Fisch. – Serkan mag Jessi. – Paul und Jessi mögen sich. – Magst du die „Toten Hosen"?

Klaus Kleinmann: Die Turbo-Übungsgrammatik · Best.-Nr. 436
© Brigg Pädagogik Verlag GmbH, Augsburg

dürfen

Petra und Sandra dürfen ins Kino gehen. – Niemand darf in der Nase bohren. – Du darfst bei uns übernachten. – Ihr dürft euch ein Eis kaufen. – Ich darf das nicht erzählen. – Wir dürfen ein Glas Cola trinken. –

müssen

Petra muss heute früh ins Bett gehen. – Ich muss meiner Freundin helfen. – Wir müssen in die Schule gehen. – Ihr müsst Hausaufgaben machen. – Leon und Tina müssen dringend etwas besprechen. – Musst du am Samstag arbeiten?

2.13 Die Satzklammer bei Modalverben

▶ **Formuliere diese Sätze so, dass dabei das Modalverb in der Klammer verwendet wird.**

Serkan will über die Straße laufen. – Petra und Sabine können auf den Fingern pfeifen. – Ihr sollt keine schlechten Witze erzählen. – Wir müssen die neuen Wörter lernen. – Du darfst im Sommer zu uns kommen. – Ihr wollt zusammen ins Kino gehen. – Herr Maier möchte in den Ferien verreisen. – Du willst einen großen Fisch angeln. – Das kleine Kind kann schon bis drei zählen. – Wir müssen zu Fuß gehen. – An Silvester wollen wir Raketen steigen lassen.

2.14 Das Perfekt der Modalverben

▶ **Setze nun folgende Sätze**
  a) ohne Modalverb ins Perfekt.
  b) mit einem passenden Modalverb ins Perfekt. Verwende das Modalverb in Klammern.

a) Wir sind auf einen Baum geklettert. – Wir haben im Supermarkt eingekauft. – Leon hat Sabine begleitet. – Petra und Sabine haben mit großen Zahlen gerechnet. – Ihr habt ein schönes Bild gemalt. – Wir haben im heißen Klassensaal geschwitzt. – Du hast ein Schnitzel bestellt. – Herr Maier hat eine Zigarre geraucht. – Du hast einen großen Fisch geangelt. – Hans hat seine Schwester geärgert. – Wir sind bis zur Insel gerudert.

b) Wir haben auf einen Baum klettern wollen. – Wir haben im Supermarkt einkaufen müssen. – Leon hat Sabine begleiten wollen. – Petra und Sabine haben mit großen Zahlen rechnen müssen. – Ihr habt ein schönes Bild malen wollen. – Wir haben im heißen Klassensaal schwitzen müssen. – Du hast ein Schnitzel bestellen dürfen. – Herr Maier hat eine Zigarre rauchen wollen. – Du hast einen großen Fisch angeln sollen. – Hans hat seine Schwester ärgern wollen. – Wir haben bis zur Insel rudern können.

3.1 Keine Angst vor langen Wörtern

▶ **Versuche die Bedeutung folgender Wörter zu verstehen.**

die Tanz**musik**	die Musik, zu der man tanzen kann
der Brief**träger**	der Mensch, der die Briefe austrägt
der Katzen**korb**	der Korb, in dem die Katze schläft
die Bau**stelle**	die Stelle, wo gebaut wird
der Viertakt**motor**	der Motor, der in vier Takten arbeitet
der Moped**führerschein**	der Schein (= die Erlaubnis), ein Moped zu führen (= zu fahren)
die Lange**weile**	die Zeit (= Weile), die einem lang wird
der Eis**bär**	der Bär, der im Eis lebt
die Scheibenwasch**anlage**	die Anlage, die die Scheiben wäscht

▶ **Suche auch hier die Bedeutung, indem du mit dem letzten Teil anfängst.**

eisenhart	so hart wie Eisen	messerscharf	so scharf wie ein Messer
eiskalt	so kalt wie Eis	mausgrau	so grau wie eine Maus
blutrot	so rot wie Blut	zitronengelb	so gelb wie eine Zitrone
rabenschwarz	so schwarz wie ein Rabe	schweinchenrosa	so rosa wie ein Schweinchen
zuckersüß	so süß wie Zucker	bärenstark	so stark wie ein Bär
pfeilschnell	so schnell wie ein Pfeil	lammfromm	so fromm (so brav) wie ein Lamm

Klaus Kleinmann: Die Turbo-Übungsgrammatik · Best.-Nr. 436
© Brigg Pädagogik Verlag GmbH, Augsburg

3.2 Die Nomen und ihre Geschlechter; die Fälle

▶ Zeichne eine Tabelle mit drei Spalten (männlich – weiblich – sächlich) in dein Heft und schreibe jedes Nomen mit seinem Artikel und der Pluralform in die richtige Spalte:

männlich (maskulin)	**weiblich** (feminin)	**sächlich** (Neutrum)
der Spitzer – die Spitzer	die Tasche – die Taschen	das Buch – die Bücher
der Kuli – die Kulis	die Hose – die Hosen	das Lineal – die Lineale
der Stift – die Stifte	die Jacke – die Jacken	das Heft – die Hefte
der Pinsel – die Pinsel	die Mütze – die Mützen	das Kleid – die Kleider
der Bleistift – die Bleistifte	die Aufgabe – die Aufgaben	das Auto – die Autos
der Mantel – die Mäntel	die Blume – die Blumen	das Bild – die Bilder
der Atlas – die Atlasse (Atlanten)	die Brille – die Brillen	das Blatt – die Blätter
der Apfel – die Äpfel	die Schwester – die Schwestern	das Boot – die Boote
der Ball – die Bälle	die Decke – die Decken	das Brot – die Brote
der Block – die Blöcke	die Fahne – die Fahnen	das Messer – die Messer
	die Banane – die Bananen	das Glas – die Gläser
	die Mutter – die Mütter	
	die Gabel – die Gabeln	

3.3 Wie man Geschlecht und Pluralform der Nomen manchmal erraten kann

a) Nomen auf -ung
Suche in der Wortsammlung auf S. 164/165 weitere Nomen (23!) mit -ung: Achtung, Einladung, Entschuldigung, Erfahrung, Erkältung, Erklärung, Erzählung, Erziehung, Heizung, Meinung, Ordnung, Prüfung, Quittung, Rechnung, Regierung, Richtung, Übung, Umleitung, Unterhaltung, Wirkung, Wohnung, Zeichnung, Zeitung

Die Endsilbe -ung ist sehr häufig.

b) Nomen auf -heit
▶ Suche in der Wortsammlung auf S. 164/165 acht weitere Nomen mit -heit: Freiheit, Gelegenheit, Gesundheit, Krankheit, Schönheit, Sicherheit, Vergangenheit, Wahrheit

c) Nomen auf -keit und -schaft
Suche in der Wortsammlung auf S. 164/165 je drei weitere Nomen mit -keit und -schaft: Geschwindigkeit, Möglichkeit, Schwierigkeit, Freundschaft, Gesellschaft, Leidenschaft

d) Nomen auf -erei
▶ Suche weitere Nomen mit -erei:
die Rennerei, die Fresserei, die Brüllerei, die Sauerei, die Raserei, die Schneiderei, die Schlosserei, …

e) Nomen auf -in/-innen
▶ Suche weitere Nomen mit -in/-innen:
die Polizistin, die Direktorin, die Präsidentin, die Siegerin, die Beamtin, die Sportlerin, die Zuschauerin, die Rednerin, die Sekretärin, die Französin, die Italienerin, die Spanierin, …

f) Nomen auf -ling
Suche in der Wortsammlung auf S. 164/165 zwei weitere Nomen mit -ling: Frühling, Schmetterling

g) Nomen auf -chen
▶ Suche in der Wortsammlung auf S. 164/165 zwei weitere Nomen mit -chen: Mäppchen, Päckchen

3.4 Ein wichtiger Fall: Der Akkusativ

▶ **Bestimme die Akkusativ-Objekte und unterstreiche sie rot:**

Der Stürmer schießt **den Ball** in Richtung Tor. Der Torwart versucht **eine Parade**, aber er kann **den Ball** nicht fangen. Die andere Mannschaft wird **das Spiel** wohl gewinnen. Die Fans singen schon **Siegeslieder**. Der Torwart zieht **ein trauriges Gesicht** und beschließt, sich nun **besonders große Mühe** zu geben.

Klaus Kleinmann: Die Turbo-Übungsgrammatik · Best.-Nr. 436
© Brigg Pädagogik Verlag GmbH, Augsburg

▶ **Bilde Sätze und verwende an allen Stellen die richtigen Formen.**

1. Ein Junge bekommt einen Ball. – 2. Du suchst deinen Füller. – 3. Unsere Putzfrau putzt das Fenster (auch: die Fenster, Plural). – 4. Meine Mutter weckt meine Schwester. – 5. Monika trägt einen Rock. – 6. Der Hund riecht das Futter. – 7. Tanja trinkt gerne eine Tasse Tee. – 8. Er hat seinen Regenschirm vergessen. – 9. Du musst die Kekse probieren. – 10. Ein Herr macht eine Reise. – 11. Tante Olga wäscht den Pullover. – 12. Der Bademeister rettet ein Mädchen aus dem Wasser. – 13. Ein schlauer Mensch versteht viele Sprachen. – 14. Ein Schüler liest ein Buch. – 15. Der Wächter schließt die Tür. – 16. Die 9. Klasse wählt einen Klassensprecher.

3.4.1 Präpositionen, die immer den Akkusativ verlangen

▶ **Bilde Sätze und verwende an allen Stellen die richtigen Formen. Du musst hier nicht immer etwas dazuschreiben, manche Formen sind schon komplett. Überlege genau:**

1. Ein Hase läuft durch das Gras. – 2. Ein Vogel fliegt um das Haus. – 3. Ich stimme für ein Mädchen als Kurssprecherin. – 4. Ein Auto fährt gegen einen Baum. – 5. Petra kommt ohne ihren Anorak nach Hause. – 6. Mein Kollege tauscht seinen alten Fernseher gegen ein neues Gerät.

3.4.2 Die Personalpronomen im Akkusativ:

▶ **Bilde Sätze und verwende an allen Stellen die richtigen Formen. Das Personalpronomen ist eingeklammert und muss meistens verändert werden.**
1. Mein Freund besucht mich heute.
2. Der Geheimagent beobachtet uns durch sein Fernglas.
3. Ich spiele gegen dich. – Du spielst gegen mich. – Er spielt gegen ihn. – Ich spiele gegen sie. – Ihr spielt gegen uns. – Wir spielen gegen euch. – Wir spielen gegen sie. – Ich spiele gegen Sie.
4. Ich liebe dich. – Du liebst mich. – Ich liebe ihn. – Ich liebe sie. – Ich liebe es. – Wir lieben euch. – Ihr liebt uns. – Ihr liebt sie. – Ich liebe Sie.

3.5 Ein anderer wichtiger Fall: Der Dativ

▶ **Suche in diesen Sätzen das Dativ-Objekt. Unterstreiche es grün. (Es ist nicht in allen Sätzen vorhanden.)**

Der große Knall
Der alte Schornstein nützte **niemandem** mehr. Also montierten Arbeiter dicke Sprengladungen. Sprengmeister Knallfrosch gab **seinen Kollegen** ein Zeichen. Bei der Explosion stand **den Zuschauern** der Atem still. Sekunden später sah man von dem Schornstein nur noch rauchende Trümmer. Die Zuschauer applaudierten **dem Sprengkommando**. Diese Arbeit gefiel **Sprengmeister Knallfrosch**. Das wollen wir **ihm** gerne glauben. Die Zeitungen berichteten **ihren Lesern** am nächsten Tag ausführlich über das Ereignis.

▶ **Bilde Sätze und verwende an allen Stellen die richtigen Formen:**

1. Meine Tante hilft einem Nachbarn. – 2. Der Lehrer hört einem Schüler zu. – 3. Der Schüler dankt dem Lehrer – 4. Die Tochter antwortet der Mutter. – 5. Das Bild gefällt der Frau. – 6. Meine Schwester begegnet einem Monster. – 7. Ein Mädchen hört einem Vogel zu. – 8. Das Fahrrad gehört meinem Freund. – 9. Ein Kollege berichtet dem Direktor von der Klassenfahrt. – 10. Mein Opa gehorcht dem Arzt. – 11. Der König verzeiht einem Gegner. – 12. Der Angestellte glaubt seinem Chef.

▶ **Schreibe diese Sätze in Singular und Plural. Achte immer auf die richtigen Formen:**

1. Der Polizist nähert sich dem Einbrecher. – 2. Der Einbrecher entkommt aber dem Polizisten. – 3. Der Fan applaudiert dem Sänger. – 4. Die Übung nützt dem Schüler. – 5. Die Hose passt dem Mädchen. – 6. Die Erdbeere schmeckt meiner Schwester. – 7. Das Auto gefällt dem Mann. – 8. Der Zuhörer applaudiert der Sängerin.
1. Die Polizisten nähern sich den Einbrechern. – 2. Die Einbrecher entkommen aber den Polizisten. – 3. Die Fans applaudieren den Sängern. – 4. Die Übungen nützen den Schülern. – 5. Die Hosen passen den Mädchen. – 6. Die Erdbeeren schmecken meinen Schwestern. – 7. Die Autos gefallen den Männern. – 8. Die Zuhörer applaudieren den Sängerinnen.

3.5.1 Präpositionen, die immer den Dativ verlangen:

▶ **Bilde wieder Sätze:**
1. Ein Junge kommt aus einem Haus. – 2. Mein Onkel fährt morgen zu seiner Verlobten. – 3. Eine Schülerin vergisst ihr Heft bei einer Freundin. – 4. In den Ferien verreise ich mit meinen Eltern. – 5. Oma bekommt Post von ihrem Enkel. – 6. Ich wohne seit einem Jahr in Deutschland. – 7. Niemand außer meinem Freund versteht die Aufgabe. – 8. Ein Junge sitzt einem Mädchen gegenüber. – 9. Petra schaut ihrer Schwester gerne bei der Arbeit zu. – 10. Leon liegt seit seinem Unfall im Krankenhaus.

Klaus Kleinmann: Die Turbo-Übungsgrammatik · Best.-Nr. 436
© Brigg Pädagogik Verlag GmbH, Augsburg

3.5.2 Die Personalpronomen im Dativ:

▶ **Bilde Sätze:**

1. Das Eis schmeckt mir.
2. Das Gehalt genügt meinem Vater nicht. Am Ende des Monats fehlen ihm immer 200 Euro.
3. Ich fahre mit dem Fahrrad zu dir.
4. Ich habe alles, mir fehlt nichts.
5. Der Wirt bringt mir ein Cola.
6. Er kommt zu mir. – Er kommt zu dir. – Er kommt zu ihm. – Er kommt zu ihr. – Er kommt zu ihm. – Er kommt zu uns. – Er kommt zu euch. – Er kommt zu Ihnen.
7. Du sitzt bei mir. – Ich sitze bei dir. – Du sitzt bei ihm. – Du sitzt bei ihr. – Du sitzt bei ihm. – Du sitzt bei uns. – Sie sitzt bei euch. – Du sitzt bei ihnen.
8. Ihr fahrt mit mir. – Er fährt mit dir. – Ihr fahrt mit ihm. – Ihr fahrt mit ihr. – Ihr fahrt mit ihm. – Ihr fahrt mit uns. – Ihr fahrt mit ihnen.
9. Du bekommst noch Geld von mir. – Ich bekomme noch Geld von dir. – Wir bekommen noch Geld von ihm. – Sie bekommt noch Geld von ihr. – Ihr bekommt noch Geld von uns. – Ich bekomme noch Geld von euch. – Ich bekomme noch Geld von Ihnen.

3.6 Wo oder Wohin? Dativ oder Akkusativ?

3.6.1. Wo? – Dativ

▶ **In diesen Sätzen ist die Präposition immer mit der Frage Wo? verbunden. Verwende also immer den Dativ. Die Form des Artikels („der" oder „dem") richtet sich nach dem Geschlecht des Nomens. Sicher schaffst du es auch, die richtige Verbform einzusetzen:**

1. Die Blumenvase steht auf dem Tisch. – 2. Das Auto parkt hinter dem Haus. – 3. Vor dem Haus steht eine Laterne. – 4. Die Katze balanciert auf der Mauer. – 5. Danach versteckt sie sich unter dem Busch. (Fehler? Reflexive Verben wiederholen, (S. 40) – 6. Die Leiter steht an der Wand. – 7. Neben dem Bett steht eine Lampe. – 8. Wir wohnen in der Goethestraße. – 9. Unsere neue Schülerin kommt aus dem Ausland. – 10. Die Bergsteiger stehen auf dem Gipfel. – 11. Irgendetwas steht zwischen uns. – 12. Erika hält den Strohhalm zwischen den Lippen.

Achtung: Einige Präpositionen verbinden sich mit dem Dativ-Artikel „dem" oder „der":

in	+	dem	=	im
zu	+	dem	=	zum
bei	+	dem	=	beim
an	+	dem	=	am
von	+	dem	=	vom
zu	+	der	=	zur

▶ **Übe das in folgenden Sätzen. Setze die richtige Form der Präposition ein:**

1. Schöne weiße Wolken ziehen am Himmel vorbei. – 2. Die Kleider liegen im Schrank. – 3. Wir verbringen die Ferien am Meer. – 4. Dort liegen wir stundenlang am Strand. – 5. Oder wir schwimmen im Wasser. – 6. Wir wollen gar nicht mehr vom Strand weg. – 7. Kevin ist beim Klassentreffen. – 8. Die Kinder laufen zum Kiosk. – 9. Ich gehe heute wie immer zur Schule. – 10. Danach gehe ich zur Nachhilfe. – (Schlauberger, aufgepasst: „zu" braucht **immer** den Dativ! Deshalb wird in den letzten drei Sätzen trotz der Frage „wohin?" der Dativ benutzt.)

▶ **Nun kannst du das auch in vermischten Sätzen. Entscheide jeweils, ob du die kombinierte Form „am, zum, im, beim, vom" oder die getrennte Form (Präposition + Artikel) verwenden musst. Wenn du die kombinierte Form brauchst, ist die Angabe „d___" nicht nötig. Lasse sie dann weg und setze nur „am, zum, im, beim, vom" ein:**

1. Paul verschluckt sich am Kaffee. – 2. Opa Meier sitzt gerne unter dem blühenden Fliederbusch. – 3. Der Wecker jagt mich aus dem Bett. – 4. Ich rieche an der Blume. – 5. Der Redner liest vor der Rede noch einmal im Manuskript. – 6. Wir spielen gerne im Schnee, doch der taut schon in der Sonne. – 7. Der Student arbeitet im Tropeninstitut an der Goethe-Universität. – 8. Wir warten neben der Eingangstür. – 9. Wir verzollen unsere Souvenirs am Flughafen. – 10. Wir verzollen unsere Souvenirs an der Grenze.

3.6.2. Wohin? – Akkusativ

▶ **In diesen Sätzen ist die Präposition immer mit der Frage „Wohin?" verbunden. Verwende also immer den Akkusativ. Die Form des Artikels („den", „die" oder das) richtet sich nach dem Geschlecht des Nomens:**

1. Die Katze klettert auf den Baum. – 2. Ein großes Flugzeug fliegt über die Stadt. – 3. Wirf das Papier bitte in den Abfall-

Klaus Kleinmann: Die Turbo-Übungsgrammatik · Best.-Nr. 436
© Brigg Pädagogik Verlag GmbH, Augsburg

eimer. – 4. Ich schaue dir in die Augen. – 5. Vater fährt das Auto hinter das Haus. – 6. Der Ball rollt unter das Auto. – 7. Unser Hund rennt über die Wiese. – 8. Der Kunde legt das Geld auf den Ladentisch. – 9. Beim Versteckspiel hockt sich Petra unter den Busch. – 10. Stellt bitte die Stühle auf den Tisch.

▶ **Übe die Zusammenziehung von Präposition und Artikel in folgenden Sätzen. Schreibe die richtige Form der Präposition auf die Linie.**

1. Im Sommer zieht es mich immer ans Meer. – 2. Ich gehe nämlich gerne ins Wasser. – 3. Gerne fahre ich auch mit dem Schiff auf das / aufs Meer hinaus. – 4. Abends holen die Fischer ihren Fang ans Ufer. – 5. Er wirft den Abfall heimlich hinter das / hinters Bett. – 6. Geht es dir immer nur ums Geld? – 7. Darf ich heute vor dir ins Bad? – 8. Mutter kauft alles Nötige für das / fürs Baby. – 9. Die Katze rennt unter das / unters Bett.

▶ **Nun kannst du das auch in vermischten Sätzen. Entscheide jeweils, ob du die kombinierte Form „ins, ans, aufs ...‟ oder die getrennte Form (Präposition + Artikel) verwenden musst. Wenn du die kombinierte Form brauchst, ist die Angabe "d___‟ nicht nötig. Lasse sie dann weg und setze nur „ins, ans, aufs ...‟ ein:**

1. Viele Schiffe kippen giftige Abfälle ins Meer. – 2. Herr und Frau Meier machen abends immer einen Spaziergang um das / ums Viertel. – 3. Ich denke gerne an das / ans vergangene Jahr. – 4. Ich denke gerne an den vergangenen Sommer. – 5. Ich denke gerne an die vergangene Zeit mit dir. – 6. Die Skifahrer gleiten über den Schnee. – 7. Die Schlittschuhfahrer gleiten über das / übers Eis. – 8. Male den Teufel nicht an die Wand. – 9. Nimm dein Schicksal selbst in die Hand. – 10. Paul geht aufs Ganze.

3.6.3 Bestimme Dativ- und Akkusativ-Objekte

▶ **Unterstreiche Dativ- und Akkusativ-Objekte**

fett gedruckt: Akkusativ-Objekte
kursiv gedruckt: Dativ-Objekte

Der Ritt auf der Kanonenkugel
(1) Einst belagerte ich mit meinem Heer **eine feindliche Stadt.** (2) **Ihren Namen** habe ich in der Aufregung leider vergessen. (3) Zu gerne hätten wir **die Lage in dieser Stadt** genauer kennen gelernt, aber man konnte unmöglich in die Festung hineinkommen. (4) Da kam *mir* eine prächtige Idee: (5) Ich stellte **mich** neben unserer größte Kanone. (6) Gerade flog wieder eine Kugel aus ihrem Rohr. (7) Mit einem großen Satz sprang ich hinauf! (8) Ich wollte mitsamt der Kugel in die Festung hineinfliegen! (9) Rasend schnell näherte ich **mich** *der Stadt* und konnte **manche Einzelheiten** schon gut erkennen. (10) Im Flug kamen *mir* allerdings Bedenken. (11) "Hinein kommst du leicht, aber wie kommst du wieder heraus?", dachte ich. (12) Und es ging *mir* weiter durch den Kopf: (13) "Du wirst *den Soldaten* dort wegen deiner Uniform schnell als Feind auffallen, und man wird **dich** an den nächsten Galgen hängen!" (14) Diese Überlegungen machten *mir kühnem Reiter* sehr zu schaffen. (15) Wie dankte ich *meinem Schicksal*, als sich *mir* eine feindliche Kanonenkugel näherte. (16) Sie war offenbar auf unser Lager gerichtet. (17) Flink schwang ich **mich** hinüber und flog auf ihr gesund und munter wieder zu meiner Truppe zurück. (18) Das ganze Heer applaudierte *mir* stürmisch. (19) Meine Informationen waren *unserem General* sehr nützlich.

▶ **Mache es bei diesen Sätzen genauso. Du findest die Lösung sicher auch ohne Hilfe:**

1. Das neue Hemd steht *Kevin* ganz ausgezeichnet. – 2. Der Lehrer erklärt *dem Studenten* **eine schwierige Rechtschreibregel.** – 3. Der lustige Jäger erlegt **einen flinken Hasen.** – 4. Der Kellner empfiehlt *dem Gast* **eine ganz besonders leckere Speise.** – 5. *Meinem Vater* schenke ich **ein neues Rasierwasser** zum Geburtstag. – 6. *Meiner Schwester* fällt es nicht leicht, **ihre Hose** zu bügeln. – 7. Der Arzt verschreibt *dem Patienten* **einen guten Hustensaft.** – 8. Der freundliche Mann gibt *dem armen Bettler* aus Mitleid **eine kleine Spende.** – 9. Paul hat **seinen neuen Anorak** schon zerrissen. – 10. Leihst du *deinem Banknachbarn* **einen Tintenkiller**? 11. Hast du mal **einen Euro** für mich?

3.6.4 Das Dativ- Objekt steht vor dem Akkusativ-Objekt:

▶ **Überprüfe, ob diese Regel in folgenden eingehalten wird. Wenn nicht: Bringe die Satzglieder in die richtige Reihenfolge. Lasse beim Schreiben eine Zeile frei. Unterstreiche Akkusativ-Objekte rot, Dativ-Objekte grün**

1. Der nette Junge bringt *dem Opa* **die Brille.** – 2. Der Arzt verschreibt *dem Patienten* **ein Medikament.** – 3. Der Angeklagte beweist *dem Richter* **seine Unschuld.** – 4. Herr Meier meldet *der Feuerwehr* **einen Brand.** – 5. Direktor Wichtig diktiert *seiner Sekretärin* **einen Brief.** – 6. Herr Frech verkauft *Frau Einfach* **ein kaputtes Auto.** – 7. Mutter schreibt *dem Klassenlehrer von Susi* **einen Brief.** – 8. Die Kinder singen *der Lehrerin* **ein Lied** vor. – 9. Dackel Waldemar holt *seinem Herrchen* **die Zeitung.** – 10. Der Einbrecher erzählt *dem Polizisten* **eine tolle Geschichte.** – 11. Du schenkst *deiner Freundin* **einen Ring.** – 12. Der Kellner empfiehlt *dem Gast* **einen Salat.** (Fehler beim Verb? Wiederhole S. 12). – 13. Die Kampfrichter überreichen *dem Sieger* **eine Urkunde.** – 14. Ich sage *dir* **die Wahrheit.** – 15. Petra leiht *mir* **einen Kuli.**

Klaus Kleinmann: Die Turbo-Übungsgrammatik · Best.-Nr. 436
© Brigg Pädagogik Verlag GmbH, Augsburg

3.6.5 Dativ oder Akkusativ? Vermischte Übungen

▶ **Bilde Sätze und verwende jeweils Dativ oder Akkusativ. Verwende Präposition + Artikel im richtigen Fall, verwende auch die passende Kurzform des Artikels, wo das nötig ist:**

1. Wir stehen am See. – 2. Viele Blumen blühen am Ufer. – 3. Ein großes Flugzeug fliegt über das / übers Haus. – 4. Wir fahren mit dem Auto nach Italien. – 5. Die Schauspieler spielen auf der Bühne. – 6. Hans küsst Petra auf den Mund. – 7. Der Schäfer treibt seine Schafe in den Stall. – 8. Sie fühlen sich im Stall sehr wohl. – 9. Es ist heiß, wir gehen ins Schwimmbad. – 10. Er machte mir einen Strich durch die Rechnung. – 11. Ich sitze auf dem Stuhl. – 12. Wir spielen im Garten. – 13. Im Winter sitzt die Katze gerne hinter dem Ofen. – 14. Paul setzt seine Mütze auf den Kopf. – 15. Tina näht sich einen Knopf an die Bluse. – 16. Hast du noch Limo im Glas? – 17. Vater bringt uns zum Bahnhof. – 18. Ich liege im Bett. – 19. Ich springe ins Wasser. – 20. Erika nimmt den Strohhalm zwischen die Lippen. – 21. Der Schornsteinfeger steigt auf das / aufs Dach. – 22. Die Fußballspieler rennen durch das / durchs Stadion. – 23. Ein fremder Mann kommt ins Zimmer. – 24. Petra betrachtet sich im Spiegel. – 25. Frau Koslovski schickt einen Brief an das / ans Ordnungsamt. – 26. Wir suchen Pilze im Wald. – 27. Ich stelle die Blumen in die Vase. – 28. Ich gehe ins Bad. – 29. Ich stehe unter der Dusche. – 30. Zwischen uns ist eine Wand. – 31. Du legst ein Lesezeichen zwischen die Seiten. – 32. Siehst du die vielen Sterne dort oben am Himmel? – 33. Tanja versteckt sich hinter dem Schrank. – 34. Das Buch ist hinter das / hinters Bett gefallen. – 35. Das Glas steht neben dem Teller. – 36. Darf ich mich neben dich setzen?

3.7 Ein besonderer Fall: Der Genitiv

▶ **Bilde Sätze, indem du die richtige Verbform und die richtige Form das Genitiv-Attributes einsetzt:**

a) Hier musst du bei den Verben auf die Vokaländerung achten:
1. Meine Mutter bäckt einen Kuchen für den Geburtstag meiner Schwester. – 2. Leon schläft im Bett der Eltern. – 3. Frau Meier fährt mit dem Auto ihres Mannes. – 4. Tanja läuft zum Haus des Lehrers. – 5. Du isst die Bratwurst deines Bruders.

b) Bilde diese Sätze mit der richtigen Verbform erst im Präsens, dann im Perfekt:
1. Der Lehrer ärgert sich über die Fehler seiner Schüler. – 2. Ich interessiere mich für die Schwester meines Freundes. – 3. Mein Nachbar verdient das Doppelte meines Gehaltes. – 4. Kevin hört die CD seiner Freundin. – 5. Wir kämpfen mit den Schwierigkeiten der deutschen Grammatik. – 6. Der Arzt heilt die Krankheiten seiner Patienten. – 7. Das Flugzeug landet auf dem Flugplatz der Hauptstadt. – 8. Ich bewundere die Leistungen meiner Klassenkameraden. – 9. Frau Meier bewundert den Chef ihres Mannes. – 10. Der kleine Hans öffnet den Brief seiner Oma. – 11. Die Rakete startet von der Rampe des Raumfahrtzentrums. – 12. Herr Schulze bohrt ein Loch in die Wand seines Schlafzimmers. – 13. Frau Müller macht die Tür ihrer Wohnung zu. – 14. Vater überholt das Auto des Chefs. – 15. Wir besichtigen die neue Schule unseres Sohnes. – 16. Der Bär läuft in die Falle des Jägers.

1. Der Lehrer hat sich über die Fehler seiner Schüler geärgert. – 2. Ich habe mich für die Schwester meines Freundes interessiert. – 3. Mein Nachbar hat das Doppelte meines Gehaltes verdient. – 4. Kevin hat die CD seiner Freundin gehört. – 5. Wir haben mit den Schwierigkeiten der deutschen Grammatik gekämpft. – 6. Der Arzt hat die Krankheiten seiner Patienten geheilt. – 7. Das Flugzeug ist auf dem Flugplatz der Hauptstadt gelandet. – 8. Ich habe die Leistungen meiner Klassenkameraden bewundert. – 9. Frau Meier hat den Chef ihres Mannes bewundert. – 10. Der kleine Hans hat den Brief seiner Oma geöffnet. – 11. Die Rakete ist von der Rampe des Raumfahrtzentrums gestartet. – 12. Herr Schulze hat ein Loch in die Wand seines Schlafzimmers gebohrt. – 13. Frau Müller hat die Tür ihrer Wohnung zugemacht. – 14. Vater hat das Auto des Chefs überholt. – 15. Wir haben die neue Schule unseres Sohnes besichtigt. – 16. Der Bär ist in die Falle des Jägers gelaufen.

3.8 Die n-Deklination

▶ **Streiche aus dieser Liste alle Wörter, die nicht der n-Deklination angehören.**

Nicht zur n-Deklination gehören:
der Abend, der Adler, der Apfel, der Arzt, der Ball, der Berg, der Ernst, der Erfolg, der Fall, der Fehler, der Feind, der Film, der Norden, der Beruf, der Gang, der Gast, der Gegner, der Jäger, der Kerl, der Knopf, der Laden, der Lappen, der Leser, der Rahmen, der Tod, der Zweifel, der Zorn

Mitglieder der n-Deklination sind:
der Affe, der Angeklagte, der Angestellte, der Buchstabe, der Friede, der Polizist, der Journalist, der Terrorist, der Franzose, der Kommunist, der Gedanke, der Gelehrte, der Größte, der Glaube, der Bär, der Bauer, der Nachbar, der Schnellste, der Wille, der Bekannte, der Fremde, das Herz, der Geliebte, der Genosse, der Junge, der Kollege, der Knabe, der Kunde, der Chinese, der Grieche, der Pole, der Russe, der Türke, der Hase, der Löwe, der Name, der Nachbar, der Neffe, der Rabe, der Tote, der Zahmste, der Zeuge

Klaus Kleinmann: Die Turbo-Übungsgrammatik · Best.-Nr. 436
© Brigg Pädagogik Verlag GmbH, Augsburg

4. Die Zahlen

4.1 Kardinalzahlen

eins, zwei, drei, vier, fünf, sechs, sieben, acht, neun, zehn, elf, zwölf, dreizehn, vierzehn, fünfzehn, sechzehn, siebzehn, achtzehn, neunzehn, zwanzig, einundzwanzig, zweiundzwanzig, dreiundzwanzig, vierundzwanzig, fünfundzwanzig, sechsundzwanzig, siebenundzwanzig, achtundzwanzig, neunundzwanzig, dreißig, einunddreißig, vierzig, einundvierzig, fünfzig, einundfünfzig, sechzig, einundsechzig, siebzig, einundsiebzig, achtzig, einundachtzig, neunzig, einundneunzig, (ein)hundert, hunderteins, hundertzehn, hundertelf, hundertzwanzig, zweihundert, tausend, zehntausend, hunderttausend, eine Million.

▶ **Sprich diese Sätze (oder schreibe sie mit in Buchstaben ausgedrückten Zahlen ins Heft):**

1. Wir mussten zwei Stunden beim Zahnarzt warten. – 2. Ich habe fünf Kugeln Eis gegessen. – 3. Der Verbrecher wurde zu sieben Jahren Gefängnis verurteilt. – 4. Den Realschulabschluss macht man nach zehn Jahren Schule. – 5. Bis zum Abitur muss man zwölf Jahre in die Schule gehen. – 6. Erika ist fünfzehn Jahre alt. – 7. Ich habe Schuhgröße einundvierzig. – 8. Das Gedicht steht auf Seite siebenundachtzig. – 9. In der Goethestraße dreiundneunzig wohnt mein bester Freund. – 10. Jeder Mensch in Deutschland verbraucht etwa (ein)hundertfünfundvierzig Liter Wasser am Tag. – 11. Der höchste Berg der Rhön ist neunhundertfünfzig Meter hoch. – 12. Um diese Zahlen zu üben, brauchst du sicher keine dreihundertfünfundachtzig Sätze.

▶ **Wie heißen diese Zahlen?**

sechsundzwanzig, dreiunddreißig, achtundfünfzig, siebenundneunzig, einhundertzwölf, dreihundertdreiundachtzig, vierhundertfünfundneunzig, achthundertachtundachtzig, neunhundertvierzehn, eintausendeinhundertvierunddreißig, dreitausenddreihundertdreiundvierzig, fünftausendsiebenhundertneunzig, zehntausendzweihunderteinundsiebzig, zwölftausendsiebenhundertacht, einhundertdreiundzwanzigtausendvierhundertsechsundfünfzig, eine Million zweihundertvierunddreißigtausendfünfhundertsiebenundsechzig.

4.1.1 Wichtige Übung für türkische und slawische Muttersprachler

▶ **Übe das in folgenden Beispielen:**

In meinem Mäppchen sind zwei Lineale, drei Bleistifte, zehn Filzstifte, zwei Radiergummis. – In Papas Werkzeugkasten liegen drei Hämmer, vier Zangen und zwei Schraubenzieher. Außerdem hat er zwanzig Nägel und dreißig Schrauben. – In meinem Aquarium schwimmen zwölf Fische. – Wir haben heute fünf Stunden Unterricht. – Diese Woche schreiben wir drei Klassenarbeiten.

4.2. Wie oft ist etwas passiert?

▶ **Übe das in folgenden Beispielen. Verwende statt der Zahl in Klammern immer die Form mit -mal:**

1. Die Erde dreht sich einmal am Tag um sich selber. – 2. Wir müssen noch dreimal zum Sprachkurs gehen, dann sind Ferien. – 3. Wenn man etwas fünfmal geübt hat, kann man es meistens. – 4. In Frankfurt muss die Feuerwehr oft zehnmal am Tag ausrücken. – 5. Dieses Rad dreht sich vierundzwanzigmal in der Minute. – 6. Einmal ist keinmal. – 7. Der Stürmer schoss x-mal aufs Tor, traf aber keinmal. – 8. Mama hat dem kleinen Fritz schon hundertmal gesagt, er soll sich vor dem Essen die Hände waschen. – 9. Serkan hat Petra schon tausendmal geküsst, aber er bekommt nie genug davon. – 10. Ich habe x-mal versucht, dich anzurufen, aber du bist nie zu Hause.

4.3 Die Ordnungszahlen

▶ **Sprich oder schreibe folgende Ordnungszahlen:**

Der Zweite, der Achte, der Neunte, der Zwölfte, der Dreizehnte, der Vierzehnte, der Fünfzehnte, der Sechzehnte, der Siebzehnte, der Achtzehnte, der Neunzehnte

▶ **Sprich oder schreibe folgende Ordnungszahlen:**

Der Dreiundzwanzigste, der Vierundzwanzigste, der Fünfundzwanzigste, der Sechsundzwanzigste, der Dreißigste, der Einunddreißigste, der Vierzigste, der Einundvierzigste, der Fünfzigste, der Einundfünfzigste, der Sechzigste, der Einundsechzigste, der Siebzigste, der Einundsiebzigste, der Achtzigste, der Einundachtzigste, der Neunzigste, der Einundneunzigste, der Hundertste, der Hundertzwanzigste, der Zweihundertste, der Zweitausendste, der Zehntausendste, der Hunderttausendste

▶ **Jetzt weißt du alles. Lege los:**

Klaus Kleinmann: Die Turbo-Übungsgrammatik · Best.-Nr. 436
© Brigg Pädagogik Verlag GmbH, Augsburg

der Zweiundzwanzigste, der Einhundertsechzehnte, der Achtundneunzigste, der Siebzehnte, der Erste, der Dreiundzwanzigste, der Siebte, der Zehntausendeinhundertelfte,
der Zweitausenddreihundertfünfunddreißigste, der Elfte, der Vierte, der Vierundfünfzigste,
der Einhundertsiebte, der Zweihundertdritte, der Fünfhunderterste, der Einundfünfzigste, der Dreiundsechzigste, der Siebenundsiebzigste

4.4   Die Uhrzeiten

▶ **Drücke folgende Uhrzeiten mit Worten aus:**

02.35 Uhr	fünf (Minuten) nach halb drei	13.55 Uhr	fünf (Minuten) vor zwei
04.10 Uhr	zehn (Minuten) nach vier	14.00 Uhr	zwei Uhr
07.20 Uhr	zwanzig (Minuten) nach sieben/ zehn vor halb acht	14.12 Uhr	zwölf (Minuten) nach zwei
07.35 Uhr	fünf (Minuten) nach halb acht	15.17 Uhr	siebzehn (Minuten) nach drei
08.45 Uhr	Viertel vor neun	16.22 Uhr	acht (Minuten) vor halb fünf
08.50 Uhr	zehn (Minuten) vor neun	17.30 Uhr	halb sechs
09.05 Uhr	fünf (Minuten) nach neun	18.40 Uhr	zwanzig (Minuten) vor sieben / zehn (Minuten) nach halb sieben
10.04 Uhr	vier (Minuten) nach zehn	19.57 Uhr	drei (Minuten) vor acht
10.07 Uhr	sieben (Minuten) nach zehn	20.37 Uhr	sieben (Minuten) nach halb neun
10.28 Uhr	zwei (Minuten) vor halb elf	23.15 Uhr	Viertel nach elf
11.33 Uhr	drei (Minuten) nach halb zwölf	23.55 Uhr	fünf (Minuten) vor zwölf
12.42 Uhr	achtzehn (Minuten) vor eins	00.30 Uhr	halb eins

5.1   Die Steigerung der Adjektive

Mein Buch ist dünn, dein Buch ist dünner, sein Buch ist am dünnsten.
Mein Koffer ist schwer, dein Koffer ist schwerer, sein Koffer ist am schwersten.
Meine Tasche ist schön, deine Tasche ist schöner, seine Tasche ist am schönsten.
Mein Teich im Garten ist tief, dein Teich im Garten ist tiefer, sein Teich im Garten ist am tiefsten.
Mein Vater ist reich, dein Vater ist reicher, sein Vater ist am reichsten.
Meine Kette ist wertvoll, deine Kette ist wertvoller, seine Kette ist am wertvollsten.
Meine Oma ist freundlich, deine Oma ist freundlicher, seine Oma ist am freundlichsten.
Mein Motorrad ist schnell, dein Motorrad ist schneller, sein Motorrad ist am schnellsten.
Mein Computer ist modern, dein Computer ist moderner, sein Computer ist am modernsten.
Meine Lehrerin ist schlau, deine Lehrerin ist schlauer, seine Lehrerin ist am schlausten.

▶ **Schreibe genauso, aber hier musst du in der zweiten Steigerungsstufe ein -e- einfügen: leichteste, hübscheste, …**
▶ **Übe diese Formen auch im Plural:**

Meine Arbeit ist leicht, deine Arbeit ist leichter, seine Arbeit ist am leichtesten.
Mein Meerschweinchen ist hübsch, dein Meerschweinchen ist hübscher, sein Meerschweinchen ist am hübschesten.
Meine Note ist schlecht, deine Note ist schlechter, seine Note ist am schlechtesten.

Meine Arbeiten sind leicht, deine Arbeiten sind leichter, seine Arbeiten sind am leichtesten.
Meine Meerschweinchen sind hübsch, deine Meerschweinchen sind hübscher, seine Meerschweinchen sind am hübschesten.
Meine Noten sind schlecht, deine Noten sind schlechter, seine Noten sind am schlechtesten.

Wenn ein Umlaut möglich ist, taucht er in der ersten und zweiten Steigerungsstufe meistens auf. In den letzten vier Beispielen gibt es hier auch ein zusätzliches -e-, wie oben schon geübt:
Florian hat große Ohren, du hast größere Ohren, ich habe die größten Ohren.
Florian hat junge Schwestern, du hast jüngere Schwestern, ich habe die jüngsten Schwestern.
Florian hat starke Brüder, du hast stärkere Brüder, ich habe die stärksten Brüder.
Florian hat arme Eltern, du hast ärmere Eltern, ich habe die ärmsten Eltern.
Florian hat scharfe Messer, du hast schärfere Messer, ich habe die schärfsten Messer.
Florian hat schwache Augen, du hast schwächere Augen, ich habe die schwächsten Augen.
Florian hat kluge Lehrer, du hast klügere Lehrer, ich habe die klügsten Lehrer.
Florian hat dumme Ideen, du hast dümmere Ideen, ich habe die dümmsten Ideen.
Florian hat kurze Haare, du hast kürzere Haare, ich habe die kürzesten Haare.
Florian hat gesunde Großeltern, du hast gesündere Großeltern, ich habe die gesündesten Großeltern.
Florian hat alte Geschwister, du hast ältere Geschwister, ich habe die ältesten Geschwister.
Florian hat harte Muskeln, du hast härtere Muskeln, ich habe die härtesten Muskeln.

Klaus Kleinmann: Die Turbo-Übungsgrammatik · Best.-Nr. 436
© Brigg Pädagogik Verlag GmbH, Augsburg

▶ **Schreibe hier wie bei der ersten Aufgabe:**

Mein Taschenmesser ist gut, dein Taschenmesser ist besser, sein Taschenmesser ist am besten.
Ich habe viel Geld, du hast mehr Geld, er hat am meisten Geld.
Mein Haus ist hoch, dein Haus ist höher, sein Haus ist am höchsten.
Meine Wohnung ist nah, deine Wohnung ist näher, seine Wohnung ist am nächsten.

Mit „gern" kann man so formulieren:
Den blauen Pulli mag ich gern, den roten Pulli mag ich lieber, den schwarzen mag ich am liebsten.

5.2 Vergleiche mit „wie":

▶ **Schreibe solche Vergleiche mit „wie":**

Herr Meier ist so streng wie Herr Schulze. – Petra ist so stark wie Tanja. – Yildiz ist so schlau wie Sveta. – Der eine Film ist so spannend wie der andere (Film). – Der BMW ist so schnell wie der Mercedes. – Mein Ranzen ist so praktisch wie dein Ranzen. – Unsere Wohnung ist so sauber wie eure Wohnung. – Mein Messer ist so scharf wie dein Messer. – Mein Zeugnis ist so gut wie dein Zeugnis. – Aldi ist so billig wie Lidl. – Unsere Klasse ist so fröhlich wie eure Klasse. – Ich bin so frech wie du.

5.3 Vergleiche mit „als"

▶ **Schreibe solche Vergleiche mit „als":**

Meine Schwester ist hübscher als deine.
H-Milch ist billiger als Frischmilch.
Dein Bild ist schöner als meines.
Ich bin intelligenter als du.
Deine Suppe ist heißer als die von Leon.

Unsere Klasse ist leiser als eure.
Meine Cola ist kälter als deine.
Meine Schuhe sind sauberer als die von Franz.
Eure Aufgaben sind schwerer als unsere.
Meine Pillen sind wirksamer als deine.

5.4 Deklination der Adjektive I

▶ **Hier findest du verschiedene Nomen durcheinander. Kennzeichne zuerst die der n-Deklination (hier fett gedruckt):**

Abend, Arzt, Arbeit, Aufgabe, Baum, Berg, Bett, Brief, Brot, Butter, Dach, Ecke, Ei, Erde, Fabrik, Familie, Fehler, Fenster, Feuer, **Präsident**, Fisch, Flasche, Frage, Freund, Fuß, Garten, Geld, Geschichte, Gras, Grenze, Gruppe, Hals, Hand, Haut, **Herz**, Hunger, Hut, Insel, Jacke, Jahr, Kamm, Karte, Kleid, Lied, Löffel, Luft, **Mensch** (Wiederhole die n-Deklination S. 55/56).

▶ **Schreibe die Nomen nun mit Artikel und Plural in dein Heft. Lege eine Tabelle an:**

Maskulinum (männlich)	Femininum (weiblich)	Neutrum (sächlich)
der Abend, die Abende	die Arbeit, die Arbeiten	das Bett, die Betten
der Arzt, die Ärzte	die Aufgabe, die Aufgaben	das Brot, die Brote
der Baum, die Bäume	die Butter (o. Plural)	das Dach, die Dächer
der Berg, die Berge	die Ecke, die Ecken	das Ei, die Eier
der Brief, die Briefe	die Erde, die Erden	das Fenster, die Fenster
der Fehler, die Fehler	die Fabrik, die Fabriken	das Feuer, die Feuer
der Präsident, die Präsidenten	die Familie, die Familien	das Geld, die Gelder
der Fisch, die Fische	die Flasche, die Flaschen	das Gras, die Gräser
der Freund, die Freunde	die Frage, die Fragen	das Herz, die Herzen
der Fuß, die Füße	die Geschichte, die Geschichten	das Jahr, die Jahre
der Garten, die Gärten	die Grenze, die Grenzen	das Kleid, die Kleider
der Hals, die Hälse	die Gruppe, die Gruppen	das Lied, die Lieder
der Hunger (o. Plural)	die Hand, die Hände	
der Hut, die Hüte	die Haut, die Häute	
der Kamm, die Kämme	die Insel, die Inseln	
der Löffel, die Löffel	die Jacke, die Jacken	
der Mensch, die Menschen	die Karte, die Karten	
	die Luft, die Lüfte	

Klaus Kleinmann: Die Turbo-Übungsgrammatik · Best.-Nr. 436
© Brigg Pädagogik Verlag GmbH, Augsburg

6.   Der Gebrauch des Artikels

▶ **Übe das, indem du den bestimmten oder unbestimmten Artikel auf die Zeile schreibst (achte auf den richtigen Fall und auf das richtige Geschlecht):**

Schneewittchen (frei nach den Brüdern Grimm)

Auf 1) einem hohen Berg mitten in 2) einem tiefen Wald stand 3) ein prächtiges Schloss. Dort lebte 4) ein mächtiger König, der hatte 5) eine wunderschöne Frau und 6) eine einzige Tochter. 7) Die Tochter hieß Schneewittchen. Sie war zwar noch klein, versprach aber sehr hübsch zu werden, und 8) die Königin war schon jetzt ein wenig eifersüchtig. 9) Die Königin stellte sich jeden Tag vor 10) den (einen) Spiegel und fragte ihn, wer denn 11) die Schönste im ganzen Land sei. Darauf antwortete 12) der Spiegel immer: "Du bist 13) die Schönste im ganzen Land, liebste Königin." 14) Der Königin ließ 15) die Eifersucht aber keine Ruhe. Sie rief 16) den (einen) Diener, dem sie besonders vertraute, und bat ihn um 17) einen Rat. 18) Der Diener empfahl ihr, 19) den (einen) Jäger damit zu beauftragen, 20) die Tochter in 21) den Wald zu führen und sie umzubringen, denn er glaubte auch, dass Schneewittchen bald schöner sein würde als 22) die Königin.

23) Der Jäger führte 24) das hübsche Mädchen in 25) den Wald, aber er wagte nicht, sie zu töten, weil sie gar so schön war. Doch er wusste 26) einen Ausweg, denn er kannte weit hinter 27) den Bergen 28) eine Höhle, in der Zwerge lebten. Dorthin brachte er 29) die Königstochter, erzählte aber daheim auf 30) dem Schloss, er habe sie umgebracht. Als nun 31) die Königin bald wieder 32) den Spiegel befragte, wer denn 33) die Schönste im ganzen Land sei, da antwortete 34) der Spiegel: "Frau Königin, Ihr seid 35) die Schönste hier, aber Schneewittchen hinter 36) den sieben Bergen bei 37) den sieben Zwergen ist noch viel schöner als Ihr." Da bekam 38) die Königin 39) einen Wutanfall, und sie beschloss, 40) die Tochter selber umzubringen. Sie nahm 41) einen Apfel und vergiftete ihn. Als Händlerin verkleidet zog sie hinter 42) die sieben Berge und fand Schneewittchen tatsächlich in 43) der Höhle. Schneewittchen kostete von 44) dem Apfel, starb aber nicht, weil ihr 45) der Apfel im Hals steckenblieb. Sie fiel nur in 46) einen tiefen Schlaf. Die Zwerge legten sie in 47) einen Sarg ganz aus Glas, damit jeder sehen konnte, wie schön sie war. Nach vielen Jahren kam 48) ein Prinz vorbei, den 49) die Schönheit des Mädchens verzauberte und der deshalb beschloss, sie mit sich auf sein Schloss zu nehmen. Unterwegs rutschte 50) der Sarg aber vom Wagen und schlug zu Boden. 51) Der Sarg zerbrach zwar nicht, aber Schneewittchen bekam 52) einen mächtigen Stoß. Dadurch flog ihr 53) der Apfel aus dem Hals, der dort immer noch steckte. Schneewittchen kam wieder zu Bewusstsein, erblickte 54) den Prinzen und verliebte sich auf der Stelle in ihn. Sie zog mit ihm auf sein Schloss, und die beiden feierten Hochzeit. Sie wurden glücklich bis an 55) das Ende ihres Lebens.

6.5   Wann im Plural kein Artikel verwendet wird

▶ **Lies folgende Sätze. Bringe die Adjektive in die richtige Form und verwende eine Mengenangabe, die ausdrückt, von wie vielen Gegenständen jeweils die Rede ist. Überlege immer, ob das sinnvoll ist; in einigen Fällen sollte man besser keine Mengenangabe verwenden, in anderen hingegen sollte man es besser tun:**

1. In der Fußgängerzone fahren keine Autos und Motorräder. – 2. Im Supermarkt kann man auch (verschiedene/eine Menge) kalte Getränke kaufen. – 3. Auf der Eisbahn sind Schlittschuhläufer zu sehen (alles möglich). – 4. Im Restaurant stehen (viele/ eine Menge) wertvolle Stühle. – 5. Zu Ostern gibt es viele bunte Ostereier. – 6. (Eine Menge, Viele) weiße Segelboote gleiten über das Wasser. – 7. Bis er kam, dauerte es (viele, einige, mehrere) lange Stunden. – 8. Die Apotheke verkauft (verschiedene, viele, eine Menge) Tabletten. – 9. Der Arzt heilt (viele) Patienten. – 10. Für diese Speise braucht man Kartoffeln und Eier (im allgemeinen keine Mengenangabe nötig; in besonderen Fällen könnte man sagen: viele Kartoffeln und Eier, keine Kartoffeln und keine Eier). – 11. Zum Fest kamen (viele, eine Menge) Nachbarn und Kollegen.

(In einigen Fällen gibt es auch andere Lösungen. Frage deinen Lehrer.)

6.6   Deklination der Adjektive II (Nomen ohne Artikel)

▶ **Wir üben das jetzt. Bilde grammatisch korrekte Sätze (die fraglichen Wörter stehen alle im Dativ). Überlege immer, welches Geschlecht das fragliche Nomen hat.**

▶ **Beachte, dass sich Possessivpronomen (mein, dein, sein) auf die Deklination wie unbestimmte Artikel auswirken.**

1. Die Wiese ist mit rostigem Draht abgesperrt. – 2. Die Wiese ist mit einem rostigen Draht abgesperrt. – 3. Der Teppich wird mit heißem Dampf gereinigt. – 4. Er reichte mir einen Becher mit heißem Kaffee. – 5. Leider habe ich mir mit dem heißen Kaffee die Zunge verbrüht. – 6. Er besiegte seine Gegner mit großem Abstand. – 7. Der Leuchtturm strahlt mit seinem hellen Licht weit übers Meer. – 8. Sein Kragen ist mit weichem Fell besetzt. – 9. Ich beobachtete den Unfall aus großer Entfernung. – 10. Wir braten das Fleisch auf kleiner Flamme. – 11. Er löste seine Aufgaben mit großem Fleiß. – 12. Petra schrie laut, denn sie war in großer Not. – 13. Die Einbrecher kamen in dunkler Nacht. – 14. Die Einbrecher kamen in einer dunklen Nacht. – 15. Paul liegt mit hohem Fieber im Bett. – 16. Auf dem Tisch steht eine Schale mit frischem Obst. – 17. Leider hat sich Karl mit dem frischen Obst den Magen verdorben. – 18. Die Fußballer begleiteten ihr Spiel mit lautem Geschrei. – 19. Du gehst mir mit deinem lauten Geschrei auf die Nerven. – 20. Der Polizist hält den Einbrecher mit festem Griff. – 21. Der Polizist hält den Einbrecher mit einem festen Griff am Arm. – 22. Der Bösewicht wurde auf frischer Tat ertappt. – 23. Jeder Pfadfinder

Klaus Kleinmann: Die Turbo-Übungsgrammatik · Best.-Nr. 436
© Brigg Pädagogik Verlag GmbH, Augsburg

beginnt seinen Tag mit einer guten Tat. – 24. Mutter hat das Essen mit großer Liebe zubereitet. – 25. Er fährt mit seiner neuen Liebe in Urlaub. – 26. Sven belegt sein Brot mit duftendem Käse. – 27. Von seinem duftenden Käse werden leider auch einige grünliche Fliegen angelockt. – 28. Deswegen bevorzuge ich ein Brot mit frischer Wurst. – 29. Opa belohnt seinen Hund mit einer frischen Wurst. – 30. Sandra trinkt eine Tasse mit grünem Tee. – 31. Wir singen unser Lied mit kräftiger Stimme. – 32. Die Sängerin ist mit einer kräftigen Stimme begabt. – 33. Helene vergisst ihre Sorgen bei süßem Likör. – 34. Jessi macht das lieber mit süßer Torte. – 35. Ich beschenke meine Nachbarin mit einer süßen Torte. – 36. Der Waldboden ist mit dickem Moos bewachsen. – 37. Zwei Autos stießen bei dichtem Nebel zusammen. – 38. Er kaufte sich ein Paar Socken von bester Qualität. – 39. Er kaufte sich ein Paar Socken von der besten Qualität, die er finden konnte. – 40. Sie bewegte sich mit großer Anmut und beeindruckte uns mit ihrer reifen Schönheit.

7. Übungstexte zur Deklination von Nomen und Adjektiven

Fensterputzen

Akk. Sg. Fem.   Dat. Sg. Mask.   Dat. Sg. Mask.
Ilse hat **eine schwere Arbeit** vor sich: Sie muss bei **Herrn Meier**, **ihrem alten Nachbarn**,

Akk. Pl. Neutr.   Akk. Pl. Neutr.
die schmutzigen Fenster putzen. Sie sucht **die notwendigen Dinge** zusammen:

Akk. Sg. Fem.   Akk. Sg. Neutr.   Akk. Pl. Neutr.
eine breite Plastikschüssel, **ein kleines Ledertuch** und **zwei saubere alte Geschirrtücher**.

Akk. Sg. Fem.   Akk. Sg. Neutr.   Akk. Pl. Mask.
In **die große Schüssel** füllt sie **warmes Wasser** und gießt ein paar **dicke Tropfen** Putzmittel dazu.

Akk. Sg. Neutr.   Dat. Sg. Neutr.
Das trockene Ledertuch taucht sie ins Wasser. Mit **dem nassen Tuch** wischt sie auf

Dat. Sg. Fem.   Akk. Sg. Mask.
der glatten Fensterscheibe von oben nach unten. Schnell macht sie nun **den zweiten Teil**

Gen. Sg. Fem.   Nom. Pl. Mask.
der großen Scheibe feucht. Sie arbeitet so eifrig, dass ihr **viele dicke Schweißtropfen**

Dat. Sg. Fem.
auf **der Stirn** stehen.

Umgezogen

Akk. Sg. Fem.
Die Eltern von Hans mussten umziehen. Hans ist in **eine andere Schule** gekommen und lernt

Akk. Pl. Mask.   Akk. Sg. Fem.
viele neue Mitschüler kennen. In Mathe hat er **eine nette Lehrerin**, die ihm hilft, in

Dat. Sg. Neutr.   Dat. Sg. Fem.
diesem schweren Fach Fortschritte zu machen. Mit **der deutschen Sprache** hat Hans noch

Akk. Pl. Neutr.   Akk. Sg. Fem.   Dat. Sg. Mask.
große Probleme, aber er bekommt **eine gute Förderung** in **einem speziellen Kurs**.

Akk. Pl. Mask.   Akk. Pl. Neutr.
Dadurch hat er schon **große Erfolge** erzielt. Auch die **tollsten Schimpfwörter** kann er schon, die

Dat. Sg. Mask.   Dat. Pl. Mask.
hat er aber nicht in **seinem Kurs**, sondern von **seinen Klassenkameraden** gelernt. Bestimmt liest

Nom. Pl. Mask.
und schreibt er aber auch bald so gut wie **die anderen Mitschüler**. Lesen und Schreiben sind

Nom. Pl. Fem.   Dat. Sg. Fem.
nämlich **wichtige Fähigkeiten**, ohne die man in **unserer modernen Welt** nicht auskommt.

Klaus Kleinmann: Die Turbo-Übungsgrammatik · Best.-Nr. 436
© Brigg Pädagogik Verlag GmbH, Augsburg

Nom. Sg. Fem.
Eine tolle Idee

Akk. Sg. Mask.   Dat. Sg. Fem.
Petra hat **einen ehrgeizigen Plan**: Sie möchte nach **der Schule** Stewardess werden. Da sie

Nom. Sg. Neutr.   Akk. Pl. Fem.   Dat. Pl. Mask.
ein hübsches Mädchen ist, **ausgezeichnete Noten** hat und gut mit **fremden Menschen**

Akk. Pl. Fem.
umgehen kann, rechnet sie sich **beste Chancen** aus, eine Ausbildungsstelle bei

Dat. Sg. Fem.   Nom. Sg. Mask.
einer großen Fluglinie zu bekommen. Bis dahin ist es aber noch **ein weiter Weg**, denn

Akk. Sg. Mask.   Akk. Pl. Fem.
sie muss erst **einen guten Schulabschluss** machen und dann **viele Bewerbungen**

Akk. Pl. Fem.
schreiben. Vor allem wird sie nachweisen müssen, dass sie **mehrere Fremdsprachen** spricht.

Akk. Pl. Mask.
Sie hat schon **verschiedene Kurse** in Englisch und Französisch besucht und man hat ihr

Akk. Sg. Fem.   Akk. Pl. Mask.
gesagt, dass sie **eine gute Begabung** für Sprachen hat. Wir drücken ihr **beide Daumen**,

Akk. Sg. Fem.
dass sie es schafft. Vielleicht nimmt sie uns ja einmal auf **eine weite Reise** mit.

Nom. Sg. Mask.
Beinahe wäre ein schlimmer Unfall passiert

Dat. Sg. Neutr.   Dat. Sg. Mask.   Dat. Sg. Mask.
Kevin fährt mit **dem neuen Fahrrad** von **einem anderen Jungen** zu **seinem besten**

Dat. Sg. Fem.   Dat. Sg. Neutr.
Freund Hans, der in **einer entfernten Straße** wohnt. Er passt gut auf, dass **dem teuren Rad**

Akk. Pl. Neutr.
nichts passiert und achtet genau auf **alle Verkehrsschilder**. Es stört ihn nicht, dass ihn **viele**

Nom. Pl. Neutr.   Nom. Sg. Mask.
schnelle Autos überholen. Doch plötzlich will **ein unaufmerksamer Autofahrer** vor ihm in

Akk. Sg. Fem.   Akk. Sg. Mask.
eine kleine Straße abbiegen und achtet nicht auf **den jungen Radfahrer**. Beinahe

Dat. Sg. Mask.   Nom. Sg. Neutr.
wäre Kevin mit **dem dicken Mercedes** zusammengestoßen, aber zum Glück hat **das neue Fahrrad**

Akk. Pl. Fem.   Dat. Sg. Mask.
starke Bremsen, so dass Kevin **im letzten Moment** anhalten kann. Der Autofahrer,

Nom. Sg. Mask.   Akk. Sg. Mask.
ein älterer Herr, erschrickt sehr, entschuldigt sich und sagt ihm **seinen Namen**. Kevin

Dat. Sg. Mask.   Akk. Sg. Fem.
fährt weiter zu **seinem Freund** und erzählt ihm gleich **die schlimme Geschichte**. Hans sagt:

Akk. Sg. Neutr.
„Du hast wirklich **großes Glück** gehabt, dass dir nichts passiert ist."

Klaus Kleinmann: Die Turbo-Übungsgrammatik · Best.-Nr. 436
© Brigg Pädagogik Verlag GmbH, Augsburg

8.   Satzstellung I: Der Hauptsatz

▶ **Forme Verben und Adjektive um und bilde Hauptsätze in richtiger Satzstellung; achte auch auf die richtige Form des Verbs, der Artikel, Adjektive usw.:**

1. Deine Mutter wohnt in Darmstadt. – 2. In der Hecke hinter dem Haus nistet eine Amsel. – 3. In China leben über eine Milliarde Menschen. – 4. Ein dicker alter König sitzt auf einem goldenen Thron. – 5. Die teuren roten Schuhe meiner Schwester gefallen mir. – 6. Deutsche Autos sind in aller Welt beliebt. – 7. Mein Freund Heinz fährt mit seiner Familie im Sommer nach Italien. – 8. In einem feinen Restaurant speisen Herr Müller und Fräulein Schmidt. – 9. England ist für seine erfolgreichen Fußballmannschaften berühmt. – 10. Neben meinem Computer liegt ein dickes Buch.

▶ **Ändere die Satzstellung nun so, dass ein anderes Satzglied an den Satzanfang tritt. Achtung: Das Verb behält seine zweite Stelle! (Bsp.: In Darmstadt wohnt deine Mutter.)**

1. In Darmstadt wohnt deine Mutter. – 2. Eine Amsel nistet in der Hecke hinter dem Haus. 3. Über eine Milliarde Menschen leben in China. – 4. Auf einem goldenen Thron sitzt ein dicker alter König. 5. Mir gefallen die teuren roten Schuhe meiner Schwester. – 6. In aller Welt sind deutsche Autos beliebt. – 7. Im Sommer fährt mein Freund Heinz mit seiner Familie nach Italien. – 8. Herr Müller und Fräulein Schmidt speisen in einem feinen Restaurant. – 9. Für seine erfolgreichen Fußballmannschaften ist England berühmt. – 10. Ein dickes Buch liegt neben meinem Computer.

▶ **Forme die Sätze 1 – 10 in eine Frage um. Frage nach dem fett gedruckten Satzteil. Benutze folgende Fragewörter: 1) Wo? 2) Wo? 3) Wer? 4) Wer? 5) Wem? 6) Was? 7) Wer? 8) Wer? 9) Für was? 10) Was? Achtung: Das Verb behält seine zweite Stelle!**

1. Wo wohnt deine Mutter? – 2. Wo nistet eine Amsel? – 3. Wer lebt in China? – 4. Wer sitzt auf einem goldenen Thron? – 5. Wem gefallen die teuren roten Schuhe meiner Schwester? – 6. Was ist in aller Welt beliebt? – 7. Wer fährt mit seiner Familie im Sommer nach Italien? – 8. Wer speist in einem feinen Restaurant? – 9. Für was ist England berühmt? – 10. Was liegt neben meinem Computer?

8.2   Wir wiederholen die Satzklammer

▶ **Bilde zunächst korrekte Sätze im Präsens. Achte in den meisten Sätzen auf die Änderung im Vokal des Verbs:**

1. Kevin sieht mit seinem roten Pullover besonders schick aus. – 2. Du wirfst die schönen Turnschuhe weg. – 3. Der Zug aus Hamburg trifft um 15.15 Uhr am Hauptbahnhof ein. – 4. Er fährt um 15.30 Uhr von Gleis 7 wieder ab. – 5. Der Torwart fängt den Ball auf. – 6. Ein Blitz schlägt mit lautem Knall in das (ins) Dach ein. – 7. Meine Schwester lädt zum Geburtstag alle ihre Freundinnen ein. – 8. Du fängst deine Arbeit mit großem Ehrgeiz an. – 9. Oma fährt morgen nach Hause zurück. – 10. Ein alter Mann fällt auf der Straße hin. – 11. Vater stemmt eine Dose Ölsardinen mit dem Schraubenzieher auf.

▶ **Forme nun die Sätze 1–11 um, indem du folgende Satzglieder an den Anfang stellst: 1) Heute; 2) Warum?; 3) Hoffentlich; 4) Laut Fahrplan; 5) Mit beiden Händen; 6) Zum Schrecken des Hausbesitzers; 7) Mit Freude; 8) Jeden Morgen; 9) Leider; 10) Wegen einer weggeworfenen Bananenschale; 11) Unter großer Kraftanstrengung. Achtung: Der eine Teil des Verbs behält seine zweite Stelle, der andere Teil steht wieder am Ende!**

1. Heute sieht Kevin mit seinem roten Pullover besonders schick aus. – 2. Warum wirfst du die schönen Turnschuhe weg? – 3. Hoffentlich trifft der Zug aus Hamburg um 15.15 Uhr am Hauptbahnhof ein. – 4. Laut Fahrplan fährt er um 15.30 Uhr von Gleis 7 wieder ab. – 5. Mit beiden Händen fängt der Torwart den Ball auf. – 6. Zum Schrecken des Hausbesitzers schlägt ein Blitz mit lautem Knall in das (ins) Dach ein. – 7. Mit Freude lädt meine Schwester alle ihre Freundinnen zum Geburtstag ein. – 8. Jeden Morgen fängst du deine Arbeit mit großem Ehrgeiz an. – 9. Leider fährt Oma morgen nach Hause zurück. – 10. Wegen einer weggeworfenen Bananenschale fällt ein alter Mann auf der Straße hin. – 11. Unter großer Kraftanstrengung stemmt Vater eine Dose Ölsardinen mit dem Schraubenzieher auf.

8.2.1 Die Satzklammer im Perfekt

▶ **Zeige, was du kannst und bilde Sätze im Perfekt; achte dabei auf die Satzklammer, die im Perfekt bekanntlich immer nötig ist:**

1. Ein japanischer Tourist hat einen Polizisten etwas gefragt. – 2. Der freundliche Polizist hat dem Touristen ganz ruhig geantwortet. – 3. Er hat dem Touristen alles erklärt. – 4. Der nette Mann hat dem Polizisten gedankt. – 5. Mein Vater hat in einer großen Firma gearbeitet. – 6. Seine Firma hat viele große Häuser gebaut. – 7. In unserem großen Garten haben viele bunte Blumen geblüht. – 8. Sie haben ihre Köpfe nach der Sonne gedreht. – 9. Ein junger Mann hat eine alte Dame über die Straße geführt. – 10. Die alte Frau hat dem jungen Mann gedankt.

▶ **Bleibe im Perfekt, forme die Sätze aber nun zu einer Frage um. Verwende folgende Fragewörter: 1) Wen; 2) Wem; 3) Wem; 4) Wem; 5) Wo; 6) Was; 7) Wo; 8) Wohin; 9) Wen; 10) Wem? Frage nach dem fett gedruckten Satzteil.**

1. Wen hat ein japanischer Tourist etwas gefragt? – 2. Wem hat der freundliche Polizist ganz ruhig geantwortet? – 3. Wem hat er alles erklärt? – 4. Wem hat der nette Mann gedankt? – 5. Wo hat mein Vater gearbeitet? – 6. Was hat seine Firma gebaut? – 7. Wo haben viele bunte Blumen geblüht? – 8. Wohin haben sie ihre Köpfe gedreht? – 9. Wen hat ein junger Mann über die Straße geführt? – 10. Wem hat die alte Frau gedankt?

8.2.2 Wir wiederholen das Perfekt der Modalverben

▶ **Bilde Sätze im Präsens mit dem vorgeschlagenen Modalverb. Achte auf die Satzklammer**

1. Wir müssen vieles lernen. 2. Serkan will mit seiner Freundin in die Disco gehen. 3. Frau Schulze kann den roten Porsche nicht überholen. 4. Die Lehrerin will uns nach den Hausaufgaben fragen. 5. Paul muss über einen guten Witz lachen. 6. Sveta will beim Schreiben keinen Fehler machen. 7. Das Baby darf in der Badewanne baden. 8. Wir müssen lange auf den Bus warten. 9. Ich will meiner Mutter etwas Schönes zum Geburtstag schenken. 10. Wir wollen im Geschäft ein neues Buch kaufen. 11. Mein bester Freund und ich sollen die Vokabeln zusammen üben. 12. Oma will am Telefon eine Nummer wählen. 13. Ich kann mit meinem MP3-Player tolle Musik hören.

▶ **Formuliere deine Sätze nun so um, dass sie im Perfekt stehen.**

1. Wir haben vieles lernen müssen. 2. Serkan hat mit seiner Freundin in die Disco gehen wollen. 3. Frau Schulze hat den roten Porsche nicht überholen können. 4. Die Lehrerin hat uns nach den Hausaufgaben fragen wollen. 5. Paul hat über einen guten Witz lachen müssen. 6. Sveta hat beim Schreiben keinen Fehler machen wollen. 7. Das Baby hat in der Badewanne baden dürfen. 8. Wir haben lange auf den Bus warten müssen. 9. Ich habe meiner Mutter etwas Schönes zum Geburtstag schenken wollen. 10. Wir haben im Geschäft ein neues Buch kaufen wollen. 11. Mein bester Freund und ich haben die Vokabeln zusammen üben sollen. 12. Oma hat am Telefon eine Nummer wählen wollen. 13. Ich habe mit meinem MP3-Player tolle Musik hören können.

Die hier verwendeten Modalverben sind Vorschläge. Vielleicht findest du andere Lösungen. Sprich sie mit deinem Kursleiter durch.

8.3 Der Gebrauch der Modalverben

8.3.1 Der Gebrauch von „müssen" und „sollen"

▶ **Entscheide dich in folgenden Sätzen für „sollen" oder „müssen". Verwende jeweils die richtige Form des Verbs am Stern. Markiere die Sätze, in denen sowohl „sollen" als auch „müssen" möglich ist (in einzelnen Fällen könnte man über andere Varianten diskutieren):**

1. Vater sagt, ich soll (= darf) mich beim Essen nicht bekleckern. – 2. Bei Herrn Huber müssen wir im Unterricht immer ganz leise sein, sonst wird er böse. – 3. Ich muss morgen zum Zahnarzt. – 4. Jeder soll / jeder muss seinen Mitmenschen helfen (beides möglich). – 5. Wir sollen/müssen zu unseren Lehrern höflich sein. – 6. Bei kaltem Wetter musst du dich warm anziehen. – 7. Meine Mutter sagt, ich soll/muss meine Schuhe putzen (beides möglich). – 8. In der Bibel steht: "Du sollst (= darfst) nicht töten."- 9. Die Hotelgäste müssen das Zimmer bis 11.00 Uhr verlassen haben. – 10. Mutter sagt, Papa soll (= darf) nicht so viel Bier trinken. – 11. Ich muss Platz sparen, damit ich kein Papier verschwende. – 12. Beim Skifahren müssen wir vorsichtig sein. – 13. Wir müssen den Anweisungen der Lehrer unbedingt folgen. – 14. Mama sagt, ich soll (= darf) mich nicht so oft mit Petra treffen. – 15. Beim Fußballspiel müssen wir immer mit vollem Einsatz kämpfen.

8.3.2 Der Gebrauch von „mögen" und „wollen"

▶ **Entscheide, wann „wollen" und wann „mögen" besser passt:**

1. „Möchten Sie noch einen Kaffee zum Nachtisch?", fragt der höfliche Kellner im Restaurant.
2. „Ich will aber nicht schon wieder auf meinen kleinen Bruder aufpassen", sagt Jessi.
3. „Ich will, dass ihr jetzt endlich ruhig seid!", sagt Lehrer Huber aufgeregt.
4. Herr Generaldirektor Meier möchte liebend gerne mal wieder richtig ausschlafen.
5. Tanja will auf keinen Fall den roten Pullover anziehen.
6. „Möchtet ihr / Wollt ihr noch etwas essen?", fragt Mama die Kinder auf der Geburtstagsfeier.
7. Der liebe Gott will, dass die Menschen friedlich sind. Er verlangt das von uns Menschen.
8. Paul möchte / will reich und berühmt werden.
9. Der Wanderer in der Wüste ist kurz vor dem Verdursten, er will unbedingt etwas zu trinken.
10. Wenn ich groß bin, möchte ich vielleicht mal nach Amerika reisen.
11. „Ich mag / möchte keinen Käse aufs Brot", sagt Sabine freundlich.

Klaus Kleinmann: Die Turbo-Übungsgrammatik · Best.-Nr. 436
© Brigg Pädagogik Verlag GmbH, Augsburg

8.4 Der Hauptsatz als Fragesatz (Ergänzungsfragen)

▶ **Bilde W-Fragesätze und ergänze die fehlenden Formen:**

1. Wann wird es endlich Sommer? – 2. Warum ist die Banane krumm? – 3. Wie soll ich diese schwere Rechenaufgabe lösen? – 4. Warum hast du heute deine dicke Jacke angezogen?

▶ **Bilde weitere W-Fragesätze. Frage nach den kursiv gedruckten Satzteilen; diese erscheinen dann in der Frage nicht mehr. Verwende das Fragewort in Klammern und ergänze die fehlenden Formen:**

1. Wo liegt der Pullover? – 2. Wo wohnt deine Schwester? – 3. Was ist noch im Kühlschrank? – 4. Welcher Pullover steht dir gut? – 5. Wem kannst du alles erzählen? – 6. Was ist des Rätsels Lösung? (Probleme mit dem Genitiv? Wiederhole Seite 53.) – 7. Wie wird das Wetter morgen? – 8. Was trinkt sie gerne? – 9. Wohin fährt der Zug? – 10. Wann geht die Sonne unter? – 11. Wohin lege ich den Kuli? – 12. Wen trifft der Schneeball? – 13. Wem schickt Patrick eine Mail? – 14. Woher kommt das Schiff? – 15. Womit zerschneidet er das Papier? – 16. Was träumt Petra? – 17. Was gibt es heute Mittag? – 18. Wer bekommt zum Geburtstag ein tolles Geschenk? –

8.5 Die Verneinung

8.5.1 Die Verneinung mit „kein"

▶ **Verneine das kursiv gedruckte Nomen. Setze „kein" (und die anderen Wörter) in die richtige Form:**

1. Auf der Straße war kein Mensch zu sehen. – 2. Ich habe heute leider kein Frühstücksbrot bei mir. – 3. Zum Glück habe ich keinen Hunger. – 4. Er hat das mit keinem Wort erwähnt. – 5. Wir haben heute keine Hausaufgaben. – 6. Er wiegt kein Gramm zu viel. – 7. Tanja hat keinen guten Geschmack. – 8. Petra hat keine Geschwister. – 9. Sie hat keinen kleinen Bruder und keine große Schwester. – 10. Die Theatergruppe machte bei der Vorstellung keinen guten Eindruck.

8.5.1.1 Die Verneinung mit „noch kein" und mit „kein ... mehr"

▶ **Verneine erst mit „noch kein", danach mit „kein ... mehr". Achte auf die Form von „kein". Setze die richtigen Formen ein, der Stern hilft dir. Formuliere die Sätze auch mit „gar kein" und „überhaupt kein".**

1. Patrick hat noch (gar/überhaupt) keine Freunde. Patrick hat (gar/überhaupt) keine Freunde mehr. – 2. Auf dem Tisch stehen noch (gar/überhaupt) keine vollen Gläser. Auf dem Tisch stehen (gar/überhaupt) keine vollen Gläser mehr. – 3. Wir haben noch (gar/überhaupt) kein Bier. Wir haben (gar/überhaupt) kein Bier mehr. – 4. Am Himmel stehen noch (gar/überhaupt) keine Sterne. Am Himmel stehen (gar/überhaupt) keine Sterne mehr. – 5. Sveta hat noch (gar/überhaupt) keinen Spaß. Sveta hat (gar/überhaupt) keinen Spaß mehr. – 6. Im Restaurant sind noch (gar/überhaupt) keine Leute. Im Restaurant sind (gar/überhaupt) keine Leute mehr. 7. Es gibt bei uns noch (gar/überhaupt) keine Störche. Es gibt bei uns (gar/überhaupt) keine Störche mehr. – 8. Jetzt fährt noch (gar/überhaupt) kein Bus nach Frankfurt. Jetzt fährt (gar/überhaupt) kein Bus mehr nach Frankfurt.

▶ **Kleine Spezialübung: Verneine die Präpositionalobjekte mit „noch kein"; setze am Stern „noch" und am + „kein ..." ein. Ergänze die richtigen Formen. In Satz 1 und 2 passt „gar kein" oder „überhaupt kein"; überlege, an welchen Stellen man es noch verwenden könnte.**

1. Fritz hat sich noch in (gar/überhaupt) keinem Auto so wohl gefühlt wie in Papas Porsche. – 2. Paula hat noch zu (gar/überhaupt) keinem Menschen richtig Vertrauen gefasst. – 3. Ich bin noch seit keiner Stunde zu Hause, ich habe noch in keinen meiner Briefe geschaut. – 4. Der Mensch war noch auf keinem fremden Himmelskörper außer auf dem Mond. – 5. Jens hatte noch vor keiner Arbeit so viel Angst wie vor dieser.

8.5.2 Die Verneinung des Ortes („nirgends" oder „nirgendwo") und der Zeit („nie" oder „niemals")

▶ **Verwende im ersten Teil (am Stern) „überall" oder „immer", im zweiten Teil (am Kreuz) „nirgends"**

1. Ich sage dir immer, du sollst dein Zimmer aufräumen, aber nie/niemals räumst du es auf. – 2. Wir haben schon immer gefragt, aber nie/niemals eine Antwort bekommen. – 3. Wir sind schon fast überall gewesen, haben aber noch nie/niemals/nirgends/nirgendwo so etwas Schönes gesehen. – 4. In der Wüste gibt es überall Sand und Steine, aber fast nirgends/nirgendwo Wasser. – 5. Dort schwitzt man fast immer, aber man friert fast nie/niemals. – 6. Am Nordpol dagegen friert man fast immer, aber man schwitzt fast nie/niemals. – 7. Paul hat immer Durst, aber fast nie/niemals Hunger. – 8. Er pfeift immer, singt aber nie/niemals. – 9. Es kann immer etwas passieren, aber es passiert fast nie/niemals etwas. – 10. Ich habe überall geschaut, konnte aber nirgends/nirgendwo einen Fehler finden.

Klaus Kleinmann: Die Turbo-Übungsgrammatik · Best.-Nr. 436
© Brigg Pädagogik Verlag GmbH, Augsburg

8.5.3 Die Verneinung anderer Wortarten mit „nicht"

▶ **Schreibe Sätze nach diesem Muster (das Perfekt wird immer regelmäßig mit „hat" gebildet):**

1. Im Garten blühen die Rosen. Im Garten blühen die Rosen nicht. Im Garten haben die Rosen nicht geblüht. – 2. Oma schickt mir das Paket. Oma schickt mir das Paket nicht. Oma hat mir das Paket nicht geschickt. – 3. Petra kämmt ihre Puppe. Petra kämmt ihre Puppe nicht. Petra hat ihre Puppe nicht gekämmt. – 4. Der Polizist glaubt dem Dieb seine Geschichte. Der Polizist glaubt dem Dieb seine Geschichte nicht. Der Polizist hat dem Dieb seine Geschichte nicht geglaubt. – 5. Opa Meier zählt sein letztes Geld. Opa Meier zählt sein letztes Geld nicht. Opa Meier hat sein letztes Geld nicht gezählt. – 6. Das kleine Mädchen weint. Das kleine Mädchen weint nicht. Das kleine Mädchen hat nicht geweint. – 7. Die neuen Schuhe drücken. Die neuen Schuhe drücken nicht. Die neuen Schuhe haben nicht gedrückt. – 8. Wir lernen unsere Vokabeln. Wir lernen unsere Vokabeln nicht. Wir haben unsere Vokabeln nicht gelernt. – 9. Das Karussell dreht sich. Das Karussell dreht sich nicht. Das Karussell hat sich nicht gedreht. – 10. Die Mutter weckt ihre schlafende Tochter. Die Mutter weckt ihre schlafende Tochter nicht. Die Mutter hat ihre schlafende Tochter nicht geweckt.

▶ **Übe die Strukturen a) - f), indem du Sätze bildest**

a) ohne Verneinung (achte auf die richtigen Formen und auf die Teilbarkeit einiger Verben)
b) mit Verneinung im Präsens
c) mit Verneinung im Perfekt (in einem Satz wird „ist" gebraucht, sonst immer „hat"); wiederhole für die Sätze 21–25 das Perfekt der Modalverben.

1. Es regnet heute. Es regnet heute nicht. Es hat heute nicht geregnet. – 2. Der Jäger jagt den Hasen. Der Jäger jagt den Hasen nicht. Der Jäger hat den Hasen nicht gejagt. – 3. Ich tanke das Auto voll. Ich tanke das Auto nicht voll. Ich habe das Auto nicht vollgetankt. – 4. Tanja träumt schön. Tanja träumt nicht schön. Tanja hat nicht schön geträumt. – 5. Wir kämpfen mit der deutschen Grammatik. Wir kämpfen nicht mit der deutschen Grammatik. Wir haben nicht mit der deutschen Grammatik gekämpft. – 6. Die hübsche Studentin klappt ihr Buch auf. Die hübsche Studentin klappt ihr Buch nicht auf. Die hübsche Studentin hat ihr Buch nicht aufgeklappt. – 7. Der Lehrer schimpft mit seinen Schülern. Der Lehrer schimpft nicht mit seinen Schülern. Der Lehrer hat nicht mit seinen Schülern geschimpft. – 8. Unser freundlicher Nachbar schüttelt die reifen Äpfel ab. Unser freundlicher Nachbar schüttelt die reifen Äpfel nicht ab. Unser freundlicher Nachbar hat die reifen Äpfel nicht abgeschüttelt. – 9. Unser freundlicher Nachbar schüttelt die reifen Äpfel vom Baum ab. Unser freundlicher Nachbar schüttelt die reifen Äpfel nicht vom Baum ab. Unser freundlicher Nachbar hat die reifen Äpfel nicht vom Baum abgeschüttelt. – 10. Frau Meier schüttet das schmutzige Wasser aus. Frau Meier schüttet das schmutzige Wasser nicht aus. Frau Meier hat das schmutzige Wasser nicht ausgeschüttet. – 11. Du störst mich. Du störst mich nicht. Du hast mich nicht gestört. – 12. Petra und Anna spülen das Geschirr sauber ab. Petra und Anna spülen das Geschirr nicht sauber ab. Petra und Anna haben das Geschirr nicht sauber abgespült. – 13. Du hörst uns zu. Du hörst uns nicht zu. Du hast uns nicht zugehört. 14. Das rote Auto rast durch die Stadt. Das rote Auto rast nicht durch die Stadt. Das rote Auto ist nicht durch die Stadt gerast.

8.5.3.1 Die Verneinung mit „nicht mehr" und „noch nicht"

▶ **Verneine folgende Sätze zunächst mit einfachem „nicht", dann mit „nicht mehr" und „noch nicht":**

1. Paul schaut nicht hin. – 2. Tante Lisa arbeitet nicht im Garten. – 3. Marco isst seine Suppe nicht. – 4. Marco möchte seine Suppe nicht essen. – 5. Linda schläft nicht. – 6. Lehrer Huber spricht nicht laut. – 7. Tina Turner singt nicht. – 8. Udo Lindenberg tritt nicht auf. – 9. Petra will nicht abschreiben. – 10. Der Supermarkt macht nicht zu.
1. Paul schaut nicht mehr hin. – 2. Tante Lisa arbeitet nicht mehr im Garten. – 3. Marco isst seine Suppe nicht mehr. – 4. Marco möchte seine Suppe nicht mehr essen. – 5. Linda schläft nicht mehr. – 6. Lehrer Huber spricht nicht mehr laut. – 7. Tina Turner singt nicht mehr. – 8. Udo Lindenberg tritt nicht mehr auf. – 9. Petra will nicht mehr abschreiben. – 10. Der Supermarkt macht nicht mehr zu.
1. Paul schaut noch nicht hin. – 2. Tante Lisa arbeitet noch nicht im Garten. – 3. Marco isst seine Suppe noch nicht. – 4. Marco möchte seine Suppe noch nicht essen. – 5. Linda schläft noch nicht. – 6. Lehrer Huber spricht noch nicht laut. – 7. Tina Turner singt noch nicht. – 8. Udo Lindenberg tritt noch nicht auf. – 9. Petra will noch nicht abschreiben. – 10. Der Supermarkt macht noch nicht zu.

8.5.4 Die Verneinung mit „nichts"

▶ **Übe die Strukturen in a) bis d), indem du Sätze bildest:**

a) mit „etwas". Setze „etwas" an der passenden Stelle im Satz ein
b) mit Verneinung im Präsens. Setze „nichts" an der passenden Stelle im Satz ein
c) mit Verneinung („nichts") im Perfekt (alle Verben werden regelmäßig mit „hat" gebildet).

1. Unser schlauer Lehrer merkt etwas. Unser schlauer Lehrer merkt nichts. Unser schlauer Lehrer hat nichts gemerkt.
2. Unser schlauer Lehrer darf etwas merken. Unser schlauer Lehrer darf nichts merken. Unser schlauer Lehrer hat nichts merken dürfen.
3. Am Himmel leuchtet etwas. Am Himmel leuchtet nichts. Am Himmel hat nichts geleuchtet.
4. Unser netter Nachbar holt etwas von der Post ab. Unser netter Nachbar holt nichts von der Post ab. Unser netter Nachbar hat nichts von der Post abgeholt.

Klaus Kleinmann: Die Turbo-Übungsgrammatik · Best.-Nr. 436
© Brigg Pädagogik Verlag GmbH, Augsburg

5. Unser netter Nachbar will etwas von der Post abholen. Unser netter Nachbar will nichts von der Post abholen. Unser netter Nachbar hat nichts von der Post abholen wollen.

6. Unsere Übungen nützen etwas. Unsere Übungen nützen nichts. Unsere Übungen haben nichts genützt. (Das ist zwar grammatisch korrekt, gilt aber für euch sicher nicht, oder?)

7. Der Magier zaubert uns etwas vor. Der Magier zaubert uns nichts vor. Der Magier hat uns nichts vorgezaubert.

8. Der Magier kann uns etwas vorzaubern. Der Magier kann uns nichts vorzaubern. Der Magier hat uns nichts vorzaubern können.

9. Oma Meier bestellt etwas beim Otto-Versand. Oma Meier bestellt nichts beim Otto-Versand. Oma Meier hat nichts beim Otto-Versand bestellt.

Fehler in den Sätzen 2, 5 und 8? Wiederhole das Perfekt der Modalverben S. 30/31.

▶ **Übe das, indem du die Sätze 1–5 mit „noch nichts" und „nichts mehr" verneinst.**

1. Unser schlauer Lehrer merkt noch nichts. Unser schlauer Lehrer merkt nichts mehr. – 2. Unser schlauer Lehrer darf noch nichts merken. Unser schlauer Lehrer darf nichts mehr merken. 3. Am Himmel leuchtet noch nichts. Am Himmel leuchtet nichts mehr. 4. Unser netter Nachbar holt nichts mehr von der Post ab. Unser netter Nachbar holt noch nichts von der Post ab. – 5. Unser netter Nachbar will nichts mehr von der Post abholen. Unser netter Nachbar will noch nichts von der Post abholen.

8.6.1 Der Hauptsatz als Ja/Nein-Frage

▶ **Bilde Ja/Nein-Fragen; ergänze die Wörter mit Pünktchen zur richtigen Form; setze die Personalpronomen in Klammern im richtigen Fall ein.**

1. Hörst du gerne Popmusik? – 2. Fährst du morgen in den Urlaub? – 3. Scheint morgen die Sonne? – 4. Gehört dir das blaue Heft? – 5. Leihst du mir deinen gelben Kuli? – 6. Kommt Tante Frieda morgen zu Besuch? – 7. Fährt dieser Bus nach Frankfurt? – 8. Bleibt ihr noch zum Kaffeetrinken? – 9. Gehört dieses Buch deiner Schwester? – 10. Lernst du gerne Deutsch?

▶ **Bilde auch hier Ja/Nein-Fragen; achte darauf, dass die Verben geteilt werden:**

1. Ziehst du lieber den roten oder den weißen Pulli an? – 2. Hebst du bitte das Papier vom Boden auf? – 3. Machst du bitte das Fenster zu? – 4. Spülst du bitte das Geschirr ab? – 5. Wandert Herr Meier in die USA aus? – 6. Kommt ihr noch zu uns nach Hause mit? – 7. Ruft er seine Tante in Bochum an? – 8. Kommen Kängurus in Deutschland vor? – 9. Schläft meine Oma ein? – 10. Stellt ihr die Tische in einer Reihe auf?

▶ **Bilde auch hier Ja/Nein-Fragen. Achte auf die Teilung des Verbs. Schreibe die Sätze erst im Präsens, dann im Perfekt (die Verben sind alle regelmäßig).**

1. Kaufst du mit deiner Mutter ein? Hast du mit deiner Mutter eingekauft?
2. Passt Lisa auf ihre Handtasche auf? Hat Lisa auf ihre Handtasche aufgepasst?
3. Hört ihr im Unterricht immer gut zu? Habt ihr im Unterricht immer gut zugehört?
4. Packt Ivan seine Badehose ein? Hat Ivan seine Badehose eingepackt?
5. Macht ihr das Fenster zu? Habt ihr das Fenster zugemacht?
6. Schaut dein Vater beim Fußballspiel zu? Hat dein Vater beim Fußballspiel zugeschaut?
7. Rührst du die Suppe um? Hast du die Suppe umgerührt?
8. Zahlt unser freundlicher Chef uns im Februar mehr Gehalt? Hat unser freundlicher Chef uns im Februar mehr Gehalt gezahlt?

8.6.2 Ja/Nein-Fragen mit Modalverben

▶ **Bilde Sätze nach diesem Muster:**

1. Willst du lieber Wurst oder Käse essen? – 2. Möchtest du lieber Tee oder Kaffee trinken? – 3. Kannst du mir die Uhrzeit sagen? – 4. Willst du heute Abend mit mir in die neue Disco gehen? – 5. Müssen wir wirklich den ganzen Text abschreiben? – 6. Kannst du dieses Rätsel lösen? – 7. Soll ich dir noch ein Butterbrot schmieren? – 8. Wollt ihr meine Note in der Mathearbeit wissen? – 9. Muss ich wirklich das ganze Geschirr spülen?

8.7 Wir wiederholen: Das Dativobjekt steht vor dem Akkusativobjekt

▶ **Vervollständige diese Sätze und bringe, wenn nötig, die Satzglieder in die richtige Reihenfolge:**

1. Unser Lehrer erklärt uns den Akkusativ. – 2. Ich packe meinem Freund ein Geschenk ein. – 3. Wir kaufen unserer lieben Oma ein Souvenir. – 4. Mutter brät ihrem Sohn ein Spiegelei. – 5. Herr Müller diktiert seiner Klasse einen schweren Text. – 6. Direktor Wichtig überreicht seiner Sekretärin einen Blumenstrauß. – 7. Herr Huber verkauft seinem Nachbarn einen Teil von seinem Grundstück. – 8. Wir kochen uns einen süßen Pudding. – 9. Firma Durst & Co. liefert Herrn Müller einen neuen Kasten Bier. – 10. Die Klasse 9a schenkt ihrer netten Lehrerin eine große Schachtel Pralinen. – 11. Mutter wäscht dem kleinen Leon die schmutzigen Ohren. – 12. Wir besorgen uns im Geschäft die neueste Ausgabe vom „Kicker". – 13. Der böse Boris nimmt seiner kleinen Schwester ihren geliebten Teddybären weg. – 14. Du bringst mir einen wichtigen Brief.

▶ **Der zweite Satz muss richtig formuliert werden. Überprüfe die Stellung der Pronomen und finde die richtigen Formen.**

1. Wir kaufen ein Buch. Die freundliche Verkäuferin gibt es uns. – 2. Paul sucht seinen 10-Euro-Schein. Gib ihn ihm. – 3. Da liegen viele Bonbons. Nimm sie dir. – 4. Du brauchst ein neues Heft? Kauf es dir. – 5. Ist dein Pullover fleckig? Dann wasch ihn dir. – 6. Deine Hände sind schmutzig? Dann wasch sie dir. – 7. Im Schaufenster liegt eine schöne Uhr. Ich wünsche sie mir zum Geburtstag. – 8. Ich warte schon lange auf Post von dir. Wann schreibst du mir? (Achtung: Falle! „Du" steht nämlich im Nominativ.) – 9. Dieses Buch brauche ich nicht. Du kannst es dir selber in den Schrank stellen. – 10. Paul hat gut gearbeitet. Nehmt ihn euch zum Vorbild.

8.8 Einige Satzmuster, die man kennen sollte

8.8.1 Reihungen mit „und"

▶ **Bilde Reihungen mit drei Gliedern. Achte beim Schreiben auf die Kommasetzung:**

1. In den Ferien werden wir wandern, schwimmen und faulenzen. – 2. In meiner Schultasche sind Bücher, Hefte und Stifte. – 3. Mutter versteckt an Ostern blaue, gelbe und rote Ostereier. – 4. Das Möbelhaus verkauft Tische, Stühle und Betten. – 5. Serkan kauft am Kiosk Lollis, Kaugummis und Cola. – 6. Im Kühlschrank liegen Butter, Käse und Schinken. – 7. Auf dem Frühstückstisch stehen Kaffee, Marmelade und Brötchen. – 8. Vom Flughafen starten Düsenjets, Propellermaschinen und Hubschrauber. – 9. Jurij hat Schraubenzieher, Bohrer und anderes Werkzeug in seiner Werkzeugkiste. – 10. Frau Meier nimmt einen Koffer, eine Handtasche und einen Fotoapparat mit in den Urlaub.

8.8.2 Reihungen mit „oder"

▶ **Bilde solche „oder"-Reihungen mit drei Gliedern. Achte beim Schreiben auf die Kommasetzung:**

1. Als Klassensprecher wählen wir Fabio, Kolja oder Sabine. – 2. Nach Dänemark kann man mit dem Auto, mit dem Schiff oder mit der Eisenbahn fahren. – 3. Vater angelt einen Hecht, einen Karpfen oder einen alten Schuh. – 4. Im Winter laufen wir Schlittschuh, fahren Ski oder rodeln. – 5. Wo möchtest du sitzen: auf dem Stuhl, auf dem Sessel oder auf dem Sofa?

8.8.3 Alternativen mit „entweder – oder"

▶ **Bilde Sätze mit „entweder – oder". Setze am Stern „entweder", am Kreuz „oder" ein:**

1. Wir fahren entweder nach Spanien oder nach Frankreich. – 2. Zum Abendessen gibt es entweder Brot oder Bratkartoffeln. – 3. Wir können entweder Fabio oder Sabine zum Klassensprecher wählen. – 4. Wir haben entweder bei Herrn Meier oder bei Herrn Schulze Vertretung. – 5. Paul überlegt noch, was er essen soll: entweder einen Pfirsich oder eine Apfelsine. – 6. Nach Dänemark fahren wir entweder mit dem Auto oder mit der Eisenbahn. – 7. Im Sportunterricht könnt ihr heute entweder Fußball oder Basketball spielen. – 8. Entscheidet euch: Entweder wir gehen spazieren oder wir bleiben zu Hause. – 9. Ich habe die Nachricht entweder im Fernsehen oder im Radio gehört. – 10. Es gibt entweder Tee oder Kaffee.

8.8.4 Verbindungen mit „sowohl – als auch"

▶ **Bilde solche Verbindungen mit „sowohl – als auch". Setze am Stern „sowohl", am Kreuz „als auch" ein:**

1. Das Hotel hat sowohl Einzelzimmer als auch Doppelzimmer. – 2. Im Wartezimmer vom Zahnarzt liegen sowohl Zeitungen als auch Zeitschriften. – 3. Opa raucht sowohl Pfeife als auch Zigarren. – 4. Sowohl Elbe als auch Weser münden in die Nordsee. – 5. Wir können sowohl mit dem Fahrrad als auch mit dem Bus in die Schule fahren. – 6. Du kannst sowohl den blauen als auch den roten Pulli anziehen. – 7. Es hat sowohl gestern als auch heute geregnet. – 8. Wir können im Zoo sowohl die Eisbären als auch die Löwen betrachten. – 9. Leon braucht zum Basteln sowohl eine Schere als auch Kleber. – 10. Wir sind im Urlaub sowohl gewandert als auch geschwommen.

8.8.5 Gegensätze mit „aber" und „sondern"

▶ **Bilde Gegensätze mit „aber". Setze es am Kreuz ein und beachte: Vor „aber" steht ein Komma:**

1. Er findet sein Heft nicht auf dem Schreibtisch, aber in der Schublade. – 2. Dieses Mädchen ist nicht sehr fleißig, aber intelligent. – 3. Deutschland ist nicht riesig, aber doch recht groß. – 4. Herr Schneider ist arm, aber glücklich. – 5. Dieses Buch ist nicht sehr spannend, aber lustig. – 6. Das andere Buch ist nicht lustig, aber interessant. – 7. Ich habe die Schere dabei, aber den Klebstoff vergessen. – 8. Paul kann noch keine Krawatte binden, aber die Schuhe. – 9. Die kleine Yildiz kann noch nicht sprechen, aber schon laufen. – 10. Tanja hat zum Glück keinen Husten, aber einen schlimmen Schnupfen.

Klaus Kleinmann: Die Turbo-Übungsgrammatik · Best.-Nr. 436
© Brigg Pädagogik Verlag GmbH, Augsburg

▶ **Bilde Gegensätze mit „sondern". Setze es am Kreuz ein. Auch vor „sondern" steht ein Komma:**

1. Unsere Katze frisst keine Mäuse, sondern Whiskas. – 2. Er schreibt ihr keine Mail, sondern einen Brief. – 3. Wir gehen nicht auf den Sportplatz, sondern ins Schwimmbad. – 4. Er findet sein Heft nicht auf dem Schreibtisch, sondern in der Schublade. – 5. Tanja hat keinen Husten, sondern einen Schnupfen.

▶ **Die Verbindung „nicht nur, sondern auch" hebt hervor, dass beides gleichzeitig vorkommt, wobei das Zweite fast noch wichtiger erscheint als das Erste. Setze am Stern „nicht nur" ein, am Kreuz „sondern auch". Vor „sondern" steht ein Komma!**

1. Ich habe nicht nur die Schere vergessen, sondern auch den Klebstoff. – 2. Herr Schneider ist nicht nur reich, sondern auch glücklich. – 3. Nicht nur der Bus, sondern auch die Straßenbahn fährt zum Hauptbahnhof. – 4. Das Buch ist nicht nur lustig, sondern auch interessant. – 5. Wir haben im Wald nicht nur Rehe, sondern auch Hirsche gesehen.

8.8.6 Gegensätze mit „zwar – aber"

▶ **Bilde solche Gegensätze. Am Stern steht „zwar", am Kreuz steht „aber". Bedenke: vor „aber" wird ein Komma gesetzt.**

1. Ich habe zwar den Kleber dabei, aber die Schere vergessen. – 2. Unsere Wohnung ist zwar nicht riesig, aber für uns groß genug. – 3. Herr Meier hat mir das zwar mündlich gesagt, aber noch nicht schriftlich bestätigt. – 4. Wir fahren zwar keinen Mercedes, aber unser Auto ist auch nicht schlecht. – 5. Nach den Ferien müssen wir zwar wieder in die Schule, aber wir treffen dort immerhin unsere Klassenkameraden wieder. – 6. Das Essen war zwar nicht besonders gut, aber wir sind wenigstens satt geworden. – 7. Tanja hat zwar den Wettkampf nicht gewonnen, aber sie ist immerhin Zweite geworden. – 8. Vom Hotelzimmer aus kann man das Meer zwar nicht sehen, aber man hört es rauschen. – 9. Opa Meier hat zwar keine Haare auf dem Kopf, aber auf der Zunge. – 10. Wir können zwar heute nicht kommen, aber wir kommen morgen.

9.   Das Präteritum

9.1   Das Präteritum der Hilfsverben „haben" und „sein":

▶ **Setze folgende Sätze ins Präteritum:**

1. Jürgen und Erika waren krank. – 2. Sie hatten hohes Fieber. – 3. Meine Schwester war im Kindergarten. – 4. Du warst in Mathe nicht zu schlagen. – 5. Herr Meier hatte einen Bart. – 6. Ihr wart im Kino. – 7. Ich war für ihn immer zu sprechen. – 8. Ihr wart doch hoffentlich nicht böse auf uns. – 9. Ihr hattet großes Glück. – 10. Wir hatten leider kein Geld.

9.2   Das Präteritum der regelmäßigen Vollverben

▶ **Setze ins Präteritum:**

1. Der arme Hund heulte schrecklich. – 2. Die Wunde heilte schnell. – 3. Paul füllte sein Glas mit Cola. – 4. Du holtest Kartoffeln aus dem Keller. – 5. Die Rosen blühten im Garten. – 6. Ich schenkte meiner Mutter einen Blumenstrauß. – 7. Die Kinder blickten voller Staunen auf den Weihnachtsbaum. – 8. Ihre Augen glänzten vor Freude. – 9. Der Luftballon platzte, und es knallte laut. – 10. Der Fahrer bremste nicht rechtzeitig und lenkte daher sein Auto in den Graben.

▶ **Setze auch hier ins Präteritum:**

1. Der Radfahrer achtete nicht auf die rote Ampel. – 2. Ihr antwortetet eurem Lehrer. – 3. Petra heiratete Paul. – 4. Mutter schüttete das Schmutzwasser in den Ausguss. – 5. Ihr mietetet eine größere Wohnung. – 6. Der kleine Junge hustete fürchterlich. – 7. Ihr badetet in einem kühlen See.

▶ **Das Präteritum ist nicht zuletzt die Sprache der Märchen. Wenn du den folgenden Text (frei nach den Brüdern Grimm) ins Präteritum setzt, merkst du sicher, dass das sehr schön klingen kann:**

In einem großen Wald lebte ein armer Holzhacker mit seiner Frau und seinen zwei Kindern. Sie hatten wenig zu essen, denn alles war sehr teuer. Der Holzhacker holte seine Frau zu sich, seufzte tief und verabredete mir ihr, die Kinder in den Wald zu schicken, wo sie sich selber ernähren sollten. Hänsel, der Sohn der beiden, hörte das zufällig und berichtete seiner Schwester vom Plan der Eltern. Sie überlegten, was sie tun sollten, und Hänsel hatte eine Idee. Er sammelte Steine auf und steckte sie ein. Damit markierte er den Weg, auf dem der Vater sie nachts in den Wald führte. Schon bald kehrten die Kinder zu ihren Eltern zurück …

Klaus Kleinmann: Die Turbo-Übungsgrammatik · Best.-Nr. 436
© Brigg Pädagogik Verlag GmbH, Augsburg

Präsens	Präteritum	Perfekt
ich träume	ich träumte	ich habe geträumt
wir lachen	wir lachten	wir haben gelacht
er arbeitet	er arbeitete	er hat gearbeitet
sie suchen	sie suchten	sie haben gesucht
du spielst	du spieltest	du hast gespielt
sie verreisen	sie verreisten	sie sind verreist
es regnet	es regnete	es hat geregnet
er antwortet	er antwortete	er hat geantwortet
wir stolpern	wir stolperten	wir sind gestolpert
ihr sagt	ihr sagtet	ihr habt gesagt
du weinst	du weintest	du hast geweint
ich starte	ich startete	ich bin gestartet
wir haben Hunger	wir hatten Hunger	wir haben Hunger gehabt
sie sind traurig	sie waren traurig	sie sind traurig gewesen
sie wird rot	sie wurde rot	sie ist rot geworden

▶ **Unterstreiche die Verbformen (alle Teile!). Schreibe auf die Zeilen, um welche Verbform es sich im Satz handelt.**

1. Papa *hat* das Geschirr *gespült*.   3. Pers. Sg. Perf.
2. *Reichst* du mir bitte mal das Salz *herüber*?   2. Pers. Sg. Präs.
3. Petra *tankte* das Auto *voll*.   3. Pers. Sg. Prät.
4. Hier *stimmt* etwas nicht!   3. Pers. Sg. Präs.
5. Da *hast* du aber noch einmal Glück *gehabt*!   2. Pers. Sg. Perf.
6. Wir *sind* gerade noch rechtzeitig *angekommen*.   1. Pers. Pl. Perf.
7. Sie *fragten* sich gegenseitig Vokabeln *ab*.   3. Pers. Pl. Prät.
8. Sie *ist* über den Zaun *geklettert*.   3. Pers. Sg. Perf.

10. Die Stammformen unregelmäßiger Verben

▶ **Mach dich locker für eine kleine Übung: Wir wenden die unregelmäßigen Verben in Sätzen an. Bilde Sätze im Präteritum und im Perfekt. Beachte, wann im Perfekt „haben" bzw. „sein" verwendet wird.**

1. Der alte Wächter schloss das schwere Eisentor. – Der alte Wächter hat das schwere Eisentor geschlossen. – 2. Hänsel und Gretel liefen durch den dunklen Wald. – Hänsel und Gretel sind durch den dunklen Wald gelaufen. – 3. Die flinke Fliege roch einen guten alten Käse. – Die flinke Fliege hat einen guten alten Käse gerochen. – 4. Paul schlich um den Topf mit dem Honig herum. – Paul ist um den Topf mit dem Honig herumgeschlichen. – 5. Die braven Kinder aus der vierten Klasse sangen ein schönes altes Volkslied. – Die braven Kinder aus der vierten Klasse haben ein schönes altes Volkslied gesungen. – 6. Hoffentlich verzieh uns der liebe Gott schon unsere Sünden von gestern. – Hoffentlich hat uns der liebe Gott schon unsere Sünden von gestern verziehen. – 7. Das dünne Eis auf unserem See brach. – Das dünne Eis auf unserem See ist gebrochen. – 8. Der kleine Serkan fiel ins kalte Wasser. – Der kleine Serkan ist ins kalte Wasser gefallen. – 9. Zum Glück rettete man ihn noch rechtzeitig. – Zum Glück hat man ihn noch rechtzeitig gerettet. – 10. Der Mörder im Film hielt ein langes Messer in der Hand. – Der Mörder im Film hat ein langes Messer in der Hand gehalten. – 11. Vater grub im Garten ein tiefes Loch. – Vater hat im Garten ein tiefes Loch gegraben. – 12. Petra lieh mir ihren schicken neuen Füller. – Petra hat mir ihren schicken neuen Füller geliehen. – 13. Fischers Fritz fing frische Fische. – Fischers Fritz hat frische Fische gefangen. – 14. In unserem Garten wuchsen viele schöne Blumen. – In unserem Garten sind viele schöne Blumen gewachsen. – 15. In der vollen Straßenbahn saßen viele müde Leute. – In der vollen Straßenbahn haben viele müde Leute gesessen. – 16. Meine Lehrer rieten mir zu einem anderen Arbeitsstil. – Meine Lehrer haben mir zu einem anderen Arbeitsstil geraten. – 17. Wir blieben gerne noch bei euch. – Wir sind gerne noch bei euch geblieben. – 18. Ich las ein spannendes Buch. – Ich habe ein spannendes Buch gelesen. – 19. Ich kannte bisher keine spannendere Geschichte. – Ich habe bisher keine spannendere Geschichte gekannt. – 20. Uschi dachte immer wieder an den letzten Urlaub. – Uschi hat immer wieder an den letzten Urlaub gedacht. – 21. Sie schwamm so gern im blauen Ozean. – Sie ist so gern im blauen Ozean geschwommen. – 22. Sie lag auch gern im weißen Sand. – Sie hat auch gern im weißen Sand gelegen. – 23. Voller Sehnsucht träumte sie von einer einsamen Insel. - Voller Sehnsucht hat sie von einer einsamen Insel geträumt. - 24. Ich sah mir das tolle Fußballspiel an. – Ich habe mir das tolle Fußballspiel angesehen. – 25. Leider schossen unsere Stürmer nur ein einziges Tor. – Leider haben unsere Stürmer nur ein einziges Tor geschossen. – 26. Daher gewann eure Mannschaft gegen unsere Mannschaft. – Daher hat eure Mannschaft gegen unsere Mannschaft gewonnen. – 27. Ömer raste mit seinem neuen Moped durch die stillen Straßen der Stadt. – Ömer ist mit seinem neuen Moped durch

Klaus Kleinmann: Die Turbo-Übungsgrammatik · Best.-Nr. 436
© Brigg Pädagogik Verlag GmbH, Augsburg

die stillen Straßen der Stadt gerast. – 28. Die Sonne versank blutrot hinter dem Horizont. – Die Sonne ist blutrot hinter dem Horizont versunken. – 29. Am nächsten Morgen ging sie wieder auf. – Am nächsten Morgen ist sie wieder aufgegangen. – 30. Marias Bruder lief mit seiner Schultasche aus dem Haus. – Marias Bruder ist mit seiner Schultasche aus dem Haus gelaufen. – 31. Zwei fette Krähen stritten sich um den Rest von einem Pausenbrot. – Zwei fette Krähen haben sich um den Rest von einem Pausenbrot gestritten. – 32. Sie schrien sich an. – Sie haben sich angeschrien. – 33. Sie zerrissen das Brot in kleine Stücke. – Sie haben das Brot in kleine Stücke zerrissen. – 34. Jede flog mit einem Brocken auf einen anderen Baum. – Jede ist mit einem Brocken auf einen anderen Baum geflogen. – 35. Dort fraßen sie sich in aller Ruhe satt. – Dort haben sie sich in aller Ruhe sattgefressen. – 36. Sie genossen ihre Beute. – Sie haben ihre Beute genossen. – 37. Frau Müller verlor ihren Schlüssel. – Frau Müller hat ihren Schlüssel verloren. – 38. Sie suchte ihn überall. – Sie hat ihn überall gesucht. – 39. Aber sie konnte ihn nirgends finden. – Aber sie hat ihn nirgends finden können. – 40. Ihr Sohn Florian fand ihn aber unter der gestrigen Zeitung wieder. – Ihr Sohn Florian hat ihn aber unter der gestrigen Zeitung wiedergefunden. – 41. Lisa bestand ihr Examen mit besten Noten. – Lisa hat ihr Examen mit besten Noten bestanden.

10.1 Weitere Übungen zu den starken und schwachen Verben

Die fröhliche Prinzessin
(1) lebte (2) hatte (3) war (4) kamen (5) wollten (6) lehnte (7) hatte (8) war (9) dachte (10) beschloss (11) folgten (12) lebten (13) verlor (14) gewöhnte (15) sah (16) wusste (17) gefiel (18) schien (19) bekam (20) wollte (21) war (22) sang (23) roch (24) bot (25) schoss (26) ritt (27) schrieb (28) konnte (29) schwieg (30) versammelte (31) besprachen (32) fanden (33) brach (34) wurde (35) starb (36) trauerte (37) fing (38) vergaß (39) genoss

Ein schwerer Tag für Tanja
Übertrage alle nummerierten Verbformen vom Präteritum ins Perfekt:
Anscheinend (1) hat sie nicht gut geschlafen. Offenbar (2) ist sie auch viel zu spät ins Bett gegangen. Ob sogar Alkohol im Spiel (3) gewesen ist? Wie ich nämlich später (4) gehört habe, (5) hat sie mit Freunden gestern eine Party gefeiert, bei der manch einer nicht nur Wasser (6) getrunken hat. Wenn ich Tanja richtig (7) verstanden habe, (8) ist sie erst um 4.00 Uhr früh ins Bett gefallen und (9) hat nicht einmal mehr Zeit gefunden, sich abzuschminken. Auch den Wecker (10) hat sie nicht gestellt …

Übertrage hier alle nummerierten Verbformen vom Präsens ins Präteritum:
(1) verschlief (2) weckte, (3) gelang (4) rannte (5) putzte (6) wusch (7) zog (8) rochen (9) zeigte (10) sah (11) bewies (12) fuhr (13) kam (14) stand (15) ärgerte (16) wollte (17) bat (18) konnte (19) schimpfte (20) schrieb (21) log (22) nahm (23) steckte (24) lief (25) fiel (26) sank (27) kam (28) konnte

11 Das Plusquamperfekt

▶ **Die Präteritum-Formen der Hilfsverben werden für das Plusquamperfekt gebraucht. Hier kannst du dir noch einmal über ihre Bildung klar werden:**

		haben	sein
Singular	1. Person	ich hatte	ich war
	2. Person	du hattest	du warst
	3. Person	er, sie, es hatte	er, sie, es war
Plural	1. Person	wir hatten	wir waren
	2. Person	ihr hattet	ihr wart
	3. Person	sie hatten	sie waren

Klaus Kleinmann: Die Turbo-Übungsgrammatik · Best.-Nr. 436
© Brigg Pädagogik Verlag GmbH, Augsburg

▶ Unterstreiche die Präteritumform des Hilfsverbs (in der Lösung kursiv gedruckt) und bestimme dann folgende Formen:

er *hatte* gesucht	3. Pers. Sg. Plusqu.
sie *waren* gelaufen	3. Pers. Pl. Plusqu.
ihr *hattet* gelacht	2. Pers. Pl. Plusqu.
sie *waren* gefahren	3. Pers. Pl. Plusqu.
ich *hatte* bestellt	1. Pers. Sg. Plusqu.
du *hattest* gesprochen	2. Pers. Sg. Plusqu.
es *war* dunkel geworden	3. Pers. Sg. Plusqu.
er *hatte* Appetit bekommen	3. Pers. Sg. Plusqu.

▶ Bilde folgende Verbformen; unterstreiche die Präteritumform des Hilfsverbs (in der Lösung kursiv gedruckt):

1. Sg. Plusqu.	von	verlieren	ich *hatte* verloren
3. Pl. Plusqu.	von	arbeiten	sie *hatten* gearbeitet
1. Sg. Plusqu.	von	brauchen	ich *hatte* gebraucht
2. Sg. Plusqu.	von	waschen	du *hattest* gewaschen
3. Pl. Plusqu.	von	fliegen	sie *waren* geflogen
2. Pl. Plusqu.	von	springen	ihr *wart* gesprungen
1. Pl. Plusqu.	von	laufen	wir *waren* gelaufen
3. Pl. Plusqu.	von	brüllen	sie *hatten* gebrüllt

▶ Bilde folgende Verbformen:

1. Sg. Plusqu.	von	abholen	ich *hatte* abgeholt
3. Pl. Perf.	von	arbeiten	sie *haben* gearbeitet
1. Sg. Prät.	von	bringen	ich brachte
2. Sg. Perf.	von	denken	du *hast* gedacht
3. Pl. Plusqu.	von	heben	sie *hatten* gehoben
2. Pl. Perf.	von	singen	ihr *habt* gesungen
2. Pl. Prät.	von	laufen	ihr lieft
3. Pl. Plusqu.	von	fliegen	sie *waren* geflogen
3. Pl. Prät.	von	prüfen	sie prüften

11.1 Der Gebrauch des Plusquamperfekts

Er aß und hielt danach einen Mittagsschlaf.	Nachdem er gegessen hatte, hielt er einen Mittagsschlaf.
Sie feierten die halbe Nacht durch. Deshalb waren sie am nächsten Tag furchtbar müde.	Weil sie die halbe Nacht durchgefeiert hatten, waren sie am nächsten Tag furchtbar müde.
Marlies gab ihre Mathearbeit ab. Hinterher fiel ihr noch ein Fehler ein.	Nachdem Marlies ihre Mathearbeit abgegeben hatte, fiel ihr noch ein Fehler ein.
Wir sahen uns die Tagesschau an und schalteten dann den Fernseher aus.	Nachdem wir uns die Tagesschau angesehen hatten, schalteten wir den Fernseher aus.
Herr Müller erlitt einen Herzanfall. Da gab er endlich das Rauchen auf.	Nachdem Herr Müller einen Herzanfall erlitten hatte, gab er endlich das Rauchen auf.
Den ganzen Nachmittag übte sie die unregelmäßigen Verben. Trotzdem brachte sie bei der Arbeit alles durcheinander.	Obwohl sie den ganzen Nachmittag die unregelmäßigen Verben geübt hatte, brachte sie bei der Arbeit alles durcheinander.
Die Putzfrau wachste das Parkett. Deshalb rutschte sie aus.	Weil die Putzfrau das Parkett gewachst hatte, rutschte sie aus.
Ich schrieb den Brief und klebte anschließend den Umschlag zu.	Nachdem ich den Brief geschrieben hatte, klebte ich den Umschlag zu.

Klaus Kleinmann: Die Turbo-Übungsgrammatik · Best.-Nr. 436
© Brigg Pädagogik Verlag GmbH, Augsburg

11.2 Präsens – Präteritum – Perfekt – Plusquamperfekt

▶ **Unterstreiche die Verformen (mit Hilfsverben, Partizipien und Verbzusätzen) im Text, in der Lösung sind sie kursiv gedruckt. Schreibe die vollständigen Verbformen dann untereinander in dein Heft. Das gilt auch für Infinitive. Bestimme jeweils die Verform mit Person, Zahl (Singular/Plural) und Zeit, bzw. schreibe „Infinitiv":**

Der Rattenfänger zu Hameln

Die Stadt Hameln *liegt* in Norddeutschland an der Weser. Sie *ist* berühmt für folgende Sage, die aus dem Jahre 1284 *stammt*: Ein seltsamer Mann *kam* in die Stadt und *behauptete*, ein Rattenfänger zu *sein*. Er *versprach*, die Stadt von allen Ratten und Mäusen zu *befreien*, die *sich* in Hameln arg *vermehrt hatten*. Nachdem die Bürger das *gehört hatten*, *stimmten* sie *zu* und *versprachen* einen guten Lohn.

Der Rattenfänger *zog* eine Flöte *heraus* und *fing an* zu *spielen*. Da *kamen* alle Ratten und Mäuse aus den Häusern und *folgten* ihm bis in den Fluss, wo sie *ertranken*. Nun *wollten* die Bürger aber den Lohn, den sie *versprochen hatten,* nicht *zahlen*. Der Rattenfänger *ist* daraufhin unter wüsten Drohungen aus Hameln *verschwunden*. „Ich *räche mich* an euch, das *könnt* ihr mir glauben", *hat* er *geschrien*.

Ein paar Tage später *kam* er tatsächlich *zurück* und *spielte* wieder auf seiner Flöte. Diesmal *liefen* aber nicht Ratten und Mäuse, sondern Kinder in großer Zahl zu ihm. Sie *folgten* ihm, und er *führte* sie in die Höhle eines Berges, deren Eingang *sich* schon kurz darauf wieder hinter ihnen *geschlossen hatte*. Niemand *hat* die Kinder jemals *wiedergesehen*. Die meisten Leute *glauben*, dass sie in der Höhle *gestorben sind*. Andere *sagen* aber, sie *sind* in Rumänien (in Siebenbürgen) wieder *herausgekommen*.

Der Berg bei Hameln, wo die Kinder angeblich *verschwunden sind*, *heißt* der Poppenberg. Dort *steht* noch heute ein Denkmal, das an diese schlimme Geschichte *erinnert*.

sie liegt	3. Pers. Sg. Präs.	zahlen	Infinitiv
sie ist	3. Pers. Sg. Präs.	er ist verschwunden	3. Pers. Sg. Perf.
sie stammt	3. Pers. Sg. Präs.	ich räche mich	1. Pers. Sg. Präs.
er kam	3. Pers. Sg. Prät.	ihr könnt	2. Pers. Pl. Präs.
er behauptete	3. Pers. Sg. Prät.	glauben	Infinitiv
sein	Infinitiv	er hat geschrien	3. Pers. Sg. Perf.
sie hatten sich vermehrt	3. Pers. Pl. Plusqu.	er kam zurück	3. Pers. Sg. Prät.
sie hatten gehört	3. Pers. Pl. Plusqu	er spielte	3. Pers. Sg. Prät.
sie stimmten zu	3. Pers. Pl. Prät.	sie liefen	3. Pers. Pl. Prät.
sie versprachen	3. Pers. Pl. Prät.	sie folgten	3. Pers. Pl. Prät.
er zog heraus	3. Pers. Sg. Prät.	er führte	3. Pers. Sg. Prät.
er fing an	3. Pers. Sg. Prät.	sie hatte sich geschlossen	3. Pers. Sg. Plusqu.
spielen	Infinitv	hat wiedergesehen	3. Pers. Sg. Perf.
sie kamen	3. Pers. Pl. Prät.	sie glauben	3. Pers. Pl. Präs.
sie folgten	3. Pers. Pl. Prät.	sie sind gestorben	3. Pers. Pl. Perf.
sie ertranken	3. Pers. Pl. Prät.	sie sagen	3. Pers. Pl. Präs.
sie wollten	3. Pers. Pl. Prät.	sie sind herausgekommen	3. Pers. Pl. Perf.
sie hatten versprochen	3. Pers. Pl. Plusqu.	sie sind verschwunden	3. Pers. Pl. Perf.
		er heißt	3. Pers. Sg. Präs.
		es steht	3. Pers. Sg. Präs.
		es erinnert	3. Pers. Sg. Präs.

12. Texte aus der Vergangenheit ins Präsens zurückübersetzen

▶ **Schreibe auch den zweiten Teil der Rattenfängersage ins Präsens um.**

Ein paar Tage später kommt er tatsächlich zurück und spielt wieder auf seiner Flöte. Diesmal laufen aber nicht Ratten und Mäuse, sondern Kinder in großer Zahl zu ihm hin. Sie folgen ihm, und er führt sie in die Höhle eines Berges, deren Eingang sich schon kurz darauf wieder hinter ihnen geschlossen hat. Niemand sieht die Kinder jemals wieder. Die meisten Leute glauben, dass sie in der Höhle *gestorben sind. Andere sagen aber, sie *sind in Rumänien (in Siebenbürgen) wieder herausgekommen.

Der Berg bei Hameln, wo die Kinder angeblich *verschwunden sind, heißt der Poppenberg. Dort steht noch heute ein Denkmal, das an diese schlimme Geschichte erinnert.

* Hier wird das Perfekt gebraucht, weil diese Aspekte der Handlung schon vergangen sind.

▶ **Übertrage folgende Texte ins Präsens**

Münchhausens seltsame Hasenjagd

Baron Münchhausen *ist* ein ausgesprochen kühner Reiter und *besitzt* ein wundervolles Pferd. Kein Hindernis der Welt *zwingt* es je zu einem Umweg. Nach einer äußerst seltsamen Jagd *berichtet* er: Stellt euch *vor*, ich *bin* auf der Hasenjagd. Ein besonders schönes Exemplar *rennt* vor mir weg, quer über eine große Straße, auf der gerade eine Kutsche mit zwei jungen Damen *fährt*. Die Kutsche *befindet* sich nun genau zwischen mir und dem Hasen, ihre Fenster *stehen* weit *offen*. Mein Jagdeifer *lässt*

Klaus Kleinmann: Die Turbo-Übungsgrammatik · Best.-Nr. 436
© Brigg Pädagogik Verlag GmbH, Augsburg

mich nicht lange überlegen: Ich *gebe* meinem Gaul die Sporen, und er *springt* mit mir in einem großen Satz mitten durch die Kutsche hindurch. Das alles *geht* so schnell, dass ich mich kaum bei den Damen wegen dieser Belästigung *entschuldigen kann.*

Nach dem Sprung durch die Kutsche *verfolge* ich den Hasen noch zwei Tage lang, aber ich *komme* einfach nicht zum Schuss. Der Bursche *rennt* viel zu schnell und zu ausdauernd. Ich *glaube* nicht an Hexerei, für diese Zähigkeit *fehlt* mir aber wirklich jede vernünftige Erklärung. Endlich *hoppelt* das Tier dann doch einmal in Schussweite vor mir her. Die Büchse *kracht,* der Hase *ist* tot.

Beim Anblick der Beute *staunt* euer Baron Münchhausen allerdings nicht schlecht. Das seltsame Wesen *besitzt* nämlich acht Beine: Vier *hat* es wie üblich an der Unterseite, vier weitere *wachsen* jedoch auf dem Rücken. Bestimmt *hat* das Tier sich bei Erschöpfung ganz einfach auf die andere Seite *gedreht* und *ist* dann mit neuer Kraft auf dem Rücken *weitergelaufen.*

Warum Marko nicht heimkommt
Nach Juliane Kay

Der Sägemüller Vertec *wohnt* jenseits des Flusses, tief in den Wäldern. Der Weg zum nächsten Markt *ist* weit, und die Frau, die genug zu *tun hat* mit ihrem Haushalt – denn der Mann und die Söhne und auch die Knechte *achten* auf gutes und reichliches Essen –, Marta Vertec also *hat* wenig Lust, den langen Weg aus der Schlucht heraus, über die Brücke und noch am Fluss entlang bis in den Ort zu *laufen,* nur um *einzukaufen,* was „ihre Männer" *brauchen.*

Wer Marko, den Pudel, dazu *abgerichtet hat, erfahren* wir nie, aber Marko *trabt* mit dem Einkaufskorb im Maul von der Mühle den weiten Weg nach Sednija und *kauft ein.* Er *tut* es gern, er *ist* stolz auf sein Amt als Einkäufer, und jedermann *kennt* ihn und *freut* sich, wenn er *kommt.* Im Korb *liegen* der Zettel mit den Bestellungen und die Börse mit dem abgezählten Geld. Marko *läuft* von Geschäft zu Geschäft mit seinem Korb, und der Fleischer, der Krämer und dann und wann auch der Apotheker *lesen* vom Zettel *ab,* was in den Korb *kommen soll, nehmen* das Geld, das ihnen *zusteht, streicheln* an dem hübschen Pudel *herum,* der so geduldig *wartet,* bis er an die Reihe *kommt,* und nur zuweilen, wenn es zu lange *dauert,* mit Vorderpfoten und Kopf über dem Ladentisch *erscheint* – was alle immer wieder zum Lachen *bringt.* Es *sieht* zu drollig aus, wenn der schwarze Kleine die Leute daran *erinnert,* dass er *bedient werden will.*

Wenn er heimwärts *läuft, rennen* die Kinder, die ihn *kennen,* noch eine Weile neben ihm her. Dann *verschwindet* er heimwärts über die Brücke, langsamer, als er *gekommen ist,* denn der Korb *ist* nun schwer. Er *trabt* durch die Schlucht und *kommt* pünktlich daheim an.

Alle *loben* ihn dann, und aus den Mienen *kann* er *sehen,* wie zufrieden sie *sind,* wie stolz auf den klugen Hund. Sie *sagen* es ihm, Marta *sagt* es, Tonio, der Müller, die Söhne, die Knechte – jeder *lobt* ihn, weil er nie in Versuchung *kommt,* seine Einkäufe gelegentlich *aufzufressen.* Er *verliert* nichts aus dem Korb, weder die Börse noch Martas Schürzenstoff noch den Tabak des Müllers. „Guter Marko, braver Marko", *sagen* sie mit ihren hellen, zärtlichen Stimmen. An den Einkaufstagen *bekommt* er mehr Fleisch als Brot in seinen Napf und *darf* auf dem Sofa des Müllers *schlafen.* Marko *genießt* das alles sehr, man *sieht* ihm an, sein Hundeleben *ist* schön auf dieser Welt. So *vergehen* Jahre und nichts *ändert sich.* (…)

▶ **Um noch direkter für die Inhaltsangabe zu üben, solltest du dir überlegen, was du aus dem Originaltext weglassen kannst. Streiche so viel heraus, dass die Handlung gerade noch klar bleibt. Schreibe eine Kurzfassung im Präsens!**

Warum Marko nicht heimkommt
Nach Juliane Kay

Der Sägemüller Vertec *wohnt* tief in den Wäldern. Der Weg zum nächsten Markt *ist* weit, und seine Frau *hat* wenig Lust, den langen Weg in den Ort zu *laufen* um *einzukaufen.*
Marko, der Pudel, *trabt* mit dem Einkaufskorb im Maul nach Sednija und *kauft ein.* Im Korb *liegen* der Zettel mit den Bestellungen und die Börse mit dem abgezählten Geld. Marko *läuft* von Geschäft zu Geschäft mit seinem Korb. Dann *verschwindet* er heimwärts über die Brücke. Er *trabt* durch die Schlucht und *kommt* pünktlich daheim an. Alle *loben* ihn dann. Marko *genießt* das alles sehr (…)

▶ **Versuche das dann auch bei dem Text" „Münchhausens seltsame Hasenjagd". Schreibe auch davon eine Kurzfassung im Präsens. Beachte dabei, dass man in Inhaltsangaben den Text von der Ich-Form in die Er-Form überträgt. Du kannst dich in der Wortwahl ruhig etwas vom Original entfernen:**

Münchhausens seltsame Hasenjagd

Auf der Jagd nach einem Hasen *springt* Münchhausen mit seinem Pferd mitten durch eine Kutsche hindurch. Danach *verfolgt* er den Hasen noch zwei Tage lang, *kommt* aber nicht zum Schuss, denn der Bursche *rennt* viel zu schnell und zu ausdauernd. Endlich *kann* er ihn doch *erlegen.*
Da *sieht* er, dass der Hase acht Beine *hat:* Vier wie üblich an der Unterseite, vier weitere *wachsen* jedoch auf dem Rücken. Jetzt *wundert* er sich nicht mehr über seine Laufkünste. (Der letzte Satz muss ins Perfekt übertragen werden, denn der Hase ist ja schon tot:) Bestimmt *hat* er sich bei Erschöpfung ganz einfach auf die andere Seite *gedreht* und *ist* dann mit neuer Kraft auf dem Rücken *weitergelaufen.*

▶ **Setze auch den Text „Schneewittchen" (S. 73/74) ins Präsens. Versuche dann eine Inhaltsangabe.**

Schneewittchen (frei nach den Brüdern Grimm)

Auf einem hohen Berg mitten in einem tiefen Wald steht ein prächtiges Schloss. Dort lebt ein mächtiger König, der hat eine wunderschöne Frau und eine Tochter.
Die Tochter heißt Schneewittchen. Sie ist zwar noch klein, verspricht aber sehr hübsch zu werden und die Königin ist schon

Klaus Kleinmann: Die Turbo-Übungsgrammatik · Best.-Nr. 436
© Brigg Pädagogik Verlag GmbH, Augsburg

jetzt ein wenig eifersüchtig. Die Königin stellt sich jeden Tag vor den Spiegel und fragt ihn, wer denn die Schönste im ganzen Land sei. Darauf antwortet der Spiegel immer: „Du bist die Schönste im ganzen Land, liebste Königin." Der Königin lässt die Eifersucht aber keine Ruhe. Sie ruft den Diener, dem sie besonders vertraut, und bittet ihn um einen Rat. Der Diener empfiehlt ihr, den Jäger damit zu beauftragen, die Tochter in den Wald zu führen und sie umzubringen, denn er glaubt auch, dass Schneewittchen bald schöner ist als die Königin.

Der Jäger führt das hübsche Mädchen in den Wald, aber er wagt nicht, sie zu töten, weil sie gar so schön ist. Doch er weiß einen Ausweg, denn er kennt weit hinter den Bergen eine Höhle, in der Zwerge leben. Dorthin bringt er die Königstochter, erzählt aber daheim auf dem Schloss, er habe sie umgebracht. Als nun die Königin bald wieder den Spiegel befragt, wer denn die Schönste im ganzen Land sei, da antwortet der Spiegel: „Frau Königin, Ihr seid die Schönste hier, aber Schneewittchen hinter den sieben Bergen bei den sieben Zwergen ist noch viel schöner als Ihr." Da bekommt die Königin einen Wutanfall, und sie beschließt, die Tochter selber umzubringen. Sie nimmt einen Apfel und vergiftet ihn. Als Händlerin verkleidet zieht sie hinter die sieben Berge und findet Schneewittchen tatsächlich in der Höhle. Schneewittchen kostet von dem Apfel, stirbt aber nicht, weil ihr der Apfel im Hals steckenbleibt. Sie fällt nur in einen tiefen Schlaf. Die Zwerge legen sie in einen Sarg ganz aus Glas, damit jeder sehen kann, wie schön sie ist. Nach vielen Jahren kommt ein Prinz vorbei, den die Schönheit des Mädchens verzaubert und der deshalb beschließt, sie mit sich auf sein Schloss zu nehmen. Unterwegs rutscht der Sarg aber vom Wagen und schlägt zu Boden. Der Sarg zerbricht zwar nicht, aber Schneewittchen bekommt einen mächtigen Stoß. Dadurch fliegt ihr der Apfel aus dem Hals, der dort immer noch steckt. Schneewittchen kommt wieder zu Bewusstsein, erblickt den Prinzen und verliebt sich auf der Stelle in ihn. Sie zieht mit ihm auf sein Schloss, und die beiden feiern Hochzeit. Sie werden glücklich bis ans Ende des Lebens.

Versuch einer Kurzfassung:

In einem prächtigen Schloss lebt ein mächtiger König, der hat eine wunderschöne Frau und eine Tochter namens Schneewittchen. Sie verspricht sehr hübsch zu werden und die Königin ist eifersüchtig. Jeden Tag fragt sie den Spiegel, wer denn die Schönste im ganzen Land sei. Darauf antwortet der Spiegel immer: „Du bist die Schönste im ganzen Land." Der Königin lässt die Eifersucht aber keine Ruhe. Sie beauftragt den Jäger, die Tochter umzubringen.

Der Jäger wagt das nicht, sondern bringt Schneewittchen in eine Höhle von Zwergen, erzählt aber daheim auf dem Schloss, er habe sie umgebracht. Der Spiegel sagt: „Frau Königin, Ihr seid die Schönste hier, aber Schneewittchen hinter den sieben Bergen bei den sieben Zwergen ist noch viel schöner als Ihr." Da vergiftet die Königin einen Apfel und zieht als Händlerin verkleidet hinter die sieben Berge. Schneewittchen kostet von dem Apfel, stirbt aber nicht, weil ihr der Apfel im Hals steckenbleibt. Sie fällt nur in einen tiefen Schlaf. Die Zwerge legen sie in einen Sarg ganz aus Glas. Nach vielen Jahren kommt ein Prinz vorbei, der beschließt, sie mit sich auf sein Schloss zu nehmen. Unterwegs rutscht der Sarg aber vom Wagen und schlägt zu Boden. Schneewittchen bekommt einen mächtigen Stoß. Dadurch fliegt ihr der Apfel aus dem Hals, der dort immer noch steckt. Schneewittchen kommt wieder zu Bewusstsein, erblickt den Prinzen und verliebt sich auf der Stelle in ihn. Sie zieht mit ihm auf sein Schloss, und die beiden feiern Hochzeit.

▶ **Versuche auch ein Inhaltsangabe von Münchhausens „Ritt auf der Kanonenkugel" (S. 48); schreibe so kurz wie möglich und mit eigenen Worten.**

Der Ritt auf der Kanonenkugel
Münchhausen fliegt auf einer Kanonenkugel zu einer feindlichen Stadt, um diese auszuspionieren. Als eine andere Kanonenkugel aus der Stadt abgeschossen wird, springt er auf diese hinüber und fliegt mit ihr zu seiner Truppe zurück.

13. Die Darstellung der Zukunft

▶ **Formuliere folgende Sätze in dieser Art um:**

1. Es wird schon Nacht. – 2. Wir werden Fußballmeister. – 3. Ihr werdet richtig gut! – 4. Du wirst ein Ass in Deutsch. – 5. Sie wird Friseurin. – 6. Ich glaube, Serkan wird mein Freund. – 7. Sie werden hungrig. – 8. Werdet ihr satt? – 9. Schneewittchen und ihr Prinz werden glücklich.

13.2 Vollverben im Futur I

▶ **Wir üben das trotzdem ein wenig. Setze ins Futur I:**

1. Du wirst weit in der Welt herumkommen. – 2. Mutter wird uns etwas Gutes zum Abendessen kochen. – 3. Wir werden nach Amerika fliegen. – 4. Das Flugzeug wird in einer Stunde landen. – 5. Es wird dann auftanken und (wird) nach China weiterfliegen. – 6. Ich werde heute sicher ganz schnell einschlafen. – 7. Natascha wird uns nächsten Sommer in Deutschland besuchen. – 8. Wir werden ihr viele schöne Dinge zeigen. – 9. Das wird ihr bestimmt viel Spaß machen. – 10. Sie wird danach sicher gar nicht wieder nach Moskau zurückwollen.

Klaus Kleinmann: Die Turbo-Übungsgrammatik · Best.-Nr. 436
© Brigg Pädagogik Verlag GmbH, Augsburg

14. Satzstellung II: Der Nebensatz

▶ **Bilde Sätze nach diesem Muster. Der Hauptsatz steht hier immer am Anfang, der rechte Teil ist immer der Nebensatz. Das Bindewort in Klammern kommt an die Stelle des Gedankenstrichs. Du musst das Komma immer mit abschreiben! Zwischen Hauptsatz und Nebensatz wird nämlich ein Komma gesetzt.**

1. Ich gehe ins Schwimmbad, weil es heute sehr heiß ist.
2. Mutter holt die Wäsche ins Haus, bevor es regnet.
3. Ich schreibe meinem Freund, dass ich am Wochenende zu ihm komme.
4. Papa frühstückt, ehe er ins Büro geht.
5. Hans übernachtet bei seinem Freund, wenn seine Eltern es erlauben.
6. Du passt nicht richtig auf, während du redest.
7. Wir gehen spazieren, obwohl schlechtes Wetter ist.
8. Er kann nicht kommen, weil sein Auto kaputt ist.
9. Petra lernt viel, damit sie eine gute Note in der nächsten Mathearbeit bekommt.
10. Paul hofft auf eine gute Note, obwohl er nicht für die Arbeit geübt hat.
11. Nina fragt sich, ob sie Kevin wohl gefällt.
12. Mein neuer Freund bohrt immer in der Nase, während er nachdenkt.
13. Ich übe, bis ich alles kann.
14. Der Hund schwimmt, indem er seine Beine bewegt.
15. Kevin holt Nina mit dem Motorroller ab, weil er sie mag.
16. Ich muss lange überlegen, wie ich die Aufgabe lösen soll.
17. Für kleine Kinder fängt ein neues Leben an, sobald sie in die Schule kommen.
18. Wir alle hoffen, dass morgen schönes Wetter ist.
19. Alle Menschen sind glücklich, wenn sie zum Geburtstag Geschenke bekommen.
20. Wir warten ungeduldig darauf, dass es Ferien gibt.

14.1 Fragesätze als Nebensätze

▶ **Bilde Fragewort-Nebensätze:**

1. Bärbel weiß nicht mehr, wann sie heute zum Tennistraining muss.
2. Lehrer Huber fragt die Klasse, wer Tafeldienst hat.
3. Die Katze von Hubers ist das Gegenteil von dem, was man ein friedliches Haustier nennt.
4. Ein freundlicher Japaner fragt mich, wann der Bus nach Neu-Isenburg kommt.
5. Serkan erklärt seiner erstaunten Mutter, warum er nicht in die Schule gehen kann.
6. Im Chemieunterricht lernen die neugierigen Schüler, wie man Schnaps herstellt.
7. Mancher junge Mensch weiß noch nicht, was er später einmal werden soll.
8. Vor einem Referat muss man sich genau überlegen, worüber man sprechen will.
9. Peters Vater fragt besorgt, wohin die Benzinpreise noch steigen.
10. Sandra erfindet neue Tricks, wie sie Sascha gefallen kann.

14.2 Relativsätze

▶ **Kreise in den folgenden Sätzen alle Relativpronomen ein. Zeichne einen Beziehungspfeil zu dem vorher stehenden Satzglied, auf das sie sich beziehen. Setze Kommas vor den Relativpronomen:**

Ich höre den *Vogel, der* im Baum singt. – Hast du den *Herrn* nicht wiedererkannt, *der* uns eben begegnet ist? – Auf der Feier sahen wir den netten *Jungen, der* uns immer so freundlich grüßt. – Ich kaufte mir das spannende Buch in der *Buchhandlung, die* sich in der Hauptstraße befindet. – Er denkt über die *Probleme* nach, *deren* Lösung ihm sehr am Herzen liegt. – Beim Erkennen der Relativpronomen hast du jetzt sicher schon einige *Schwierigkeiten* überwunden, *die* dir vor wenigen Minuten noch Sorgen bereitet haben.

▶ **Entscheide in folgenden Sätzen, ob ein Relativsatz vorhanden ist oder nicht. Wenn ja, unterstreiche ihn (in der Lösung kursiv gedruckt) und setze Kommas.**

Delfine haben sehr sensible Sinnesorgane, *die uns Menschen immer wieder erstaunen*. Sie erfassen mit unglaublicher Präzision die Schwingungen, *die von anderen Lebewesen im Wasser ausgehen*. Dadurch erkennen sie die Größe des fraglichen Objekts. So können sie auch seine Geschwindigkeit einschätzen. Sie verständigen sich untereinander durch Pfeiftöne, *die von ihren Artgenossen sehr genau verstanden werden*. Delfine sollen nach Meinung von Wissenschaftlern fast so intelligent sein wie wir Menschen.

Klaus Kleinmann: Die Turbo-Übungsgrammatik · Best.-Nr. 436
© Brigg Pädagogik Verlag GmbH, Augsburg

▶ **Bilde Relativsätze. In den Beispielsätzen steht der Relativsatz nach dem Gedankenstrich. Verwende "der", "die" oder „das" als Relativpronomen, je nachdem, auf welches Nomen es sich bezieht; wenn das Bezugswort im Plural steht, heißt das Relativpronomen natürlich „die". Denke beim Schreiben an die Kommas:**

1. Petra trägt heute den roten Pulli, der ihr so gut steht.
2. Der Hund unserer Nachbarn schläft in seinem Häuschen, das ganz hinten im Garten steht.
3. Tina erzählt mir eine Geschichte, die mich sehr amüsiert.
4. Sie ist ein sehr intelligentes Mädchen, das sicher noch eine große Karriere macht.
5. Bauer Hock fährt mit seinem roten Traktor, der großen Lärm macht.
6. Mama liest in dem Buch, das Vater ihr zum Geburtstag geschenkt hat. (Relativsatz im Perfekt!)
7. Die Astronauten reparieren die Weltraumstation, die einen gefährlichen Defekt hat.
8. Piranhas sind gefährliche Fische, die immer fressen wollen.
9. Der Airbus 380 ist das größte Flugzeug, das Menschen jemals gebaut haben. (Relativsatz im Perfekt)
10. Herr Meier trägt heute eine gelbe Krawatte, die perfekt zu seinem Anzug passt.

14.2.1 Relativpronomen verändern den Fall

▶ **Passe das Relativpronomen an die Erfordernisse des Satzes an. Überlege, auf welches Nomen es sich bezieht. Setze Kommas:**

1. Der Schüler antwortet dem Lehrer, dem er aufmerksam zugehört hat.
2. Paul zerreißt die Dokumente, die er nicht mehr braucht.
3. Der Verbrecher folgt dem Polizisten, der ihn festgenommen hat.
4. Die freundliche Ehefrau bügelt ihrem Mann das Hemd, das er morgen anziehen will.
5. Hans berichtet seinem Freund von dem süßen Mädel, das er in der Disco kennen gelernt hat.
6. Oma schenkt ihrem Enkelkind einen Teddy, den sich der Kleine schon lange gewünscht hat.
7. Meine Schwester packt ihre Geschenke aus, die unter dem Weihnachtsbaum liegen.
8. Petra leiht mir den Stift, der mir so gut gefällt.
9. Tina singt uns die Lieder vor, die sie in ihrer Rockband gelernt hat.
10. Herr Meier bezahlt die Torte, die er gerade gekauft hat.

14.2.2 Relativpronomen mit Präposition

▶ **Zeichne in den folgenden Sätzen Verbindungspfeile von Präposition und Relativpronomen zum dazugehörigen Nomen und setze das Komma:**

Wo habe ich nur *das Buch* hingelegt, *in dem* ich gestern gelesen habe? – Wir betrachten die Stadt von *dem Aussichtsturm, auf den* wir gestiegen sind. – Kannst du mir *die CD* leihen, *von der* du so begeistert bist? – Er machte mir einen seltsamen *Vorschlag, hinter dem* ich keine gute Absicht vermute. – Gerade bekam Sabine *einen Anruf, über den* sie sich sehr freute.

▶ **Ergänze die passende Präposition, bringe das Relativpronomen in die richtige Form und setze das Komma. Du weißt: Es steht vor der Präposition:**

1. Paul schreibt dem Mädchen, mit dem er im Urlaub gesegelt ist.
2. Tanja geht zu ihrer Oma, bei/mit der sie immer die Hausaufgaben macht.
3. Er kann sich nicht mehr an den Traum erinnern, über den er sich nachts so aufgeregt hatte.
4. Er wühlte aufgeregt alle Schubladen durch, in denen er das verlorene Dokument vermutete.
5. Paul will nicht mehr mit Petra sprechen, über die er sich sehr geärgert hat.
6. Lehrer Huber macht sich Gedanken zu dem Thema, über das er morgen reden will.
7. Die Bergsteiger betrachten von unten den Gipfel, auf den sie klettern wollen.
8. Serkan muss leider das Motorrad verkaufen, mit dem er so viele schöne Touren gemacht hat.
9. Tina bekommt endlich die Barbiepuppe, auf die sie sich so gefreut hat.
10. Sie fand ihr verlorenes Portemonnaie unter dem Baum, unter dem sie im Schwimmbad gelegen hatte.
11. Sie legt das Portemonnaie in die Tasche, in der auch der Schlüsselbund steckt.
12. Mutter füllt Suppe in den Teller, in (auf) dem schon der Löffel liegt.
13. Manchmal "vergisst" der kleine Leon Aufgaben, auf die er keine Lust hat.
14. Viele Leute wollten die Neuigkeit nicht glauben, von der sie noch nie gehört hatten.
15. Der Pilot betrachtet von oben die Stadt, über die er fliegt.

14.3 Der Nebensatz steht vor dem Hauptsatz

▶ **Bilde Satzgefüge, in denen der Nebensatz vorne steht. Setze ein Komma zwischen Haupt- und Nebensatz!**

1. Weil es heute sehr heiß ist, gehe ich ins Schwimmbad. – 2. Bevor es regnet, holt Mutter die Wäsche ins Haus. – 3. Ehe wir in die Schule gehen, frühstücken wir. – 4. Während du redest, passt du nicht richtig auf. - 5. Obwohl schlechtes Wetter ist, ge-

Klaus Kleinmann: Die Turbo-Übungsgrammatik · Best.-Nr. 436
© Brigg Pädagogik Verlag GmbH, Augsburg

hen wir spazieren. – 6. Weil Peters Auto kaputt ist, muss er zu Hause bleiben. – 7. Obwohl ihr nicht für die Arbeit geübt habt, hofft ihr auf eine gute Note. – 8. Während Paul nachdenkt, bohrt er immer in der Nase. – 9. Dass morgen schönes Wetter ist, hoffen wir alle.

14.4 Gar nicht selten, aber etwas Besonderes: Der Infinitiv mit „zu"

▶ **Unterstreiche das erste Verb einfach (im Folgenden fett gedruckt), den Infinitiv mit „zu" doppelt (im Folgenden kursiv gedruckt):**

1. Ich **bitte** dich *zu bleiben*. – 2. Diese Arbeit **ist** kaum *zu schaffen*. – 3. Du **brauchst** nicht *zu kommen*. – 4. Es **war** kein Laut *zu hören*. – 5. Fremde Leute **haben** in meiner Wohnung nichts *zu suchen*. – 6. Der Angeklagte **versuchte**, seine Unschuld *zu beweisen*.

▶ **Unterstreiche auch hier das erste Verb einfach (in Folgenden fett gedruckt), den Infinitiv mit „zu" doppelt (im Folgenden kursiv gedruckt):**

1. Er **hoffte**, pünktlich *anzukommen*. – 2. Es **fällt** mir **schwer**, mit dem Rauchen *aufzuhören*. – 3. Ich **bemühte** mich, bei dem Vortrag nicht *einzuschlafen*. – 4. Petra **versprach**, mich zum Geburtstag *einzuladen*. – 5. Es **ist** ein Fehler, vor Schwierigkeiten gleich *wegzurennen*. – 6. Jeder **genießt** es, in der warmen Badewanne *unterzutauchen*.

▶ **Bilde nun selbst Sätze, in denen ein Infinitiv mit „zu" vorkommt. Am Stern steht das erste Verb, am + der Infinitiv mit „zu":**

1. Die Firma beschließt, neue Mitarbeiter einzustellen. – 2. Paula versucht, sich zu konzentrieren. – 3. Ein Selbstmörder droht, von der Brücke herunterzuspringen. – 4. Inge vergisst, den Brief abzuschicken. – 5. Papa fängt an, das neue Bild aufzuhängen. – 6. Er nimmt sich vor, weniger zu rauchen. – 7. Das Flugzeug ist bereit, von der Startbahn abzuheben. – 8. Meine Freundin bittet mich, das Päckchen zur Post zu bringen. – 9. Der zweite Läufer hofft, den ersten noch einzuholen. – 10. Jedes Geschäft empfiehlt den Kunden, das Wechselgeld gleich nachzuzählen. – 11. Rebecca bemüht sich, keinen Fehler zu machen. – 12. Sie beeilt sich aber doch, ihre Arbeit abzuschließen. – 13. Du scheinst mich nicht zu erkennen. – 14. Sabine freut sich, mit Peter ins Kino zu gehen. – 15. Sie findet es schön, ihn dort zu küssen. – 16. Florian versichert, keinen Wodka zu trinken. – 17. Herr Meier behauptet, von der Geschwindigkeitsbegrenzung nichts zu wissen. – 18. Ich freue mich, dich kennen zu lernen. – 19. Es ist nett, sich mit dir zu treffen. – 20. Fritz schämt sich, vom Honig zu naschen.

▶ **Bilde Sätze. Am Kreuz steht „um ... zu", „ohne ... zu" oder „anstatt ... zu" (meistens gibt es mehrere Lösungen, überlege aber genau, was wirklich passt); am Stern steht der Infinitiv mit „zu":**

1. Lisa schaut herüber, ohne mich zu sehen. – Lisa schaut herüber, um mich zu sehen. – 2. Herr Meier schaut zur Seite, ohne zu grüßen. – Herr Meier schaut zur Seite, um zu grüßen. – Herr Meier schaut zur Seite, anstatt zu grüßen. – 3. Peter stützt das Kinn auf die Hand, um nachzudenken. – Peter stützt das Kinn auf die Hand, ohne nachzudenken. – 4. Selina gibt ihr Heft ab, ohne die Fehler zu verbessern. – Selina gibt ihr Heft ab, anstatt die Fehler zu verbessern. – 5. Der Fahrer saust auf die Kreuzung zu, ohne zu bremsen. – Der Fahrer saust auf die Kreuzung zu, anstatt zu bremsen. – 6. Dann bremst er doch, um noch rechtzeitig anzuhalten. – 7. Sandra klebt eine Marke auf den Brief, um ihn abzuschicken. – Sandra klebt eine Marke auf den Brief, ohne ihn abzuschicken. – 8. Der Bergsteiger schaut auf die Landkarte, um sich zu orientieren. – 9. Du kritisierst mich dauernd, anstatt mich auch ab und zu zu loben. – Du kritisierst mich dauernd, ohne mich auch ab und zu zu loben.

▶ **Bilde Sätze, in denen der Infinitiv Perfekt mit „zu" verwendet wird. Forme die Sätze 13–20 auf der vorigen Seite entsprechend um:**

13. Du scheinst mich nicht erkannt zu haben. – 14. Sabine freut sich, mit Peter ins Kino gegangen zu sein. – 15. Sie findet es schön, ihn dort geküsst zu haben. – 16. Florian versichert, keinen Wodka getrunken zu haben. – 17. Herr Meier behauptet, von der Geschwindigkeitsbegrenzung nichts gewusst zu haben. – 18. Ich freue mich, dich kennen gelernt zu haben. – 19. Es ist (besser: war) nett, sich mit dir getroffen zu haben. – 20. Fritz schämt sich, vom Honig genascht zu haben.

15. Aktiv und Passiv

▶ **Diese Sätze stehen im Präsens Aktiv. Setze sie ins Präsens Passiv (behalte den Urheber bei):**

Ich bade das Baby. Das Baby wird von mir gebadet. – Ein Polizist hält einen Autofahrer an. Ein Autofahrer wird von einem Polizisten angehalten. – Eine Zeitung kritisiert die Bundeskanzlerin. Die Bundeskanzlerin wird von einer Zeitung kritisiert. – Die Maler streichen die Wohnung. Die Wohnung wird von den Malern gestrichen. – HR III meldet einen Verkehrsstau. Ein Verkehrsstau wird von HR III gemeldet. – Der Bauer erntet das Kornfeld ab. Das Kornfeld wird von dem Bauern abgeerntet. – Wir weichen die Wäsche ein. Die Wäsche wird von uns eingeweicht. – Der Lehrer begrüßt die Klasse. Die Klasse wird vom Lehrer begrüßt. – Ihr schaltet den Fernseher aus. Der Fernseher wird von euch ausgeschaltet. – Vater schält die Kartoffeln. Die Kartoffeln werden von Vater geschält. – Du fotografierst deine Freundin. Deine Freundin wird von dir fotografiert. – Die Zeitung interviewt einen Fußballer. Ein Fußballer wird von der Zeitung interviewt. – Die Mutter weckt den Jungen. Der Junge wird von der Mutter geweckt.

Klaus Kleinmann: Die Turbo-Übungsgrammatik · Best.-Nr. 436
© Brigg Pädagogik Verlag GmbH, Augsburg

▶ **Setze die Sätze aus der vorigen Übung ins Präteritum Aktiv.**
▶ **Setze sie nun auch ins Präteritum Passiv; behalte den Urheber wieder bei.**

Ich badete das Baby. Das Baby wurde von mir gebadet. – Ein Polizist hielt einen Autofahrer an. Ein Autofahrer wurde von einem Polizisten angehalten. – Eine Zeitung kritisierte die Bundeskanzlerin. Die Bundeskanzlerin wurde von einer Zeitung kritisiert. – Die Maler strichen die Wohnung. Die Wohnung wurde von den Malern gestrichen. – HR III meldete einen Verkehrsstau. Ein Verkehrsstau wurde von HR III gemeldet. – Der Bauer erntete das Kornfeld ab. Das Kornfeld wurde von dem Bauern abgeerntet. – Wir weichten die Wäsche ein. Die Wäsche wurde von uns eingeweicht. – Der Lehrer begrüßte die Klasse. Die Klasse wurde vom Lehrer begrüßt. – Ihr schaltetet den Fernseher aus. Der Fernseher wurde von euch ausgeschaltet. – Vater schälte die Kartoffeln. Die Kartoffeln wurden von Vater geschält. – Du fotografiertest deine Freundin. Deine Freundin wurde von dir fotografiert. – Die Zeitung interviewte einen Fußballer. Ein Fußballer wurde von der Zeitung interviewt. – Die Mutter weckte den Jungen. Der Junge wurde von der Mutter geweckt.

▶ **Setze die Sätze aus der vorigen Übung ins Perfekt Aktiv.**
▶ **Setze sie nun auch ins Perfekt Passiv; behalte den Urheber wieder bei.**

Ich habe das Baby gebadet. Das Baby ist von mir gebadet worden. – Ein Polizist hat einen Autofahrer angehalten. Ein Autofahrer ist von einem Polizisten angehalten worden. – Eine Zeitung hat die Bundeskanzlerin kritisiert. Die Bundeskanzlerin ist von einer Zeitung kritisiert worden. – Die Maler haben die Wohnung gestrichen. Die Wohnung ist von den Malern gestrichen worden. – HR III hat einen Verkehrsstau gemeldet. Ein Verkehrsstau ist von HR III gemeldet worden. – Der Bauer hat das Kornfeld abgeerntet. Das Kornfeld ist von dem Bauern abgeerntet worden. – Wir haben die Wäsche eingeweicht. Die Wäsche ist von uns eingeweicht worden. – Der Lehrer hat die Klasse begrüßt. Die Klasse ist vom Lehrer begrüßt worden. – Ihr habt den Fernseher ausgeschaltet. Der Fernseher ist von euch ausgeschaltet worden. – Vater hat die Kartoffeln geschält. Die Kartoffeln sind von Vater geschält worden. – Du hast deine Freundin fotografiert. Deine Freundin ist von dir fotografiert worden. – Die Zeitung hat einen Fußballer interviewt. Ein Fußballer ist von der Zeitung interviewt worden. – Die Mutter hat den Jungen geweckt. Der Junge ist von der Mutter geweckt worden.

▶ **Setze die Sätze aus der vorigen Übung ins Plusquamperfekt Aktiv.**
▶ **Setze sie nun auch ins Plusquamperfekt Passiv; behalte den Urheber wieder bei.**

Ich hatte das Baby gebadet. Das Baby war von mir gebadet worden. – Ein Polizist hatte einen Autofahrer angehalten. Ein Autofahrer war von einem Polizisten angehalten worden. – Eine Zeitung hatte die Bundeskanzlerin kritisiert. Die Bundeskanzlerin war von einer Zeitung kritisiert worden. – Die Maler hatten die Wohnung gestrichen. Die Wohnung war von den Malern gestrichen worden. – HR III hatte einen Verkehrsstau gemeldet. Ein Verkehrsstau war von HR III gemeldet worden. – Der Bauer hatte das Kornfeld abgeerntet. Das Kornfeld war von dem Bauern abgeerntet worden. – Wir hatten die Wäsche eingeweicht. Die Wäsche war von uns eingeweicht worden. – Der Lehrer hatte die Klasse begrüßt. Die Klasse war vom Lehrer begrüßt worden. – Ihr hattet den Fernseher ausgeschaltet. Der Fernseher war von euch ausgeschaltet worden. – Vater hatte die Kartoffeln geschält. Die Kartoffeln waren von Vater geschält worden. – Du hattest deine Freundin fotografiert. Deine Freundin war von dir fotografiert worden. – Die Zeitung hatte einen Fußballer interviewt. Ein Fußballer war von der Zeitung interviewt worden. – Die Mutter hatte den Jungen geweckt. Der Junge war von der Mutter geweckt worden.

▶ **Setze ins Aktiv. Der kursiv gedruckte Satzteil wird dabei zum Subjekt. Behalte die Zeit bei und beachte die richtige Form der Nomen und Adjektive:**

1. Ein heftiges Erdbeben zerstörte viele alte Häuser. – 2. Ein nettes Mädchen streichelt den jungen Hund. – 3. Die Deutsche Telekom hat die saftige Telefonrechnung abgebucht. – 4. Die jungen Leute kaufen die neue Herbstmode gern. – 5. Der fleißige Postfahrer leerte den Briefkasten. – 6. Auch sparsame Kinder geben das knappe Taschengeld immer viel zu schnell aus. – 7. Eine neue Kollegin hatte den bekannten Schauspieler für seinen Auftritt geschminkt.

16. Schritte zum Konjunktiv II

16.3 Der Konjunktiv II der Vollverben (Präs. Konj. II):

▶ **Bilde Sätze mit dem Konjunktiv II Präsens; verwende jeweils die vom Präteritum abgeleitete Form und die Umschreibung mit „würde". Schreibe auch im zweiten Teilsatz in der Ich-Form.**

Wenn ich könnte, dann …
… verziehe ich dir / würde ich dir verzeihen.
… schwämme ich einen Weltrekord / würde ich einen Weltrekord schwimmen.
… lüde ich dich auf die Seychellen ein / würde ich dich auf die Seychellen einladen.
… flöhe ich aus dem Alltag / würde ich aus dem Alltag fliehen.
… genösse ich ein Leben ohne Arbeit / würde ich ein Leben ohne Arbeit genießen.
… trüge ich einen teuren Pelzmantel / würde ich einen teuren Pelzmantel tragen.
… kaufte ich einen Porsche / würde ich einen Porsche kaufen.
… ließe ich das Rauchen sein / würde ich das Rauchen sein lassen.

Klaus Kleinmann: Die Turbo-Übungsgrammatik · Best.-Nr. 436
© Brigg Pädagogik Verlag GmbH, Augsburg

... holte ich dir die Sterne vom Himmel / würde ich dir die Sterne vom Himmel holen.

... fände ich einen anderen Job / würde ich einen anderen Job finden.

Wenn ich dürfte, dann ...

... verschwände ich von hier / würde ich von hier verschwinden.

... nähme ich Kirschen aus Nachbars Garten / würde ich Kirschen aus Nachbars Garten nehmen.

... träte ich Sebastian vors Schienbein / würde ich Sebastian vors Schienbein treten.

... stiege ich zu Anna in den Pool / würde ich zu Anna in den Pool steigen.

... bliebe ich heute zu Hause / würde ich heute zu Hause bleiben.

... tränke ich jeden Tag Champagner / würde ich jeden Tag Champagner trinken.

... schliefe ich bis 10 Uhr morgens / würde ich bis 10 Uhr morgens schlafen.

... zöge ich nach Berlin um / würde ich nach Berlin umziehen.

... spräche ich vor den Vereinten Nationen / würde ich vor den Vereinten Nationen sprechen.

... sagte ich Herrn Meier mal die Meinung / würde ich Herrn Meier mal die Meinung sagen.

Ich wollte ...

... ich ginge nicht mehr in die Schule / ich würde nicht mehr in die Schule gehen.

... ich verdiente mein eigenes Geld / ich würde mein eigenes Geld verdienen.

... ich müsste nicht immer gehorchen / ich würde nicht immer gehorchen müssen. (klingt schlecht)

... ich wäre mit der Aufgabe fertig / würde mit der Aufgabe fertig sein. (klingt schlecht)

... wir gewännen das nächste Fußballspiel / wir würden das nächste Fußballspiel gewinnen

... wir säßen hier nicht im Kalten / wir würden hier nicht im Kalten sitzen.

... der Bus käme / der Bus würde kommen.

... der Regen hörte auf / der Regen würde aufhören.

... die Sonne schiene / die Sonne würde scheinen.

... es regnete Milch und Honig / es würde Milch und Honig regnen.

Wenn ich gekonnt hätte, dann ...

... hätte ich dir verziehen – hätte ich einen Weltrekord geschwommen – hätte ich dich auf die Seychellen eingeladen – wäre ich aus dem Alltag geflohen – hätte ich ein Leben ohne Arbeit genossen – hätte ich einen teuren Pelzmantel getragen – hätte ich einen Porsche gekauft – hätte ich das Rauchen sein lassen – hätte ich einen anderen Job gefunden –

Wenn ich gedurft hätte, dann ...

... wäre ich von hier verschwunden – hätte ich Kirschen aus Nachbars Garten genommen – hätte ich Sebastian vors Schienbein getreten – wäre ich zu Anna in den Pool gestiegen – wäre ich heute zu Hause geblieben – hätte ich jeden Tag Champagner getrunken – hätte ich bis 10 Uhr morgens geschlafen – wäre ich nach Berlin umgezogen – hätte ich vor den Vereinten Nationen gesprochen – hätte ich Herrn Meier mal die Meinung gesagt

Wenn ich gewollt hätte, dann ...

... wäre ich nicht mehr in die Schule gegangen – hätte ich mein eigenes Geld verdient – hätte ich nicht immer gehorchen müssen – wäre ich mit der Aufgabe fertig gewesen – hätten wir das nächste Fußballspiel gewonnen – hätten wir nicht hier im Kalten gesessen – wäre der Bus gekommen – hätte der Regen aufgehört – hätte die Sonne geschienen – hätte es Milch und Honig geregnet (Ab "Fußballspiel" klingen die Sätze allerdings wie die Phantasien eines Größenwahnsinnigen, der meint, er könne alles.)

▶ **Formuliere erst im Konjunktiv II Präsens Passiv ...**

Ich wollte ...

... ich würde gelobt, – du würdest bewundert, – er würde belohnt, – wir würden beachtet, – ihr würdet eingeladen, – sie würden anerkannt, – dieser Politiker würde am Reden gehindert, – der Kaufhausdieb würde bestraft, – die Lehrer würden besser bezahlt, – die glatte Straße würde gestreut, – der Beschluss würde endlich gefasst, – diese Tür würde geölt, – hier würde einmal richtig aufgeräumt, – du würdest etwas stärker gefordert, – ich würde von Tina angerufen, – das Meerschweinchen würde gefüttert, – der Müll würde abgeholt, – die Post würde gebracht, – die Übung würde beendet

▶ **... dann im Konjunktiv II Präteritum Passiv:**

Ich wollte ...

... ich wäre gelobt worden, – du wärest bewundert worden, – er wäre belohnt worden, – wir wären beachtet worden, – ihr wäret eingeladen worden, – sie wären anerkannt worden, – dieser Politiker wäre am Reden gehindert worden, – der Kaufhausdieb wäre bestraft worden, – die Lehrer wären besser bezahlt worden, – die glatte Straße wäre gestreut worden, – der Beschluss wäre endlich gefasst worden, – diese Tür wäre geölt worden, – hier wäre einmal richtig aufgeräumt worden, – du wärest etwas stärker gefordert worden, – ich wäre von Tina angerufen worden, – das Meerschweinchen wäre gefüttert worden, – der Müll wäre abgeholt worden, – die Post wäre gebracht worden, – die Übung wäre beendet worden

Klaus Kleinmann: Die Turbo-Übungsgrammatik · Best.-Nr. 436
© Brigg Pädagogik Verlag GmbH, Augsburg

Ein systematisch aufgebauter und in der Praxis erprobter Trainingskurs zur differenzierten Förderung von Schülern mit Migrationshintergrund!

Schülerinnen und Schüler mit Migrationshintergrund machen beim Sprechen oft viele phonetische und grammatikalische Fehler und sind beim Schreiben häufig überfordert.

Dieser Band führt systematisch und konsequent in die Grammatik der deutschen Sprache ein, erweitert den passiven und aktiven Wortschatz, fördert und fordert Eigenaktivität und selbstständiges und eigenverantwortliches Lernen.

Systematisch geübt, trainiert und wiederholt werden u. a. der Gebrauch von Verben, die Deklination von Substantiven und Adjektiven, die Regeln der Satzstellung, das Perfekt, Satzkonstruktionen, Präpositionen und der Gebrauch bestimmter Satzmuster.

Trainingsangebote zur Inhaltsangabe, zur Personen- und Vorgangsbeschreibung und Bildergeschichten nehmen die Inhalte des Regelunterrichts auf und helfen bereits bekannte Vokabel- und Strukturkenntnisse in mündlicher und schriftlicher Form anzuwenden und zu erweitern.

Der Trainingskurs kann auch hervorragend zur Differenzierung eingesetzt werden, so kann jeder Schüler oder eine Gruppe an dem Kapitel arbeiten, das dem jeweiligen Bedürfnisstand entspricht.

Mit einem umfangreichen Lösungsteil für alle Aufgaben und Übungen.

Der Autor
Klaus Kleinmann – Sekundarstufenlehrer, zahlreiche Veröffentlichungen, Fortbildner für LRS und Teilleistungsstörungen, Leiter von LRS-Kursen

www.brigg-paedagogik.de
ISBN 978-3-87101-436-9

Klaus Kleinmann

Die Turbo-Übungsgrammatik

von ziemlich leicht bis ganz schön schwer

Deutsch als Zweitsprache

Übungsmaterial mit separatem Lösungsschlüssel –
auch für grammatische Übungen
im Regelunterricht der Sekundarstufe

BRIGG Pädagogik

Gedruckt auf umweltbewusst gefertigtem, chlorfrei gebleichtem
und alterungsbeständigem Papier.

1. Auflage 2010
Nach den seit 2006 amtlich gültigen Regelungen der Rechtschreibung
© by Brigg Pädagogik Verlag GmbH, Augsburg

ISBN 978-3-87101-436-9
www.brigg-paedagogik.de

Inhaltsverzeichnis

1. Einleitung

1.1 Die Zielgruppe dieses Materials

Lange nicht jeder Schüler oder Jugendliche und junge Erwachsene, der seine Deutschkenntnisse verfeinern möchte oder muss, ist ein Nullanfänger. Im Gegenteil: Eine große Zahl junger Mitbürger mit Migrationshintergrund **spricht recht gut Deutsch**. Viele von ihnen sind schon ein oder zwei Jahre (manchmal viel länger) in Deutschland und haben Deutsch quasi nebenbei gelernt. Sie unterhalten oft rege Kontakte mit deutschen Schülern und **kommunizieren weitgehend problemlos**. Sie verstehen im Prinzip alles, was man sagt und folgen dem Unterricht in Sachfächern und Mathematik mit einigem Erfolg.

Sie beherrschen die deutsche Sprache aber nicht korrekt, sondern **machen beim Sprechen viele phonetische und grammatikalische Fehler und sind beim Schreiben oft restlos überfordert**. Das verhindert einen besseren Schulerfolg und einen besseren Schulabschluss – trotz erkennbarer Motivation und Begabung.

1.2 Die Konzeption des Materials

Für die zahlreichen Schüler mit dieser Bedürfnislage wird ein Material gebraucht, das recht **steil** und **konsequent** in die Grammatik der deutschen Sprache einführt. Da ein Grundwortschatz schon vorhanden ist, kann in Arbeitsanweisungen und Übungen einiges vorausgesetzt werden. Dabei bleibt es ein wichtiges Ziel, den passiven und aktiven Wortschatz zügig zu erweitern.

Eine DaZ-Förderung für diese Schüler kann entgegen verbreiteter Auffassung weitgehend auf kommunikative Angebote verzichten! Kontakte und Kommunikationsanlässe bieten die Schule und der private Alltag in Hülle und Fülle, so dass sich der Förderunterricht auf das beschränken kann, was am nötigsten ist, nämlich den Aufbau solider grammatischer und lexikalischer Kenntnisse.

Fördern heißt dabei auch fordern. Viele DaZ-Kurse dümpeln in Spielerei und Unverbindlichkeit dahin und bringen keine nachhaltigen Erfolge. Herkömmliche Materialien sind oft **viel zu leicht und unsystematisch**. Das vorliegende Heft hingegen macht den Schülern von vornherein klar: Es wird etwas verlangt! Nur durch zielstrebige Ei-

genaktivität können in einer sinnvollen Zeitspanne erkennbare Erfolge erreicht werden. Diese Eigenaktivität gilt es einzufordern, umso mehr, als DaZ-Kurse oft parallel zum Regelunterricht liegen, so dass die Schüler dort durch Abwesenheit Lücken aufbauen. Das lässt sich nur rechtfertigen, wenn im Kurs **schnelle Fortschritte** möglich sind. Dazu wird ein **systematisches Training** gebraucht, das dieses Material zu gestalten hilft. Auch der lernwilligste Schüler verliert schnell die Lust, wenn er merkt, dass ihm das Training nichts bringt. Beim vorliegenden Material gewinnt er die **Erkenntnis: „Hier kann ich wirklich etwas lernen!"** Das zeigt ihm, dass er ernst genommen wird. So erhöht sich seine intrinsische Motivation. Dazu trägt in erster Linie der systematische Aufbau bei. Er zeigt, dass Deutsch trotz aller Schwierigkeiten in sinnvollen Schritten überschaubar und lernbar ist.

An erster Stelle steht dabei das Verb, das im Satz den Dreh- und Angelpunkt bildet. Nur wer die Verben beherrscht, kann korrekte Sätze bilden. Eine zentrale Schwierigkeit des Deutschen ist dabei die **Satzklammer, die bei teilbaren Verben, bei Modalverbkonstruktionen und beim Perfekt beherrscht werden muss**. Das Kapitel 2 macht in dieser Hinsicht ein reichhaltiges und sinnvoll gestaffeltes Angebot. Vor allem das **Perfekt regelmäßiger Verben** wird zu diesem frühen Zeitpunkt schon **sehr detailliert geübt**, weil es vor allem in der gesprochenen Sprache neben dem Präsens die wichtigste Möglichkeit der Zeitgestaltung ist. Das Futur hingegen spielt eine sekundäre Rolle, weil zukünftige Ereignisse im Deutschen meist mit dem Präsens ausgedrückt werden. Auch Präteritum und Plusquamperfekt sind nicht vordringlich von Bedeutung. Diese Zeitformen folgen logischerweise erst zu einem erheblich späteren Zeitpunkt.

Eine weitere zentrale Schwierigkeit des Deutschen stellt die **Deklination von Nomen und Adjektiven** dar. Zwar ist dieser Bereich in anderen (etwa slawischen) Sprachen ungleich komplizierter, doch birgt er für Lerner aus anderen Kulturkreisen gleichwohl erhebliche Probleme. Gutes Deutsch ist aber vor allem an eine fehlerfreie Deklination geknüpft. Folgerichtig wird auch hierfür sehr viel Raum zur Verfügung gestellt, um die entsprechenden Strukturen sukzessive aufzubauen.

Das ist natürlich nicht mit einem einmaligen Angebot getan. Vielmehr muss das Gelernte **systematisch wiederholt** werden. Dazu gibt es ausreichend Gelegenheit, weil in späteren Übungseinheiten immer wieder parallel zum neuen Lernstoff verlangt wird, Kenntnisse in der Deklination anzuwenden und schrittweise zu stabilisieren. Auch die Konstruktion des Perfekts, der Modalverben und der Satzklammer wird immer wieder aktiviert, so dass sie sich einschleifen kann. **Systematische Wiederholungsangebote zum Wortschatz** erhöhen den Effekt konsequenter Übung.

Ein Großteil der DaZ-Schüler stammt aus dem Sprachkreis der slawischen oder der Turksprachen, die mit dem Deutschen an entscheidenden Punkten interferieren. Hierauf wird im vorliegenden Material explizit eingegangen. So ist richtiges Deutsch an bestimmte, sehr **stringente Regeln der Satzstellung** gebunden. In Kap. 8 wird auf diesem Gebiet Bekanntes wiederholt und Neues dazugelernt, um diesen Grundpfeiler korrekter deutscher Sprachproduktion möglichst fest zu verankern. Ein nicht zu unterschätzendes Problem ist dabei die **Verneinung**, für die in 8.5 gebührender Raum zu Verfügung steht. Auf fortgeschrittenem Niveau ist dazu auch die Kenntnis der **Nebensatzkonstruktion** wichtig, die in Kap. 14 geübt wird.

Außerdem erscheint die **Verwendung des Artikels** und der **Gebrauch der Modalverben** im Vergleich zu slawischen oder Turksprachen erklärungsbedürftig. Ähnliches gilt für die **Präpositionen** (3.4.1, 3.5.1), für die **Agglomeration von Nomen und Adjektiven** (3.1), die **Verwendung der Hilfsverben** (2.5) sowie für den **Gebrauch bestimmter Satzmuster** (8.8). Hierauf wird in den entsprechenden Kapiteln ausführlich eingegangen.

Lerner mit der hier beschriebenen Bedürfnisstruktur sprechen Deutsch oft mit hartem ausländischem, evtl. noch dialektal überformtem Akzent. Ziel der DaZ-Förderung sollte nicht zuletzt die allmähliche Angleichung der Aussprache an hochsprachliche Normen sein. Dazu gibt es in Kapitel 17 ein **reichhaltiges Angebot phonetischer Übungen**. Sie sind in etwa nach Schwierigkeitsstufen gestaffelt. Ihre Ausgliederung in ein separates Kapitel erfolgte mit dem Ziel, sie zu jeweils gegebener Zeit (d. h. nach Möglichkeit schon sehr früh) schrittweise in den Unterricht zu integrieren und systematisch zu wiederholen. Die Auswahl der Übungen orientiert sich an den spezifischen Schwierigkeiten deutscher Phonetik und ist gleichfalls vor allem auf Interferenzen mit slawischen oder Turksprachen hin ausgerichtet. Die Wortlisten sind beliebig veränderbar, wobei die Stufung der Schwierigkeiten eingehalten werden sollte.

Darüberhinaus ist es ein Anliegen des vorliegenden Materials, an Inhalte des Regelunterrichts heranzuführen. Dies geschieht durch **Trainingsangebote zur Inhaltsangabe** (Kap. 12) sowie zur **Personen- und Vorgangsbeschreibung**, die im Materialteil (Kap. 18) zu finden sind. Die dort ebenfalls vorhandenen **Bildergeschichten** sollen Anlass sein, bereits bekannte Vokabel- und Strukturkenntnisse in mündlicher oder schriftlicher Form anzuwenden und zu erweitern. Ihr Einsatz kann den aktuellen Erfordernissen des jeweiligen Kurses angepasst werden.

1.3   Der Einsatz des Materials

Obwohl der vorliegende Kurs einen systematischen Überblick über deutsche Sprachstrukturen ermöglicht, ist er doch für einen **differenzierenden Einsatz** geradezu prädestiniert. Die besondere Schwierigkeit der DaZ-Förderung liegt ja gerade darin, dass in den Kursen Schüler mit sehr unterschiedlicher Begabungsstruktur, aber auch mit sehr unterschiedlichen Kenntnissen sitzen. Außerdem kommt es häufig vor, dass neue Schüler in den Kurs aufgenommen werden müssen, die Lernschritte nachholen sollen, welche von der Stammbesetzung bereits erreicht worden sind. Das stellt den Kursleiter oft vor fast unüberwindliche Aufgaben bei der inneren Differenzierung.

Gerade darin liegt eine **besondere Chance des vorliegenden Materials**. Jeder Schüler oder jede Schülergruppe kann an dem Kapitel arbeiten, das dem jeweiligen Bedürfnisstand entspricht. Fortgeschrittenere Teilnehmer unterstützen die schwächeren automatisch beim Erwerb unbekannter Vokabeln, vor allem, wenn sie der gleichen Muttersprache angehören. Der **Lösungsschlüssel** unterstützt beim **selbständigen, eigenverantwortlichen Lernen**, während der Kursleiter Zeit hat, sich wechselseitig einzelnen Schülern oder Schülergruppen zu widmen. Dabei wurde der Lösungsschlüssel bewusst so gestaltet, dass er sich in Verwahrung des Kursleiters nehmen und erst zum gegebenen Zeitpunkt an die Schüler ausgeben lässt. So wird ein unerwünschtes **Abschreiben verhindert**.

Entsprechende mündliche und intellektuelle Fähigkeiten vorausgesetzt, empfiehlt sich die Anwendung des Materials **ab der 4. Klasse**. Der Schwerpunkt des Einsatzes dürfte **ab ca. der 6. Klasse** liegen. Von dieser Altersstufe an ist das Material im Unterrichtseinsatz erprobt.

Es sollte erweitert werden durch Angebote im Leseverständnis, für die z. B. die Reihe von MENZEL „Texte lesen – Texte verstehen" (Westermann) verwendet werden kann.

1.4 Praktische Hinweise

Das Material wendet sich an Schüler, nicht an Germanisten. Gelegentliche Vereinfachungen, auch bei den grammatikalischen Bezeichnungen (z. B. „Adjektiv" vs. „Adverb") geschahen in der Absicht, die Schüler von einer komplizierten Begrifflichkeit zu entlasten. Deshalb wird auch immer vom „Präpositionalobjekt" gesprochen (ohne Abgrenzung zur adverbialen Bestimmung). Der Genitiv wird mehr summarisch behandelt.

Die Seitenzahlen für „Lösungen", die bei den Aufgaben angegeben sind, beziehen sich natürlich auf die Seitenzahlen des Lösungsschlüssels.

Ein zentraler Stolperstein des Deutschen sind Genus und Pluralform der Nomen. Es ist sinnvoll, die Liste der Grundwortschatz-Nomen in 18.4 systematisch und konsequent durcharbeiten zu lassen. Dazu sollten sich die Schüler ein Vokabelheft mit ABC-Einteilung oder eine Kartei anlegen. Es erhöht die Motivation, wenn man jeden Schüler die Nomen, die er lernen will, in einer frei gewählten Reihenfolge wählen lässt. Bereits gelernte Nomen streicht er auf S. 164/165 dünn mit Bleistift durch, um den Überblick zu behalten.

Eine gute Möglichkeit, Sprechanlässe zu schaffen, ist bekanntlich die Verwendung von Bildern. Vor allem jüngere Schüler arbeiten gerne mit:

• Ali Mitgutsch: Rundherum um meine Stadt (Ravensburger Verlag)

Vom gleichen Verfasser gibt es weitere, ähnlich gestaltete Bücher, sowie es auch von anderen Verfassern sogenannte „Wimmelbücher" gibt.

1.5 Der Einsatz der Turbo-Übungsgrammatik im Regelunterricht

Der vorliegende Lehrgang eignet sich auch als Begleitmaterial zum Regelunterricht im Fach Deutsch. Dort sitzen nicht selten Schüler mit schwachen Deutschkenntnissen, die aber nicht in einem DaZ-Kurs gefördert werden. Außerdem beherrschen auch Kinder rein deutscher Muttersprache lange nicht alle hier behandelten Strukturen perfekt. Themenbereiche, für die dieses Material lohnende Übungen für den Regelunterricht enthält, sind etwa:

– Vergleiche mit „als" und „wie";
– Flexionsendungen der verschiedenen Fälle, besonders bei Nomen und Adjektiven;
– Gebrauch von bestimmtem und unbestimmtem Artikel;
– die Zeitformen der Verben (Präsens, Perfekt, Präteritum, Plusquamperfekt, Futur I);
– Stammformen starker Verben;
– Haupt- und Nebensatz: Satzstellung, Kommasetzung;
– Erweiterter Infinitiv;
– Aktiv und Passiv;
– Konjunktiv II;
– Schreibung der s-Laute;
– Textformen: Inhaltsangaben, Personenbeschreibung, Versuchsbeschreibung, Bildergeschichte.

1.6 Danksagung

Meine Kenntnisse des Russischen, ohne die die vorliegende Grammatik wegen sonst fehlender Vergleichsmöglichkeiten nicht hätte entstehen können, verdanke ich vor allem Frau Natalia Doskatsch. Entscheidende Informationen zu Interferenzen zwischen Deutsch und Türkisch gab mir Herr Karl Otto Kirst. Ihnen beiden sei, stellvertretend für alle anderen Impuls- und Ratgeber, herzlich gedankt.

2. Die Verben: Erste Schritte

Du weißt wahrscheinlich schon, wie die Verbformen in der Gegenwart gebildet werden:

Singular (Einzahl)		Plural (Mehrzahl)	
ich	-e	wir	- en
du	- (e)st	ihr	- (e)t
er, sie, es	- (e)t	sie	- en
		Höflichkeitsform: Sie	- en

▶ **Bilde die richtige Form und setze ein:**

Hallo Serkan, wohin _____ du? Ich _____ jetzt nach Hause. gehen gehen

_____ Sie? – Ja, das _____ Sie doch! arbeiten sehen

Klaus und Markus, was _____ ihr? – Wir _____ Schach! machen spielen

Da _____ Markus. Er _____ in Berlin. kommen wohnen

Wann _____ wir endlich los? Wann _____ unser Zug an? fahren kommen

_____ du gerne? Ja, ich _____ sehr gerne. rechnen rechnen

_____ Paul gerne? – Ich _____, er _____ lieber. malen glauben singen

Wir _____ Kreide. Serkan _____ welche. brauchen holen

Wer _____ den Weg ins Kino? – Wir _____ ihn. kennen kennen

▶ **Kombiniere und schreibe auf:**

gehst malen macht   _____   ihr du wir

wohnt fahren schreibe   _____   wir ich sie

machen spielst hole   _____   ich du sie

(Lösungen S. 3)

Klaus Kleinmann: Die Turbo-Übungsgrammatik · Best.-Nr. 436
© Brigg Pädagogik Verlag GmbH, Augsburg

2.2 Das Präsens einiger Verben mit Vokaländerung

> **Eine Reihe von Verben ändert in der 2. und 3. Person Singular den Klang:**
>
> Aus -a- wird -ä-:   ich schlafe – du schläfst – er, sie, es schläft – wir schlafen usw.
>
> Aus -e- wird -i-:   ich werfe – du wirfst – er, sie, es wirft – wir werfen usw.

Diese Verben muss man kennen. Eine Liste findest du auf der nächsten Seite. Wir üben hier erst einmal an einzelnen Beispielen:

▶ **Setze die richtige Form im Präsens ein.**

- **fahren (Achtung, Umlaut!)**

Ich _____ mit der Straßenbahn. Du _____ mit dem Auto.

Serkan _____ nach Frankfurt. Wir _____ heim.

Ihr _____ mit dem Bus in die Schule. Sandra und Serkan _____ Fahrrad.

Herr Maier, _____ Sie Ski?

- **laufen (Achtung, Umlaut!)**

Ich _____ nach Hause. Du _____ sehr schnell.

Petra _____ mit mir um die Wette. Wir _____ durch den Wald.

Ihr _____ schon eine Stunde. Paul und Hans _____ zum Kiosk.

- **helfen (Achtung, Umlaut!)**

Ich _____ dir in der Schule. Du _____ mir in der Schule.

Hanna _____ mir heute bei den Hausaufgaben.

Wir _____ Opa Schneider im Garten. Ihr _____ euch am besten selber.

Leon und Jessi _____ ihrer Mutter im Haushalt.

- **lesen (Achtung, Umlaut!)**

Ich _____ nicht nur in der Schule. Du _____ einen spannenden Roman.

Das kleine Kind _____ noch sehr langsam. Wir _____ täglich Zeitung.

Ihr _____ zu wenig.

David und Nino _____ sich gegenseitig Witze vor.

(Lösungen S. 3)

Klaus Kleinmann: Die Turbo-Übungsgrammatik · Best.-Nr. 436
© Brigg Pädagogik Verlag GmbH, Augsburg

Diese Verben haben in der 2. und 3. Person Singular Präsens eine Vokal-Änderung:

Aus „a" wird „ä":	Aus „e" wird „i":	Sonderfälle:
backen	brechen	wissen (ich weiß, du weißt, er weiß)
blasen	dreschen	stoßen (du stößt, er stößt)
braten	essen	
empfangen	fechten	**Die Rechtschreibung ändert sich bei**
fahren	geben	**diesen Verben:**
fallen	gelten (es gilt)	geschehen (es geschieht)
fangen	helfen	treten (du trittst, er tritt)
gefallen	lesen	nehmen (du nimmst, er nimmt)
graben	messen	sehen (du siehst, er sieht)
halten	schmelzen	stehlen (du stiehlst, er stiehlt)
lassen	sprechen	empfehlen (du empfiehlst, er empfiehlt)
laufen	sterben	
raten	treffen	
saufen	vergessen	
schlafen	werfen	
schlagen		
tragen		
wachsen		
waschen		

Schreibe folgende Sätze in dein Heft. Setze die richtige Form am Stern ein:

Der Bundeskanzler * den Minister (empfangen). – Du * einen Kuchen (backen). –

Kevin * ein Eis (essen). – Das Kind * noch nicht (schlafen). – Du * deiner Mutter (helfen). –

Der Wind * (blasen). – Paul * seinen Ranzen (tragen). – Die Pflanze * schnell (wachsen). –

Das Eis * im Frühling (schmelzen). – Du * Bescheid (wissen). – Der Schütze * ins Ziel (treffen). –

Dein Pulli * mir (gefallen). – Der Torwart * den Ball (fangen). – Das Hähnchen * im Grill (braten). –

Heute * nicht viel (geschehen). – Du * dein T-Shirt (waschen). – Pascal * Auto (fahren). –

Der Apfel * vom Baum (fallen). – Petra * viel (lesen). – Er * nicht mit mir (sprechen). –

Das Kind * einen Purzelbaum (schlagen). – Du * mit einem Schneeball (werfen). –

Sie * ihrem Bruder das Buch (geben). – Er * in einen Hundehaufen (treten). –

Du * mich wohl nicht (sehen). – Der Ochse * mit seinen Hörnern (stoßen). –

Petra * ihre Hausaufgaben (vergessen). – Paul * sich einen Kaugummi (nehmen). –

Der Schreiner * den Tisch nach (messen). – Der Hund * ein Loch in die Erde (graben).

(Lösungen S. 3)

! **Achtung: Die Verben mit einer Vokaländerung e → i haben diese auch im Imperativ (Befehlsform)! Das üben wir im nächsten Kapitel.**

Klaus Kleinmann: Die Turbo-Übungsgrammatik · Best.-Nr. 436
© Brigg Pädagogik Verlag GmbH, Augsburg

2.3 Der Imperativ

Als Imperativ bezeichnet man die Verbform, mit der man jemanden auffordert, etwas zu tun.

Beispiel: folgen – **folg(e) mir, folgt mir, folgen Sie mir**

Infinitiv	Imperativ Singular	Imperativ Plural
-en	**-Ø(e)** **-en Sie**	**-t (-et)** **-en Sie**
machen	mach(e) machen Sie	macht machen Sie
holen	hol(e) holen Sie	holt holen Sie
lernen	lern(e) lernen Sie	lernt lernen Sie
sein	sei seien Sie	seid seien Sie

Beim Imperativ verwendet man gerne die Wörter „bitte" oder „mal"; man kann auch beide verwenden oder beide weglassen.

> Peter, komm bitte! – Herr Meier, helfen Sie mir bitte mal! – Marta und Paul, bringt mir bitte mal eure Hefte! – Bitte spiel nicht, Florian! – Herr Meier, seien Sie vorsichtig!

▶ **Bilde solche Sätze im Imperativ (ohne „bitte" und „mal"); verwende die Formen mit „du", „ihr" und „Sie":**

warten

schreiben

nicht weinen

fragen; mich

▶ **Bilde weitere Sätze im Imperativ; verwende die Formen mit „du", „ihr" und „Sie", verwende gelegentlich auch „bitte" und „mal":**

Beispiel:

kaufen; einen Block: Kaufe bitte einen Block. – Kauft bitte einen Block. – Kaufen Sie bitte einen Block.

bringen; mir den Mantel	holen; mir eine Banane	suchen; den Bleistift
putzen; den Tisch	malen; ein Bild	schenken; mir ein Blatt

(Lösungen s. S. 3/4)

Klaus Kleinmann: Die Turbo-Übungsgrammatik · Best.-Nr. 436
© Brigg Pädagogik Verlag GmbH, Augsburg

► Hier brauchst du die Form mit „Sie" nicht zu schreiben. Verwende im Singular „deinen/deine/dein", im Plural „euren/eure/euer". Dein Lehrer hilft dir, das ist nicht schwer:

Beispiel:
fragen; deinen Lehrer: Frage bitte deinen Lehrer. – Fragt bitte euren Lehrer.

rufen;	deine/eure Schwester	sagen;	mir deinen/euren Namen
holen;	deinen/euren Bruder	rechnen;	deine/eure Aufgabe
putzen;	deine/eure Brille	benutzen;	deinen/euren Radiergummi
zeigen;	mir dein/euer Heft		

Vokaländerungen im Imperativ			
geben	**gib**, gebt, geben Sie	essen	**iss**, esst, essen Sie
helfen	**hilf**, helft, helfen Sie	werfen	**wirf**, werft, werfen Sie
sprechen	**sprich**, sprecht, sprechen Sie	sehen	**sieh**, seht, sehen Sie
brechen	**brich**, brecht, brechen Sie	nehmen	**nimm**, nehmt, nehmen Sie

Eine Liste der Verben mit Vokaländerung hast du auf S. 12 schon kennengelernt.

Nur die Verben mit „e" in der Grundform wechseln im Imperativ den Vokal. Der Wechsel findet nur im Singular des Imperativs statt.

► Bilde Sätze mit den Formen „du", „ihr" und „Sie".

sprechen; langsam _____

helfen; mir _____

essen; den Apfel _____

nehmen; ein Messer _____

brechen; das Brot _____

geben; mir eine Blume _____

werfen; den Ball zu mir _____

lesen; den Text _____

(Lösungen s. S. 4)

► Wiederhole die Verben von Seite 12.

Klaus Kleinmann: Die Turbo-Übungsgrammatik · Best.-Nr. 436
© Brigg Pädagogik Verlag GmbH, Augsburg

2.4 Die Formen von „haben" und „sein"

Singular		Plural	
ich	habe	wir	haben
du	hast	ihr	habt
er, sie, es	hat	sie	haben
		Sie	haben
ich	bin	wir	sind
du	bist	ihr	seid
er, sie, es	ist	sie	sind
		Sie	sind

▶ **Setze die richtigen Formen von „haben" ein:**

Klaus _____ heute keine Lust zu rechnen. – Marco, _____ du morgen Zeit? –

Wir _____ heute Deutschkurs. – Petra _____ einen roten Pullover an. –

Ihr _____ eure Aufgaben gemacht. – Ich _____ gut geschlafen. –

Wir _____ gut geschlafen. – Yildiz und Paul _____ viel gelacht. –

Sie _____ wohl ein neues Auto, Herr Meier? –

Ich _____ den Bericht in der Zeitung gelesen. – Das kleine Kind _____ Hunger. –

Ich _____ Hunger. – _____ ihr die Hausaufgaben gemacht? –

Er _____ keine Lust zu arbeiten. – Du _____ eine gute Note verdient.

▶ **Setze die richtigen Formen von „sein" ein:**

Ich _____ noch müde. – Klaus _____ hungrig. –

Wir _____ spazieren gegangen. – Er _____ nicht da. –

Ihr _____ schlau. – Du _____ fleißig. –

Ihr _____ heute besonders schnell. – Herr Meier, _____ Sie fertig? –

Das Kind _____ hingefallen. – Klaus und Katrin _____ heute nicht in der Schule. –

Sabine und Petra, _____ ihr gerne in Deutschland?

(Lösungen s. S. 4)

Mache dir klar, dass die Verben „haben" und „sein" im Deutschen eine *ganz zentrale Bedeutung* haben!

Der Gebrauch kann erheblich von dem in deiner Muttersprache abweichen!

Lies die Erklärungen auf der nächsten Seite aufmerksam und werde sensibel für das Problem!

Klaus Kleinmann: Die Turbo-Übungsgrammatik · Best.-Nr. 436
© Brigg Pädagogik Verlag GmbH, Augsburg

2.5   Der Gebrauch von „haben" und „sein"

1. „Haben" als Vollverb benutzt

Wenn „haben" als Vollverb benutzt wird, bedeutet es vor allem **„besitzen"**. Seine Verwendung in diesem Zusammenhang ist sehr häufig. Sie ist sogar obligatorisch, wenn kein anderes Verb mit ähnlicher Bedeutung verwendet wird (aber das kommt selten vor):

Petra hat blaue Augen.

Herr Meier hat ein schönes Auto.

Ich habe eine Idee.

Wir haben bald Sommerferien.

Leon hat Liebeskummer.

2. „Sein" als Vollverb benutzt

Um einen **Zustand** gleich welcher Art zu beschreiben, verwendet man sehr häufig die Formen von „sein". Die Verwendung ist obligatorisch, wenn man kein anderes Verb verwendet (was aber selten vorkommt).

Svetlana ist gut in Sport.

Herr Müller ist in Urlaub.

Unser Kursleiter ist stolz auf uns.

Es ist schon fast 17.00 Uhr.

3. Sprecher von slawischen Sprachen, aufgepasst: „Es gibt ..." darf nicht mit „sein" verwechselt werden:

Um das **Vorhandensein von etwas** auszudrücken, verwendet man häufig **„es gibt ..."** bzw. **„gibt es"**:

Heute gibt es Fisch zu Mittag.

Gibt es hier etwas zu trinken?

Ich fürchte, es gibt gleich Ärger.

In Deutschland gibt es etwa 82 Millionen Menschen.

Das Vorhandensein von etwas kann auch mit **„... ist da"** ausgedrückt werden. Das Wörtchen **„da"** muss dann aber mitverwendet werden, „ist" alleine reicht meistens nicht:

Es gibt noch Suppe. – Es **ist** noch Suppe **da**.

Tina ist nicht zu Hause, sie **ist** leider nicht **da**. („Es gibt" kann bei Personen nicht verwendet werden.)

Gibt es noch etwas zu trinken? – **Ist** noch etwas zu trinken **da**?

Es gibt wieder keine Kreide. – Es **ist** wieder keine Kreide **da**.

Klaus Kleinmann: Die Turbo-Übungsgrammatik · Best.-Nr. 436
© Brigg Pädagogik Verlag GmbH, Augsburg

2.5.1 Wir üben die Verwendung der Hilfsverben

a) Die Verwendung von „haben" im Sinne von „besitzen". Bilde Sätze:

Ich * einen neuen Computer. – Du * einen schönen Anorak. – Herr Meier * einen Sechser im Lotto. Jetzt * er keine Sorgen mehr, denn er * ja jede Menge Geld. Dafür * er keine Frau. – Wir * bald Ferien. Unsere Eltern * schon Pläne für eine weite Reise. – * ihr schon die Aufgaben für morgen? Was * wir denn in Mathe auf? Sveta, welches Ergebnis * du? – Ich * Lust, Motorrad zu fahren. Wer * noch Lust darauf?

b) Die Verwendung von „sein" als Beschreibung eines Zustandes:

Leon und Serkan * die besten Fußballspieler im Verein. Serkan * noch etwas besser als Leon. Ich selber * darin nicht ganz so gut, ich * im Zeichnen besser. Wie gut * ihr im Fußballspielen? – Heute * es ziemlich heiß. – Wir * noch müde von gestern. – Wie spät * es? – Yildiz, warum * du noch nicht fertig? Ich * doch fertig, hier * das Ergebnis. – Wo * die Bushaltestelle? – Ich hoffe, ihr * mit euren Lehrern zufrieden. – Frau Meier * Ärztin von Beruf, Herr Müller * Schlosser.

c) Hier musst du selber entscheiden, ob „haben" oder „sein" verwendet wird:

Unser Deutschlehrer * krank, deswegen * wir schon nach der 5. Stunde frei. – Herr Meier * ist zwar nach seinem Lottogewinn reich, doch er * ist traurig, dass er keine Frau *. Aber mit viel Geld * es nicht mehr so schwer, eine zu finden. Sicher * er bald eine. Seine Schulden * er jedenfalls los, da * er ein großes Problem weniger. – Paul * ein schönes Moped. Er * auch ein guter Fahrer. – Wir * die netteste Klasse an der Schule, und wir * die nettesten Lehrer. – „Lena, * du einen neuen Pullover? Er * jedenfalls sehr hübsch." – „Nein, ich * keinen neuen Pullover, er * schon älter. Aber ich * ihn heute seit langer Zeit zum ersten Mal an." – Hans * 15 Jahre alt und er * große Pläne. Er sagt: „In spätestens zehn Jahren * ich Astronaut." * du Lust, mit ihm zu fliegen?

d) Die Verwendung von „es gibt" (in den meisten Sätzen musst du „gibt es" schreiben):

* keine Dinosaurier mehr. In Deutschland * auch keine Kängurus. * in deinem Land Wölfe? Bei uns * wieder welche, aber * nicht sehr viele davon. – „ * in dem Laden da drüben gute Brötchen?" „Keine Ahnung, aber * dort gute Stückchen." – In unserer Klasse * kaum jemanden, der nicht gern in die Schule geht. – Wo * hier in der Nähe eine Tankstelle? Wo * einen Bäckerladen und wo * einen Aldi? – Die Milch ist alle, * keine mehr. Im Supermarkt * aber noch welche, da * auch Kaugummi und Mäusespeck.

▶ **Überlege mit deinem Lehrer zusammen, wann man in diesen Sätzen auch „ist ... da" oder einfach nur „ist" verwenden kann.**

Lösungen s. S. 4/5

Klaus Kleinmann: Die Turbo-Übungsgrammatik · Best.-Nr. 436
© Brigg Pädagogik Verlag GmbH, Augsburg

2.6 Das Perfekt (einfache Form mit „haben")

Singular			Plural		
ich	habe	ge___ ___ ___ t	wir	haben	ge___ ___ ___ t
du	hast	ge___ ___ ___ t	ihr	habt	ge___ ___ ___ t
er, sie, es	hat	ge___ ___ t	sie	haben	ge___ ___ ___ t
			Höflichkeitsform:		
			Sie	haben	ge___ ___ ___ t

Das Perfekt wird auf dieser einfachen Stufe aus zwei Verbformen gebildet:

1. **Aus der Verbform mit „haben"; sie enthält die Angabe zur Person (ich, du, er, sie, es ...)**
2. **Aus der Form mit ge___ ___ ___ t. Diese Form heißt Partizip II.**

spielen: ich habe gespielt; du hast gespielt; er, sie, es hat gespielt;
wir haben gespielt; ihr habt gespielt; sie haben gespielt; Sie haben gespielt

lernen: ich habe gelernt; du hast gelernt; er, sie, es hat gelernt;
wir haben gelernt; ihr habt gelernt; sie haben gelernt; Sie haben gelernt

> **!** **Achtung: Die Satzklammer, eine deutsche Besonderheit**
> Im Satz steht die Form mit „haben" an zweiter Stelle, die mit ge___ ___ ___ t
> (das Partizip II) ganz am Ende:
> Ich **habe** mit einem Freund einen schönen Spaziergang durch den Wald **gemacht**.

Das wird mit der Zeit noch ganz schön schwer, weil es einige Sonderregeln gibt und weil viele Verben unregelmäßig sind.

Wir machen es uns aber erst einmal ganz einfach. Bilde Sätze im Perfekt; verwende das Verb in Klammern; setze am * die richtige Personalform von „haben" ein, am + die Form mit ge___ ___ ___ t (das Partizip II):

1. Die Arbeiter * ein großes Haus +. (bauen)
2. Ich * mir gestern am Kiosk einen Lolli +. (kaufen)
3. Er * sehr gut +. (schmecken)
4. Zum Glück * ich meinen Fehler gerade noch im richtigen Moment +. (merken)
5. Boris * viel Geld +. (sparen)
6. Er * sich davon ein neues Auto +. (kaufen)
7. Ihr * einen neuen Klassensprecher +. (wählen)
8. Leon und Sveta * Urlaub an der Nordsee +. (machen)
9. Meine Mutter * mich heute sehr früh +. (wecken)
10. Dabei * ich gerade so schön +. (träumen)
11. Wir * letztes Jahr noch in Kasachstan +. (wohnen)
12. Ihr * eure Schuhe sehr schön +. (putzen)
13. Du * jetzt schon eine Menge über das Perfekt +. (lernen)

(Lösungen s. S. 5)

Klaus Kleinmann: Die Turbo-Übungsgrammatik · Best.-Nr. 436
© Brigg Pädagogik Verlag GmbH, Augsburg

Wichtige Verben, die das Perfekt nach diesem Muster bilden, sind:

bauen, blicken, blitzen, bohren, blühen, bremsen, brüllen, brummen, danken, dienen, drehen, drohen, drucken, drücken, duschen, fassen, fegen, fehlen, fragen, fühlen, führen, füllen, glänzen, glauben, glühen, grüßen, gucken, hassen, heilen, heizen, heulen, hören, hoffen, holen, hüpfen, jagen, kaufen, kämmen, kämpfen, klagen, klappen, kleben, klemmen, knallen, knicken, knurren, küssen, kochen, lachen, leben, lecken, legen, lehren, lenken, lernen, lieben, loben, löschen, lösen, machen, malen, meinen, merken, nähen, nicken, nützen, packen, parken, passen, pflanzen, pflegen, pflücken, pressen, prüfen, putzen, quälen, rauchen, rauschen, ruhen, rühren, sagen, saugen, schaffen, schälen, schauen, schenken, schicken, schimpfen, schlucken, schmecken, schmieren, schmücken, schneien, schonen, schwitzen, schützen, siegen, spannen, sparen, sperren, spielen, sprengen, sprühen, spülen, staunen, stecken, stopfen, stören, stellen, streuen, stützen, suchen, tanken, tanzen, tauchen, tauschen, teilen, turnen, träumen, trennen, üben, wehen, wählen, wechseln, wecken, weinen, winken, wischen, zaubern, zielen, zischen, wohnen, wünschen, zahlen, zählen, zeigen

▶ **Unterstreiche alle Verben, deren Bedeutung du schon kennst. Darauf kannst du stolz sein!**

▶ **Schreibe jeden Tag fünf noch unbekannte Verben heraus und lerne sie. So baust du dir schnell einen Wortschatz auf.**

▶ **Versuche, mit diesen Verben weitere Sätze im Perfekt zu bilden. Dein Lehrer hilft dir sicher.**

Kleine Variation I: Verben auf –eln und –ern

basteln, betteln, bügeln, handeln, sammeln, schütteln
ändern, donnern, dauern, feiern, fordern, füttern, jammern, liefern, sichern, zaubern

Bei diesen Verben wird beim Partizip II das –n durch ein –t ersetzt, sodass sich ergibt:

basteln – gebastelt, betteln – gebettelt, bügeln – gebügelt, handeln – gehandelt, sammeln – gesammelt, schütteln – geschüttelt

Bei den Verben auf –ern funktioniert das genauso, also: ändern – geändert usw.

▶ **Bilde Sätze nach dem gleichen Muster wie in der letzten Aufgabe:**

1. Wir * unserer Lehrerin zum Geburtstag etwas Schönes +. (basteln)

2. Sie * mit uns lange +. (feiern).

3. Mama * mir meine neue Bluse +. (bügeln)

4. Beim Gewitter * es laut +. (donnern)

5. Das Konzert * nicht sehr lange +. (dauern)

6. Der Wärter * die Robben im Zoo mit vielen Fischen +. (füttern)

7. Du * deine Meinung +. (ändern)

8. Ihr * völlig richtig +. (handeln)

9. Kevin und Paul * viele Magic-Karten +. (sammeln)

10. Der kleine Hund * vor Hunger laut +. (jammern)

(Lösungen s. S. 5)

Eine ähnliche Abwandlung findet sich beim Verb „atmen":

Der Verletzte hat nur noch schwach **geatmet**.

Kleine Variation II:

Auch bei diesen Verben wird im Partizip II das –n durch –t ersetzt, weil man es sonst schlecht aussprechen könnte:

achten, antworten, arbeiten, baden, beten, bilden, bluten, bürsten, ernten, heiraten, husten, gründen, kosten, läuten, leuchten, leisten, leiten, mieten, melden, öffnen, ordnen, senden, spotten, rechnen, reden, regnen, retten, richten, schütten, töten, warten, wetten, zeichnen

▶ **Unterstreiche wieder alle Verben, deren Bedeutung du schon kennst. Darauf kannst du stolz sein!**

▶ **Schreibe wieder jeden Tag fünf noch unbekannte Verben heraus und lerne sie.**

▶ **Bilde wieder Sätze nach dem Muster wie oben:**

1. Du * mir noch nicht auf meine Frage +. (antworten)
2. Die Kirchenglocken * +. (läuten)
3. Petra * den Brief mit zitternden Fingern +. (öffnen)
4. Wir * eine große Wohnung in Frankfurt +. (mieten)
5. Tanja * ein wunderschönes Pferd +. (zeichnen)
6. Die Bauern * das Korn +. (ernten)
7. Mein ältester Bruder * vor zwei Wochen +. (heiraten)
8. Ich * mich in dieser Stunde sehr oft +. (melden)
9. Es * seit Wochen nicht mehr richtig +. (regnen)
10. Du * das Fenster weit +. (öffnen)
11. Meine Mutter * die verdorbene Milch ins Klo +. (schütten)
12. Meine neuen Schuhe * sehr viel Geld +. (kosten)

(Lösungen s. S. 5)

Klaus Kleinmann: Die Turbo-Übungsgrammatik · Best.-Nr. 436
© Brigg Pädagogik Verlag GmbH, Augsburg

2.7 Das Perfekt mit „sein"

Eine (nicht sehr große) Zahl von Verben bildet das Perfekt mit dem Hilfsverb „sein". Wiederhole die Formen von „sein" auf S. 15. **Es gibt für den Gebrauch im Perfekt keine sichere Regel, man muss diese Verben auswendig kennen!** Die meisten davon sind aber unregelmäßig, so dass sie uns hier noch nicht interessieren. Merke dir im Moment nur diese regelmäßigen Verben, die das Perfekt mit „sein" bilden:

> folgen, klettern, landen, platzen, radeln, rasen, rudern, reisen, starten, stolpern, stürzen, verreisen

 Bilde wieder Sätze im Perfekt; verwende aber diesmal am Stern die richtige Form von „sein":

1. Das Flugzeug * gestern Abend vom Flughafen Frankfurt +. (starten)
2. Heute Morgen * es in Moskau +. (landen)
3. Serkan und Sveta * in die Schule +. (radeln)
4. Der kleine Leon * über einen Stein +. (stolpern)
5. Dabei * er auf den Boden +. (stürzen)
6. Auf der Wanderung * wir immer brav der Lehrerin +. (folgen)
7. Du * auf einen hohen Baum +. (klettern)
8. Ihr * gestern über den Teich +. (rudern)
9. Mein Großvater * um die halbe Welt +. (reisen)
10. An meinem Fahrrad * ein Reifen +. (platzen)

(Lösungen s. S. 5)

Unregelmäßige Verben, die das Perfekt mit „sein" bilden:

 Lerne diese Verben mit ihrer Bedeutung und präge dir ein, dass sie das Perfekt mit „sein" bilden. Über die unregelmäßigen Formen machen wir uns später Gedanken.

> bleiben, brechen, fahren, fallen, fliegen, gelingen (es ist gelungen), geschehen (es ist geschehen), kommen, kriechen, laufen, reiten, rennen, schmelzen, springen, steigen, sterben, verschwinden, wachsen, werden

2.8 Das Perfekt ohne die Vorsilbe „ge-" beim Partizip II

Bei Verben mit bestimmten Vorsilben wird das Partizip II ohne „ge-" gebildet. Es handelt sich vor allem um die Vorsilben:

be-, ent-, er-, ge-, ver-, zer-

Regelmäßige Verben dieser Kategorie, die das Perfekt mit „haben" bilden, sind z. B. diese:

> beachten, befestigen,, begleiten, begrüßen, behandeln, behaupten, beleidigen, belohnen,
> bemerken, benutzen, beobachten, berühren, beruhigen, besetzen, besichtigen, bestellen,
> bestimmen, besuchen, betrachten, bewundern, bezahlen
>
> entdecken
>
> ergänzen, erklären, erlauben, erwarten, erwidern
>
> genügen, gestatten, gehören
>
> verabreden, verabschieden, verachten, verändern, verbessern, verdienen, verfolgen, verhaften,
> verlängern, verletzten, versuchen, versäumen, verteidigen, verteilen, verwandeln, verwenden
>
> zerhacken, zerhauen, zerkauen, zerkleinern, zerknüllen, zerkratzen, zerlegen, zerplatzen,
> zersetzen , zerstören

▶ **Gehe mit diesen Verben wie mit den vorigen Verbgruppen um. Lerne sie nach und nach.**

Beispiele:
Meine Oma **hat** einen Staubsauger beim Otto-Versand **bestellt**.
Kolumbus **hat** Amerika **entdeckt**.
Du **hast** mir die Regeln sehr gut **erklärt**.
Vater **hat** auf der Autobahn viele Autos **überholt**.
Wir **haben** uns gestern **verabredet**.

▶ **Bilde wieder Sätze nach dem bekannten Muster mit „haben"; die Varianten I und II sind jetzt gleich dabei, du schaffst das schon:**

1. Er * seine Bücher auf dem Gepäckträger +. (befestigen)
2. Du * uns gestern nicht +. (besuchen)
3. Ein Polizist * einen Verbrecher +. (beobachten)
4. Dann * er ihn +. (verfolgen)
5. Am Ende * er ihn +. (verhaften)
6. Die Leute * ihn für seinen Mut +. (bewundern)
7. Sein Chef * ihn für die gute Arbeit +. (belohnen)
8. Der Uhrmacher * die Uhr in ihre Einzelteile +. (zerlegen)
9. Meine Eltern * mir den Kinobesuch +. (erlauben)
10. Der Hund * die Schuhe +. (zerkauen)

(Lösungen s. S. 5)

Klaus Kleinmann: Die Turbo-Übungsgrammatik · Best.-Nr. 436
© Brigg Pädagogik Verlag GmbH, Augsburg

Nur ein häufiges Verb dieser regelmäßigen Kategorie bildet das Perfekt mit „sein":

begegnen

Beispiel:
Ich **bin** der Bundeskanzlerin auf der Straße **begegnet**.
Du bist …

▶ **Konjugiere weiter und schreibe alle möglichen Sätze auf.** *(Lösungen s. S. 5/6)*

Du bist _____

_____

_____

_____

_____

_____

_____

Klaus Kleinmann: Die Turbo-Übungsgrammatik · Best.-Nr. 436
© Brigg Pädagogik Verlag GmbH, Augsburg

2.9   Die Teilung des Verbs

Eine große Zahl von Verben hat eine Vorsilbe, z. B:

anfangen   **abholen**   **einkaufen**

Auch hier funktioniert die Satzklammer, die du schon beim Perfekt kennengelernt hast.

Die Vorsilbe wird abgetrennt und ans Ende des Satzes gestellt:

anfangen:

Ich	**fange**	nach der Schule mit den Hausaufgaben	**an**.
	1. Teil		2. Teil

abholen:

Meine Mutter	**holt**	mich heute mit dem Auto von der Schule	**ab**.
	1. Teil		2. Teil

einkaufen:

Wir	**kaufen**	bei REWE viele gute Sachen	**ein**.
	1. Teil		2. Teil

Hier eine Reihe wichtiger Vorsilben, die abgetrennt werden:

ab-	her-	vor-
an-	hin-	weg-
auf-	los-	zu-
aus-	mit-	zurück-
ein-	hinaus-/hinein- (raus-/rein-)	zusammen-

▶ **Bilde Sätze wie in den Kästen oben. Achte auf die Teilung des Verbs:**

1. Du / heute besonders nett / aussehen
2. Ich / jeden Morgen früh / aufstehen
3. Serkan / ins Kino mitkommen
4. Nach der Pause / wir in die Klasse / zurückgehen
5. Meine Oma / morgen mit dem Flugzeug aus Moskau / ankommen
6. Nach dem Deutschkurs / ich mich zu Hause / ausruhen
7. Wir / in der Schule gut / zuhören
8. Hier / alle Schüler gerne / hinkommen
9. Sveta / morgens immer ganz früh / losfahren
10. Sie / abends immer ganz spät / zurückkommen

(Lösungen s. S. 6)

▶ **Fehler bei Satz 1 bzw. Satz 9? Wiederhole die Verben auf S. 12.**

Klaus Kleinmann: Die Turbo-Übungsgrammatik · Best.-Nr. 436
© Brigg Pädagogik Verlag GmbH, Augsburg

2.10 Der Imperativ teilbarer Verben

Auch im Imperativ werden die auf S. 24 genannten Vorsilben abgetrennt und ans Ende des Satzes gestellt:

zurückgeben:

Gib	mir bitte das Buch	**zurück.**

abholen:

Hole	mich bitte vom Bahnhof	**ab.**

Bilde Sätze. Beachte die Verbstellung in der Satzklammer und die Vokaländerung einiger Verben (s. S. 12).

Beispiel: Sveta, /*/ mir bitte das Buch zurückgeben – Sveta, gib mir bitte das Buch zurück.

1. Tina, /*/ bitte deine Arbeit / anfangen
2. Leon und Jessi, /*/ bitte euer Heft / aufmachen
3. Hans, /*/ bitte Brot und Käse / einkaufen
4. Petra, /*/ dein Buch / zumachen
5. Herr Meier, /*/ Sie mir bitte meine Jacke / zurückgeben
6. Sabine und Sandra, /*/ bitte euer Zimmer / aufräumen
7. Petra, /*/ bitte mal deine Mutter / anrufen
8. Frau Kowalski, /*/ Sie bitte das Parfüm und den Lippenstift / einpacken
9. Helena, /*/ bitte unseren Vater vom Bahnhof / abholen
10. Papa, /*/ bitte das Blatt / wegwerfen
11. Sandra und Serkan, /*/ mal euren Atlas / auspacken
12. Leon, /*/ bitte heute keinen Pullover / anziehen
13. Paul, /*/ bitte Peters Schwester zur Party / einladen
14. Frau Müller, /*/ Sie bitte / eintreten
15. Lisa, /*/ bitte deine Bücher in der Bibliothek /abgeben   *(Lösungen s. S. 6)*

 Wiederhole die Vokabeln von S. 19.

Klaus Kleinmann: Die Turbo-Übungsgrammatik · Best.-Nr. 436
© Brigg Pädagogik Verlag GmbH, Augsburg

2.11 Das Perfekt teilbarer Verben

Das Perfekt teilbarer Verben wird ebenfalls mit den Formen von „haben" oder „sein" gebildet. Dabei wird beim Partizip II die Silbe „ge-" zwischen Vorsilbe und Verbstamm geschoben.

Infinitiv	Partizip II
aufräumen	**aufgeräumt**
zuhören	**zugehört**
einkaufen	**eingekauft**

In Sätzen klingt das so:

aufmachen
Er **macht** die Tür **auf**.   Er hat die Tür aufgemacht.

hinschauen
Sie **schaut** genau **hin**.   Sie hat genau hingeschaut.

einpacken
Du **packst** jetzt **ein**.   Du hast jetzt eingepackt.

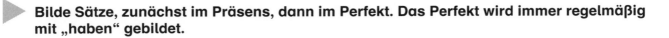

Bilde Sätze, zunächst im Präsens, dann im Perfekt. Das Perfekt wird immer regelmäßig mit „haben" gebildet.

1. Tina / beim Test von ihrer Nachbarin / abgucken.
2. Oma / die Briefmarke / aufkleben.
3. Dann / sie den Brief / abschicken.
4. Florian / sich über Tanja / aufregen.
5. Du / dich richtig / anstrengen.
6. Der alte Mann / sich an die Mauer / anlehnen.
7. Ihr / eine Mitschülerin / auslachen.
8. Wir / über einen neuen Kurssprecher / abstimmen.
9. Danach / wir die Stimmzettel / auszählen.
10. Ich / meinem Hund die Haare / durchkämmen.
11. Sergej / das Heft / zuklappen.
12. Er / seinen Füller / weglegen.
13. Dann / er das Buch / zumachen.
14. Der Abschleppdienst / unser Auto / abschleppen.
15. Der Polizist / den Verbrecher / abführen.
16. Du / mir alles / nachmachen.
17. Nach dem Essen / wir das schmutzige Geschirr / wegstellen.
18. Wir / in der Küche das Geschirr / abtrocknen.
19. Zusammen / wir die Küche / aufräumen.

(Lösungen s. S. 6)

Klaus Kleinmann: Die Turbo-Übungsgrammatik · Best.-Nr. 436
© Brigg Pädagogik Verlag GmbH, Augsburg

2.12 Die Formen der Modalverben

können	**wollen**	**dürfen**
ich kann	ich will	ich darf
du kannst	du willst	du darfst
er, sie, es kann	er, sie, es will	er, sie, es darf
wir können	wir wollen	wir dürfen
ihr könnt	ihr wollt	ihr dürft
sie können	sie wollen	sie dürfen
sollen	**mögen**	**müssen**
ich soll	ich möchte,	ich muss
du sollst	du möchtest	du musst
er, sie, es soll	er, sie, es möchte	er, sie, es muss
wir sollen	wir möchten	wir müssen
ihr sollt	ihr möchtet	ihr müsst
sie sollen	sie möchten	sie müssen
	ich mag	
	du magst	
	er, sie, es mag	
	wir mögen	
	ihr mögt	
	sie mögen	

▶ **Setze die richtigen Formen ein:**

können

_____ du heute zu mir kommen? – Ihr _____ gut

schreiben. – Wir _____ lesen. – Ich _____ dich verstehen. –

Serkan _____ rechnen. – Sandra und Sabine _____ auf den

Händen laufen.

wollen

Wir _____ ein Eis essen. – Leon _____ ein Fahrrad kaufen. –

Petra und Sandra _____ telefonieren. – Ihr _____ gerne

schreiben. – _____ du heute zu mir kommen?

mögen (im Sinne von „wollen")

Ich _____ einen Kuchen backen. – _____ du bei uns

zu Mittag essen? – Wir _____ fernsehen.- Tanja _____

ins Schwimmbad gehen. – Paul und Jessi _____ ins Kino gehen. –

_____ ihr ein Eis essen?

Klaus Kleinmann: Die Turbo-Übungsgrammatik · Best.-Nr. 436
© Brigg Pädagogik Verlag GmbH, Augsburg

mögen (im Sinne von „gern haben")

Ich _____ Spaghetti. – _____ du Hähnchen? –

Wir _____ keinen Fisch. – Serkan _____ Jessi. –

Paul und Jessi _____ sich. – _____ du die „Toten Hosen"?

dürfen

Petra und Sandra _____ ins Kino gehen. – Niemand _____ in

der Nase bohren. – Du _____ bei uns übernachten. –

Ihr _____ euch ein Eis kaufen. – Ich _____ das nicht erzäh-

len. – Wir _____ ein Glas Cola trinken.

müssen

Petra _____ heute früh ins Bett gehen. – Ich _____ meiner

Freundin helfen. – Wir _____ in die Schule gehen. –

Ihr _____ Hausaufgaben machen. –

Leon und Tina _____ dringend etwas besprechen. – _____

du am Samstag arbeiten?

(Lösungen s. S. 6/7)

sollen

Bilde selber Sätze, in denen „sollen" passt. Dein Lehrer hilft dir.

 Wiederhole die Verben von S. 20.

Klaus Kleinmann: Die Turbo-Übungsgrammatik · Best.-Nr. 436
© Brigg Pädagogik Verlag GmbH, Augsburg

2.13 Die Satzklammer bei Modalverben

Die Satzklammer funktioniert auch bei Modalverben. Typische Sätze, in denen Modalverben verwendet werden, sehen so aus, dass sich das Modalverb an zweiter Stelle befindet, während der Infinitiv des Verbs am Satzende steht:

Ich möchte heute meinen Opa besuchen.

Er kann seit einiger Zeit schlecht sehen.

Er will aber immer die neuesten Neuigkeiten aus aller Welt wissen.

Also muss ich ihm aus seiner geliebten Zeitung vorlesen.

Dabei darf ich immer von seinen leckeren Keksen naschen.

Ich soll recht pünktlich um 16.00 Uhr bei ihm sein.

 **Formuliere diese Sätze so, dass dabei das Modalverb in der Klammer verwendet wird:**

Serkan läuft über die Straße (wollen). – Petra und Sabine pfeifen auf den Fingern (können). – Ihr erzählt keine schlechten Witze (sollen). – Wir lernen die neuen Wörter (müssen). – Du kommst im Sommer zu uns (dürfen). – Ihr geht zusammen ins Kino (wollen). – Herr Maier verreist in den Ferien (mögen). – Du angelst einen großen Fisch (wollen). – Das kleine Kind zählt schon bis drei (können). – Wir gehen zu Fuß (müssen). – An Silvester lassen wir Raketen steigen (wollen).

(Lösungen s. S. 7)

Man kann auch andere Modalverben verwenden. Bilde solche Sätze und sprich sie mit deinem Lehrer durch.

Wiederhole die Verben von S. 21.

Klaus Kleinmann: Die Turbo-Übungsgrammatik · Best.-Nr. 436
© Brigg Pädagogik Verlag GmbH, Augsburg

2.14 Das Perfekt der Modalverben

a) Das Modalverb wird wie ein Vollverb benutzt (es ist das einzige Verb im Satz).

Für diesen Fall – aber nur für diesen – gelten folgende Formen des Partizip II:

> wollen – gewollt
>
> können – gekonnt
>
> sollen – gesollt
>
> dürfen – gedurft
>
> mögen – gemocht
>
> müssen – gemusst

Beispiele:

> Ich habe das nicht gewollt.
>
> Ich habe das nicht gekonnt.
>
> Ich habe das nicht gesollt.
>
> Ich habe das nicht gedurft.
>
> Ich habe das nicht gemocht.
>
> Ich habe das nicht gemusst.

 Konjugiere diese Sätze durch alle Personalformen durch: Du hast ..., er hat ... usw.

b) Das Perfekt der Modalverben in Verbindung mit einem anderen Vollverb

> In diesen – weitaus häufigeren Fällen – wird statt des Partizip II der Infinitiv benutzt:
>
> Ich habe das nicht sagen **wollen**.
>
> Ich habe den Computer nicht kaufen **können**.
>
> Ich habe das nicht abschreiben **sollen**.
>
> Ich habe dich nicht besuchen **dürfen**.
>
> Ich habe das nicht essen **mögen**.
>
> Ich habe den Text nicht lesen **müssen**.

 Setze nun folgende Sätze

a) ohne Modalverb ins Perfekt.

b) mit einem passenden Modalverb ins Perfekt. Verwende das Modalverb in Klammern.

Beispiel: Der Dieb bezahlt im Supermarkt nicht. (wollen)

a) Der Dieb hat im Supermarkt nicht bezahlt.

b) Der Dieb hat im Supermarkt nicht bezahlen wollen.

Klaus Kleinmann: Die Turbo-Übungsgrammatik · Best.-Nr. 436
© Brigg Pädagogik Verlag GmbH, Augsburg

Wir klettern auf einen Baum (wollen).

Wir kaufen im Supermarkt ein (müssen).

Leon begleitet Sabine (wollen).

Petra und Sabine rechnen mit großen Zahlen (müssen).

Ihr malt ein schönes Bild (wollen).

Wir schwitzen im heißen Klassensaal (müssen).

Du bestellst ein Schnitzel (dürfen).

Herr Maier raucht eine Zigarre (wollen).

Du angelst einen großen Fisch (sollen).

Hans ärgert seine Schwester (wollen).

Wir rudern bis zur Insel (können).

(Lösungen s. S. 7)

▶ **Schwierigkeiten mit dem Perfekt? Schau nochmal im entsprechenden Kapitel nach (S. 18)**

▶ **Wiederhole die Vokabeln von S. 22.**

Klaus Kleinmann: Die Turbo-Übungsgrammatik · Best.-Nr. 436
© Brigg Pädagogik Verlag GmbH, Augsburg

3. Die Nomen: Geschlechter und Deklinationen

3.1 Keine Angst vor langen Wörtern

Eine andere Besonderheit des Deutschen ist es, Wörter zu Ketten zusammenzufügen, die im Prinzip endlos lang sein können. Wir Deutschen machen selbst manchmal Witze darüber, und zwar mit folgendem Beispiel:

Donaudampfschifffahrtsgesellschaft

oder noch länger:

Donaudampfschifffahrtsgesellschaftskapitän

oder noch länger:

Donaudampfschifffahrtsgesellschaftskapitänsmützenschirmfabrikantentochter

Solche Wörter gibt es normalerweise nicht (oder nur ganz selten). Aber egal:

> **Der Schlüssel zum Verständnis liegt (fast) immer im letzten Bestandteil!**
> **Das ist die Hauptsache, die durch die Teile davor genauer erklärt wird.**

Die Donaudampfschifffahrts**gesellschaft** ist also die **Gesellschaft**, die auf der **Donau Dampfschiffe** fahren lässt.

Die Donaudampfschifffahrtsgesellschaft gibt es wirklich. Die anderen Beispiele sind, wie gesagt, nur Spielerei, aber nicht ganz ohne Sinn: Ein Donaudampfschifffahrtsgesellschafts**kapitän** ist ein **Kapitän**, der bei der Donaudampfschifffahrtsgesellschaft arbeitet.

Am dritten Beispiel kannst du selbst einmal herumprobieren. Die Hauptsache ist, dass es sich dabei um die **Tochter** von jemandem dreht. Aber um welche? Versuche es herauszubekommen.

a) Lange Nomen

Normalerweise werden höchstens vier Teile zusammengefügt, meistens nur zwei oder drei:

das Park**haus**	ein Haus zum Parken
der Kühl**schrank**	ein Schrank, in dem es kühl ist
die Himbeer**marmelade**	Marmelade aus Himbeeren
die Auto**bahn**	eine Bahn (= Straße) für Autos
die Autobahnrast**stätte**	eine Stätte (= Stelle), wo man an der Autobahn rasten kann

Klaus Kleinmann: Die Turbo-Übungsgrammatik · Best.-Nr. 436
© Brigg Pädagogik Verlag GmbH, Augsburg

Versuche, die Bedeutung folgender Wörter zu verstehen. Finde den Artikel heraus, und zwar, indem du den Artikel für den letzten Teil feststellst:

Tanz**musik**   Brief**träger**   Katzen**korb**

Bau**stelle**   Viertakt**motor**   Moped**führerschein**

Lange**weile**   Eis**bär**   Scheiben**waschanlage**   *(Lösungen s. S. 7)*

Manchmal werden die beiden Wortteile durch ein „-s-" oder ein „-en-" (oder „-n-") miteinander verbunden, wenn die Kombination für deutsche Zungen sonst schlecht aussprechbar wäre:

Geburtstag**s**feier   Bett**en**geschäft

Qualität**s**kontrolle   Bär**en**fell

Bahnhof**s**restaurant   Blumen**n**laden

Schifffahrt**s**gesellschaft   Ehre**n**sache

Das eingeschobene „-s-", „-n-" oder „-en-" hat keinen eigenen Sinn. Die Suche nach der Bedeutung und nach dem Artikel funktioniert genauso wie oben.

 Suche weitere zusammengesetzte Nomen. Es gibt sie wie Sand am Meer.

b) Lange Adjektive

Zusammengesetzte Adjektive klingen oft besonders eindrucksvoll, weil sich ihre Bedeutung durch die Kombination verstärkt:

eisenhart   zuckersüß   zitronengelb

eiskalt   pfeilschnell   schweinchenrosa

blutrot   messerscharf   bärenstark

rabenschwarz   mausgrau   lammfromm

Suche auch hier die Bedeutung, indem du mit dem letzten Teil anfängst, z. B. eisenhart = so hart wie Eisen. Schreibe so auch für die weiteren Beispielwörter. *(Lösungen S. 7)*

Suche weitere zusammengesetzte Adjektive. Es gibt viele davon, besonders für Farben.

Wiederhole die Konjugation der Modalverben (S. 27).

Klaus Kleinmann: Die Turbo-Übungsgrammatik · Best.-Nr. 436
© Brigg Pädagogik Verlag GmbH, Augsburg

3.2 Die Nomen und ihre Geschlechter; die Fälle

Die Kenntnis des richtigen Artikels und der Pluralform von Nomen ist eine der zentralen Schwierigkeiten der deutschen Sprache.

Es gibt drei Geschlechter:

männlich (maskulin)	weiblich (feminin)	sächlich (Neutrum)
der Spitzer	die Tasche	das Buch

> Man *muss* gleichzeitig zu jedem Nomen das Geschlecht (also den Artikel) und die Pluralform lernen. Eine allgemeine Regel gibt es nicht!

▶ **Zeichne eine Tabelle mit drei Spalten (männlich – weiblich – sächlich) in dein Heft und schreibe jedes Nomen mit seinem Artikel und der Pluralform in die richtige Spalte:**

Spitzer, Tasche, Buch, Lineal, Kuli, Hose, Jacke, Stift, Mütze, Heft, Radiergummi, Kleid, Aufgabe,

Pinsel, Blume, Bleistift, Mantel, Auto, Bild, Brille, Schwester, Atlas, Apfel, Decke, Blatt, Boot, Ball,

Brot, Messer, Fahne, Banane, Glas, Mutter, Gabel, Block   ***(Lösungen s. S. 8)***

> **!** **Achtung:** Im Materialteil (S. 164/165) findest du eine Liste wichtiger Nomen. Gehe sie Schritt für Schritt durch, suche Artikel und Pluralform heraus und lerne sie. Du brauchst dafür Konsequenz und regelmäßige Wiederholungen über einen längeren Zeitraum.
> Anders wirst du kein fehlerfreies Deutsch lernen können!

3.3 Wie man Geschlecht und Pluralform der Nomen manchmal erraten kann

Es gibt bestimmte Endungen von Nomen, die zeigen, welches Geschlecht und welche Pluralform ein Nomen hat.

a) Nomen auf -ung

sind alle **weiblich** und haben im Plural **-en**.

die Zeitung	die Zeitungen
die Erfahrung	die Erfahrungen
die Leistung	die Leistungen

▶ **Lerne alle unbekannten Vokabeln auf dieser und der nächsten Seite.**

▶ **Suche in der Wortsammlung auf S. 164/165 weitere Nomen (23!) mit -ung.**

Klaus Kleinmann: Die Turbo-Übungsgrammatik · Best.-Nr. 436
© Brigg Pädagogik Verlag GmbH, Augsburg

b) Nomen auf -heit

sind alle **weiblich** und haben im Plural **-en**.

die Weisheit	die Weisheiten
die Frechheit	die Frechheiten
die Einzelheit	die Einzelheiten

▶ **Suche in der Wortsammlung auf S. 164/165 acht weitere Nomen mit -heit.**

c) Weitere Endungen, die auf ein weibliches Nomen und den Plural -en hinweisen: -keit und -schaft

die Schwierigkeit	die Schwierigkeiten
die Bekanntschaft	die Bekanntschaften

▶ **Suche in der Wortsammlung auf S. 164/165 je drei weitere Nomen mit –keit und –schaft.**

d) Nomen auf –erei

sind ebenfalls alle **weiblich** und haben im Plural **-en**:

die Metzgerei	die Metzgereien
die Bäckerei	die Bäckereien
die Streiterei	die Streitereien

▶ **Suche weitere Nomen mit -erei. Sie sind sehr häufig, in der Wortsammlung auf S. 164/165 steht allerdings keines davon.**

e) Nomen auf -in

sind alle **weiblich** und haben im Plural **-innen**.

die Freundin	die Freundinnen
die Lehrerin	die Lehrerinnen
die Verkäuferin	die Verkäuferinnen

Nomen auf *-in/-innen* sind sehr häufig. Sie finden sich vor allem bei weiblichen Berufsbezeichnungen. Die Endung *-in* ist im Deutschen bei allen weiblichen Berufsbezeichnungen *obligatorisch*: Frau Meier ist Ärzt*in*, Frau Müller ist Lehrer*in*, Petra ist Verkäufer*in*, Lisa und Nina sind Schüler*innen*.

▶ **Suche weitere Nomen mit -in/-innen. Gewöhne dir an, bei weiblichen Berufsbezeichnungen immer ein -in anzuhängen!**

Klaus Kleinmann: Die Turbo-Übungsgrammatik · Best.-Nr. 436
© Brigg Pädagogik Verlag GmbH, Augsburg

f) Nomen auf –ling

sind alle **maskulin** und bilden den Plural mit **-e**:

der Lehrling	die Lehrlinge
der Säugling	die Säuglinge
der Liebling	die Lieblinge

▶ **Suche in der Wortsammlung auf S. 165/165 zwei weitere Nomen mit -ling.**

g) Nomen auf -chen

Die Nachsilbe **-chen** kann an fast alle Nomen angehängt werden und bezeichnet eine Verkleinerung. Diese Nomen sind dann alle **sächlich (Neutrum)** und bleiben im Plural unverändert.

das Tischchen	die Tischchen
das Häuschen	die Häuschen
das Schweinchen	die Schweinchen

Interessanterweise auch: **das Mädchen**   **die Mädchen**

> **!** **Achtung:** Wenn das Nomen in der Grundform a, o, oder u hat, bekommt die Form mit -chen meist einen Umlaut: der Stuhl – das Stühlchen, die Rose – das Rös-chen, das Schaf – das Schäfchen

▶ **Suche in der Wortsammlung auf S. 164/165 zwei weitere Nomen mit -chen.**
(Lösungen s. S. 8)

> **Mit Trick oder ohne: Das *Geschlecht der Nomen* muss man wissen, um *richtige Sätze* zu bilden!**

Klaus Kleinmann: Die Turbo-Übungsgrammatik · Best.-Nr. 436
© Brigg Pädagogik Verlag GmbH, Augsburg

3.4 Ein wichtiger Fall: Der Akkusativ

| **Nach dem Akkusativ fragt man mit Wen?** |

Die Formen des Akkusativs sind nur im Maskulinum auffällig. Sie werden so gebildet:

männlich (Maskulinum)	**weiblich** (Femininum)	**sächlich** (Neutrum)
Nominativ		
der **Spitzer**	die **Tasche**	das **Buch**
ein	eine	ein
kein	keine	kein
mein, dein sein, unser, euer, ihr	meine, deine, seine unsere, eure, ihre	mein, dein, sein, unser, euer, ihr
Akkusativ		
den **Spitzer**	die **Tasche**	das **Buch**
einen	eine	ein
keinen	keine	kein
meinen, deinen, seinen unseren, euren, ihren	meine, deine, seine unsere, eure, ihre	mein, dein, sein, unser, euer, ihr

▷ **Bilde mit Nomen von S. 34−36 zehn Satzpaare nach folgendem Muster:**

Akkusativ: Ich brauche einen/eine/ein −
Kann ich deinen/deine/dein − haben?

Beispiel: Ich brauche ein Buch. Kann ich dein Buch haben?

▷ **Bilde mit Nomen von S. 34−36 auch zehn Satzpaare nach folgendem Muster:**

Akkusativ: Ich habe kein/keine/keinen −
Ich will/muss/soll/darf/kann/möchte einen/eine/ein −
haben/holen/kaufen/bekommen

Beispiel: Ich habe keinen Spitzer. Ich muss einen Spitzer kaufen.

▷ **Bestimme die Akkusativ-Objekte (Frage: Wen?) und unterstreiche sie rot:**

Der Stürmer schießt den Ball in Richtung Tor. Der Torwart versucht eine Parade, aber er kann den Ball nicht fangen. Die andere Mannschaft wird das Spiel wohl gewinnen. Die Fans singen schon Siegeslieder. Der Torwart zieht ein trauriges Gesicht und beschließt, sich nun besonders große Mühe zu geben.   *(Lösungen s. S. 8)*

Klaus Kleinmann: Die Turbo-Übungsgrammatik · Best.-Nr. 436
© Brigg Pädagogik Verlag GmbH, Augsburg

Hier findest du eine Reihe häufiger Verben, die den Akkusativ verlangen:

sehen, bauen, bekommen, brauchen, empfangen, erreichen, essen, fangen, fühlen, fragen, gewinnen, holen, kaufen, kennen, lesen, mögen, nehmen, probieren, putzen, retten, riechen, rufen, schlagen, schließen, schützen, singen, suchen, teilen, tragen, trinken, vergessen, verlieren, verstehen, wählen, waschen, wecken, zeichnen

▶ **Bilde Sätze und verwende an allen Stellen die richtigen Formen. Wenn dir das noch schwer fällt, hilft dir sicher dein Lehrer.**

Beispiel: **Die Katze / fangen / ein____ Maus.**
Du musst wissen, dass es „die" Maus heißt („Maus" ist Femininum). Außerdem hat „fangen" einen Vokalwechsel (S. 12). Dann kannst du leicht sagen:
Die Katze fängt eine Maus.

1. Ein Junge / bekommen / ein_____ Ball.

2. Du / suchen / dein_____ Füller.

3. Unsere Putzfrau / putzen / d_____ Fenster.

4. Mein_____ Mutter / wecken / mein_____ Schwester.

5. Monika / tragen / ein_____ Rock.

6. D_____ Hund / riechen / d_____Futter.

7. Tanja / trinken / gerne ein_____ Tasse Tee.

8. Er / haben / sein_____ Regenschirm vergessen.

9. Du / müssen / d_____ Kekse probieren.

10. Ein Herr / machen / ein_____ Reise.

11. Tante Olga / waschen / d_____ Pullover.

12. D _____ Bademeister / retten / ein_____ Mädchen aus dem Wasser.

13. Ein schlauer Mensch / verstehen / viel _____ Sprachen.

14. Ein Schüler / lesen / ein_____ Buch.

15. Der Wächter / schließen / d_____ Tür.

16. Die 9. Klasse / wählen / ein_____ Klassensprecher.   *(Lösungen s. S. 9)*

▶ **Lerne die neuen Vokabeln.**

▶ **Lerne und wiederhole die Nomen im Anhang (S. 164/165).**

Klaus Kleinmann: Die Turbo-Übungsgrammatik · Best.-Nr. 436
© Brigg Pädagogik Verlag GmbH, Augsburg

3.4.1 Präpositionen, die immer den Akkusativ verlangen

**Präpositionen bestimmen die Verhältnisse der Dinge zueinander.
Diese Verhältniswörter sind im Deutschen obligatorisch!**

Falsch: ~~Er trifft sich Petra.~~

~~Sie essen Cafeteria.~~

~~Die Äpfel wachsen Baum.~~

Richtig: ☺ Er trifft sich **mit** Petra.

☺ Sie essen **in der** Cafeteria.

☺ Die Äpfel wachsen **auf dem** Baum.

Folgende Präpositionen verlangen immer den Akkusativ:

durch, für, gegen, ohne, um

▶ **Bilde Sätze und verwende an allen Stellen die richtigen Formen. Du musst hier nicht immer etwas dazuschreiben, manche Formen sind schon komplett. Überlege genau:**

1. Ein Hase / laufen / durch d_____ Gras.

2. Ein Vogel / fliegen / um d_____ Haus.

3. Ich / stimmen / für ein_____ Mädchen als Kurssprecherin.

4. Ein Auto / fahren / gegen ein_____ Baum.

5. Petra / kommen / ohne ihr_____ Anorak nach Hause.

6. Mein Kollege / tauschen / sein_____ alten Fernseher gegen ein_____ neues Gerät.

(Lösungen s. S. 9)

3.4.2 Die Personalpronomen im Akkusativ

Singular		Plural	
Nominativ	**Akkusativ**	**Nominativ**	**Akkusativ**
ich	mich	wir	uns
du	dich	ihr	euch
er	ihn	sie	sie
sie	sie	Sie	Sie
es	es		

▶ **Bilde Sätze und verwende an allen Stellen die richtigen Formen. Das Personalpronomen ist eingeklammert und muss meistens verändert werden.**

1. Mein_____ Freund / besuchen / (ich) / heute.

2. D_____ Geheimagent / beobachten / (wir) / durch sein Fernglas.

3. Ich / spielen / gegen / (du). – Du / spielen / gegen / (ich). – Er / spielen / gegen / (er). – Ich / spielen / gegen / (sie). – Ihr / spielen / gegen / (wir). – Wir / spielen / gegen / (ihr). – Wir / spielen / gegen / (sie). – Ich / spielen / gegen / (Sie).

4. Ich / lieben / (du). – Du / lieben / (ich). – Ich / lieben / (er). – Ich / lieben / (sie). – Ich / lieben / (es). – Wir / lieben / (ihr). – Ihr / lieben / (wir). – Ihr / lieben / (sie). – Ich / lieben / (Sie). *(Lösungen s. S. 9)*

Klaus Kleinmann: Die Turbo-Übungsgrammatik · Best.-Nr. 436
© Brigg Pädagogik Verlag GmbH, Augsburg

3.4.3 Reflexive Verben

Bei reflexiven Verben gehört zum Infinitiv das Wort „sich".

Folgende Verben sind reflexiv, haben also (fast) immer das Wörtchen „sich" bei sich:

sich freuen, sich anstrengen, sich bewerben, sich bücken, sich eignen, sich (etw.) einbilden, sich entschließen, sich erholen, sich irren, sich kümmern, sich schämen, sich verhalten, sich wehren, sich zanken

▷ **Lerne diese Verben mit ihrer Bedeutung.**

!	**Achtung:**	**Bei reflexiven Verben wird das „sich" im Akkusativ verändert, nur in der 3. Person heißt es wieder „sich". Ein Beispiel:**

ich freue mich | wir freuen uns

du freust dich | ihr freut euch

er, sie, es freut sich | sie freuen sich / Sie freuen sich

▷ **Konjugiere mindestens fünf der Verben aus dem oberen Kasten schriftlich durch.**

Andere Verben können reflexiv verwendet werden, müssen aber nicht immer. Dazu gehören z. B:

(sich) ärgern, (sich) aufregen, (sich) bemühen, (sich) beschweren, (sich) bewegen ,
(sich) entschuldigen, (sich) fürchten, (sich) gewöhnen, (sich) interessieren, (sich) setzen,
(sich) kämmen, (sich) melden, (sich) streiten, (sich) übergeben, (sich) verteidigen,
(sich) vorstellen, (sich) waschen, (sich) wundern

Beispiele:

Er bewegt den schweren Stein. | Er bewegt sich.

Du setzt den Spielstein auf das Feld. | Du setzt dich.

Ich ärgere meinen Lehrer. | Ich ärgere mich.

Wir beschweren das Blatt Papier mit einem Stein. | Wir beschweren uns.

Ihr gewöhnt euren Hund an das neue Futter. | Ihr gewöhnt euch an die neue Umgebung.

▷ **Bilde mindestens 10 weitere Sätze im Präsens mit den Verben aus den beiden Kästen.**

▷ **Formuliere diese Sätze dann im Perfekt. Nach den dir bekannten Regeln kannst du das Perfekt bei allen Verben bilden (immer regelmäßig und mit „haben"). Einzige Ausnahme: interessieren (Perfekt: Ich habe mich für … interessiert).**

▷ **Lerne die neuen Vokabeln. Wiederhole die Präpositionen, die den Akkusativ verlangen.**

▷ **Wiederhole die Vokabeln von S. 38.**

▷ **Bleibe am Ball bei den Nomen im Anhang (S. 164/165).**

Klaus Kleinmann: Die Turbo-Übungsgrammatik · Best.-Nr. 436
© Brigg Pädagogik Verlag GmbH, Augsburg

3.5 Ein anderer wichtiger Fall: Der Dativ

Nach dem Dativ-Objekt fragt man mit Wem?

Der große Knall

Der alte Schornstein nützte niemandem mehr. Also montierten Arbeiter dicke Sprengladungen. Sprengmeister Knallfrosch gab seinen Kollegen ein Zeichen. Bei der Explosion stand den Zuschauern der Atem still. Sekunden später sah man von dem Schornstein nur noch rauchende Trümmer. Die Zuschauer applaudierten dem Sprengkommando. Diese Arbeit gefiel Sprengmeister Knallfrosch. Das wollen wir ihm gerne glauben. Die Zeitungen berichteten ihren Lesern am nächsten Tag ausführlich über das Ereignis.

 Suche in diesen Sätzen das Dativ-Objekt (Frage: Wem?). Unterstreiche das Dativ-Objekt grün (Es ist nicht in allen Sätzen vorhanden.) *(Lösungen s. S. 9)*

So werden die Dativ-Formen gebildet:

männlich (Maskulinum)	weiblich (Femininum)	sächlich (Neutrum)
Nominativ		
der **Spitzer**	die **Tasche**	das **Buch**
ein	eine	ein
kein	keine	kein
mein, dein sein, unser, euer, ihr	meine, deine, seine unsere, eure, ihre	mein, dein, sein, unser, euer, ihr
Dativ		
dem **Spitzer**	der **Tasche**	dem **Buch**
einem	einer	einem
keinem	keiner	keinem
meinem, deinem, seinem unserem, eurem, ihrem	meiner, deiner, seiner unserer, eurer, ihrer	meinem, deinem, seinem, unserem, eurem, ihrem

Folgende Verben brauchen ein Dativ-Objekt (lerne sie bitte):

danken, helfen, folgen, gefallen, gehorchen, befehlen, antworten, begegnen, fehlen, glauben, passen, schmecken, auffallen, dienen, drohen, genügen, verzeihen, zuhören, gehören, berichten, sich nähern, entkommen, applaudieren, nützen, sich ergeben

▶ **Bilde Sätze und verwende an allen Stellen die richtigen Formen:**

1. Mein_____ Tante / helfen / ein_____ Nachbarn.

2. D_____ Lehrer / zuhören / ein_____ Schüler. (Achtung: teilbares Verb!)

3. D_____ Schüler / danken / d_____ Lehrer.

4. D_____ Tochter / antworten / d_____ Mutter.

5. D_____ Bild / gefallen / d_____ Frau.

6. Mein_____ Schwester / begegnen / ein_____ Monster.

7. Ein_____ Mädchen / zuhören / ein_____ Vogel.

8. D_____ Fahrrad / gehören / mein_____ Freund.

9. Ein Kollege / berichten / d_____ Direktor von d_____ Klassenfahrt.

10. Mein Opa / gehorchen / d_____ Arzt.

11. D_____ König / verzeihen / ein_____ Gegner.

12. Der Angestellte / glauben / sein_____ Chef.

▶ **Schreibe diese Sätze in Singular und Plural. Achte immer auf die richtigen Formen:**

1. D_____ Polizist / sich nähern / d_____ Einbrecher.

2. D_____ Einbrecher / entkommen / aber d_____ Polizisten.

3. D_____ Fan / applaudieren / d_____ Sänger.

4. D_____ Übung / nützen / d_____ Schüler.

5. D_____ Hose / passen / d_____ Mädchen.

6. D_____ Erdbeere /schmecken / mein_____ Schwester.

7. D_____ Auto / gefallen / d_____ Mann.

8. D_____ Zuhörer / applaudieren / d_____ Sängerin.   *(Lösungen s. S. 9)*

3.5.1 Präpositionen, die immer den Dativ verlangen:

aus, bei, zu, mit, von, seit, außer, gegenüber

▶ **Bilde wieder Sätze.**

1. Ein Junge / kommen / aus ein_____ Haus.

2. Mein_____ Onkel / fahren / morgen zu sein_____ Verlobten.

3. Ein_____ Schülerin / vergessen / ihr Heft bei ein_____ Freundin.

4. In den Ferien / verreisen / ich mit mein_____ Eltern.

5. Oma / bekommen / Post von ihr_____ Enkel.

Klaus Kleinmann: Die Turbo-Übungsgrammatik · Best.-Nr. 436
© Brigg Pädagogik Verlag GmbH, Augsburg

6. Ich / wohnen / seit ein_____ Jahr in Deutschland.

7. Niemand außer mein_____ Freund / verstehen / die Aufgabe.

8. Ein Junge / sitzen / ein_____ Mädchen gegenüber.

9. Petra / schauen / ihr_____ Schwester gerne bei d_____ Arbeit zu.

10. Leon / liegen / seit sein_____ Unfall im Krankenhaus.   *(Lösungen s. S. 9)*

▶ **Wiederhole die Vokabeln von S. 12.**

▶ **Bleibe am Ball bei den Nomen im Anhang (S. 164/165).**

3.5.2 Die Personalpronomen im Dativ:

Singular		Plural	
Nominativ	**Dativ**	**Nominativ**	**Dativ**
ich	mir	wir	uns
du	dir	ihr	euch
er	ihm	sie	ihnen
sie	ihr	Sie	Ihnen
es	ihm		

▶ **Bilde Sätze:**

1. D_____ Eis / schmecken / (ich).

2. D_____ Gehalt / genügen / mein__ Vater nicht. Am Ende des Monats / fehlen / (er) / immer 200 Euro.

3. Ich / fahren / mit d_____ Fahrrad zu / (dich).

4. Ich habe alles, / (ich) / fehlen / nichts.

5. D_____ Wirt / bringen / (ich) / ein Cola.

6. Er / kommen / zu / (ich) /. – Er / kommen / zu / (du) /. – Er / kommen / zu / (er)/. – Er / kommen / zu / (sie) /. – Er / kommen / zu / (es) /. – Er / kommen / zu / (wir) /. – Er / kommen / zu / (ihr) (Plural!) /. – Er / kommen / zu / (Sie) /. –

7. Du / sitzen / bei / (ich). – Ich / sitzen / bei / (du). – Du / sitzen / bei / (er). – Du / sitzen / bei / (sie). – Du / sitzen / bei / (es). – Du / sitzen / bei / (wir). – Sie (Singular) / sitzen /bei / (ihr) (Plural!). – Du / sitzen / bei / (sie) (Plural). –

8. Ihr / fahren / mit / (ich). – Er / fahren / mit / (du). – Ihr / fahren / mit / (er). – Ihr / fahren / mit / (sie) (Singular!). – Ihr / fahren / mit / (es). – Ihr / fahren / mit / (wir). – Ihr / fahren / mit / (sie) (Plural!)

9. Du / bekommen / noch Geld von / (ich). – Ich / bekommen / noch Geld von / (du). – Wir / bekommen / noch Geld von / (er). – Sie (Singular) / bekommen / noch Geld von / (sie) (Singular!). – Ihr / bekommen / noch Geld von / (wir). – Ich / bekommen / noch Geld von / (ihr) (Plural!). – Ich / bekommen / noch Geld von / (Sie).   *(Lösungen s. S. 10)*

▶ **Wiederhole die Vokabeln von S. 41 und die Präpositionen, die den Dativ verlangen.**

▶ **Bleibe am Ball bei den Nomen im Anhang (S. 164/165).**

3.6 Wo oder Wohin? Dativ oder Akkusativ?

Diese Präpositionen verlangen mal den Dativ, mal den Akkusativ:

an,	auf,	hinter,	in,	neben,	über,	unter,	vor,	zwischen

Welchen Fall sie brauchen, richtet sich danach, ob sie auf die Frage **Wo?** oder auf die Frage **Wohin?** antworten.

> **Dazu gibt es eine wichtige Regel:**
>
> Auf die Frage **Wo?** steht der **Dativ**.
>
> Auf die Frage **Wohin?** steht der **Akkusativ**.

3.6.1 Wo? – Dativ

▶ **In diesen Sätzen ist die Präposition immer mit der Frage *Wo?* verbunden. Verwende also immer den Dativ. Die Form des Artikels („der" oder „dem") richtet sich nach dem Geschlecht des Nomens. Sicher schaffst du es auch, die richtige Verbform einzusetzen:**

1. Die Blumenvase / stehen / auf d_____Tisch.

2. Das Auto / parken / hinter d_____ Haus.

3. Vor d_____ Haus / stehen / eine Laterne.

4. Die Katze / balancieren / auf d_____ Mauer.

5. Danach / sich verstecken / sie unter d_____ Busch.

6. Die Leiter / stehen / an d_____ Wand.

7. Neben d_____ Bett / stehen / eine Lampe.

8. Wir / wohnen / in d_____ Goethestraße.

9. Unsere neue Schülerin / kommen / aus d_____ Ausland.

10. Die Bergsteiger / stehen / auf d_____ Gipfel.

11. Irgendetwas / stehen / zwischen (wir).

12. Erika / halten / den Strohhalm zwischen d_____ Lippen.   *(Lösungen s. S. 10)*

Achtung:	Einige Präpositionen verbinden sich mit dem Dativ-Artikel „dem" oder „der":

in	+	dem	=	im
zu	+	dem	=	zum
bei	+	dem	=	beim
an	+	dem	=	am
von	+	dem	=	vom
zu	+	der	=	zur

Klaus Kleinmann: Die Turbo-Übungsgrammatik · Best.-Nr. 436
© Brigg Pädagogik Verlag GmbH, Augsburg

▶ **Übe das in folgenden Sätzen. Setze die richtige Form der Präposition ein.**

1. Schöne weiße Wolken ziehen _____ Himmel vorbei. (an)

2. Die Kleider liegen _____ Schrank. (in)

3. Wir verbringen die Ferien _____ Meer. (an)

4. Dort liegen wir stundenlang _____ Strand. (an)

5. Oder wir schwimmen _____ Wasser. (in)

6. Wir wollen gar nicht mehr _____ Strand weg. (von)

7. Kevin ist _____ Klassentreffen. (bei)

8. Die Kinder laufen _____ Kiosk. (zu)

9. Ich gehe heute wie immer _____ Schule. (zu)

10. Danach gehe ich _____ Nachhilfe. (zu)   *(Lösungen s. S. 10)*

! **Achtung:** „zu" braucht *immer* den Dativ! Deshalb wird hier trotz der Frage „wohin?"
der Dativ benutzt.

▶ **Nun kannst du das auch in vermischten Sätzen. Entscheide jeweils, ob du die kombinierte
Form „am, zum, im, beim, vom" oder die getrennte Form (Präposition + Artikel) verwen-
den musst. Wenn du die kombinierte Form brauchst, ist die Angabe „d_____" nicht nötig.
Lasse sie dann weg und setze nur „am, zum, im, beim, vom" ein.**

Beispiel: **Sandra steht _____ d_____ Tür (vor) → Sandra steht vor der Tür.**

Wir sind _____ d_____ Schwimmbad. (in) → Wir sind im Schwimmbad.

1. Paul verschluckt sich _____ d_____ Kaffee. (an)

2. Opa Meier sitzt gerne _____ d_____ blühenden Fliederbusch. (unter)

3. Der Wecker jagt mich _____ d_____ Bett. (aus)

4. Ich rieche _____ d_____ Blume. (an)

5. Der Redner liest _____ d_____ Rede (vor) / noch einmal _____ d_____ Manuskript. (in)

6. Wir spielen gerne _____ d_____ Schnee (in), doch der taut schon _____ d_____ Sonne.
(in).

7. Der Student arbeitet _____ d_____ Tropeninstitut (in) / _____ d_____ Goethe-Universität. (an)

8. Wir warten _____ d_____ Eingangstür. (neben)

9. Wir verzollen unsere Souvenirs _____ d_____ Flughafen. (an)

10. Wir verzollen unsere Souvenirs _____ d_____ Grenze. (an)   *(Lösungen s. S. 10)*

▶ **Wiederhole die Verben von S. 20 und S. 21.**

▶ **Präge dir die Kurzformen von Präposition + Dativ gut ein (S. 44).**

Klaus Kleinmann: Die Turbo-Übungsgrammatik · Best.-Nr. 436
© Brigg Pädagogik Verlag GmbH, Augsburg

3.6.2 Wohin? – Akkusativ

▶ In den folgenden Sätzen ist die Präposition immer mit der Frage *Wohin?* verbunden. Verwende also den Akkusativ. Die Form des Artikels („den", „die" oder „das") richtet sich nach dem Geschlecht des Nomens.

1. Die Katze klettert _____ d_____ Baum. (auf)

2. Ein großes Flugzeug fliegt _____ d_____ Stadt. (über)

3. Wirf das Papier bitte _____ d_____ Abfalleimer. (in)

4. Ich schaue dir _____ d_____ Augen. (in)

5. Vater fährt das Auto _____ d_____ Haus. (hinter)

6. Der Ball rollt _____ d_____ Auto. (unter)

7. Unser Hund rennt _____ d_____ Wiese. (über)

8. Der Kunde legt das Geld _____ d_____ Ladentisch. (auf)

9. Beim Versteckspiel hockt sich Petra _____ d_____ Busch. (unter)

10. Stellt bitte die Stühle _____ d_____ Tisch. (auf)   *(Lösungen s. S. 10/11)*

Achtung: Auch im Akkusativ gibt es Zusammenziehungen von Präpositionen mit dem Artikel „das":

in	+	das	=	ins
an	+	das	=	ans
auf	+	das	=	aufs
für	+	das	=	fürs
um	+	das	=	ums
unter	+	das	=	unters
hinter	+	das	=	hinters

!

Diese Zusammenziehungen werden sehr häufig verwendet! Meistens kann aber auch die getrennte Form verwendet werden. Feste Regeln gibt es nicht.

▶ Übe das in folgenden Sätzen. Schreibe die richtige Form der Präposition auf die Linie.

1. Im Sommer zieht es mich immer _____ Meer. (an)

2. Ich gehe nämlich gerne _____ Wasser. (in)

3. Gerne fahre ich auch mit dem Schiff _____ Meer hinaus. (auf)

4. Abends holen die Fischer ihren Fang _____ Ufer. (an)

5. Er wirft den Abfall heimlich _____ Bett. (hinter)

6. Geht es dir immer nur _____ Geld? (um)

7. Darf ich heute vor dir _____ Bad? (in)

8. Mutter kauft alles Nötige _____ Baby. (für)

9. Die Katze rennt _____ Bett. (unter)   *(Lösungen s. S. 11)*

Klaus Kleinmann: Die Turbo-Übungsgrammatik · Best.-Nr. 436
© Brigg Pädagogik Verlag GmbH, Augsburg

> **Nun kannst du das auch in vermischten Sätzen. Entscheide jeweils, ob du die kombinierte Form „ins, ans, aufs ..." oder die getrennte Form (Präposition + Artikel) verwenden musst. Wenn du die kombinierte Form brauchst, ist die Angabe „d_____" nicht nötig. Lasse sie dann weg und setze nur „ins, ans, aufs" usw. ein.**

1. Viele Schiffe kippen giftige Abfälle _____ d_____ Meer. (in)

2. Herr und Frau Meier machen abends immer einen Spaziergang _____ d_____ Viertel. (um)

3. Ich denke gerne _____ d_____ vergangene Jahr. (an)

4. Ich denke gerne _____ d_____ vergangenen Sommer. (an)

5. Ich denke gerne _____ d_____ vergangene Zeit mit dir. (an)

6. Die Skifahrer gleiten _____ d_____ Schnee. (über)

7. Die Schlittschuhfahrer gleiten _____ d_____ Eis. (über)

8. Male den Teufel nicht _____ d_____ Wand. (an)

9. Nimm dein Schicksal selbst _____ d_____ Hand. (in)

10. Paul geht _____ d_____ Ganze. (auf)   *(Lösungen s. S. 11)*

> **Wiederhole die Verben von S. 22.**

> **Gehe die Kapitel 2.6, 2.7 und 2.8 noch einmal durch und wiederhole die dort beschriebenen Formen der Perfektbildung.**

3.6.3 Bestimme Dativ- und Akkusativ-Objekte

Ein Abenteuer von Baron Münchhausen

Baron Münchhausen lebte vor etwa 200 Jahren. Er ist heute noch berühmt für die Lügengeschichten, die er seinen erstaunten Zuhörern gerne erzählte. Eine davon kannst du hier lesen.

Der Ritt auf der Kanonenkugel

(1) Einst belagerte ich mit meinem Heer eine feindliche Stadt. **(2)** Ihren Namen habe ich in der Aufregung leider vergessen. **(3)** Zu gerne hätten wir die Lage in dieser Stadt genauer kennen gelernt, aber man konnte unmöglich in die Festung hineinkommen. *(4)* Da kam mir eine prächtige Idee: **(5)** Ich stellte mich neben unsere größte Kanone. (6) Gerade flog wieder eine Kugel aus ihrem Rohr. (7) Mit einem großen Satz sprang ich hinauf! (8) Ich wollte mitsamt der Kugel in die Festung hineinfliegen! *(9)* Rasend schnell näherte ich mich der Stadt und konnte manche Einzelheiten schon gut erkennen. *(10)* Im Flug kamen mir allerdings Bedenken. (11) „Hinein kommst du leicht, aber wie kommst du wieder heraus?", dachte ich. *(12)* Und es ging mir weiter durch den Kopf: *(13)* „Du wirst den Soldaten dort wegen deiner Uniform schnell als Feind auffallen, und man wird dich an den nächsten Galgen hängen!" *(14)* Diese Überlegungen machten mir kühnem Reiter sehr zu schaffen. *(15)* Wie dankte ich meinem Schicksal, als sich mir eine feindliche Kanonenkugel näherte. (16) Sie war offenbar auf unser Lager gerichtet. **(17)** Flink schwang ich mich hinüber und flog auf ihr gesund und munter wieder zu meiner Truppe zurück. *(18)* Das ganze Heer applaudierte mir stürmisch. *(19)* Meine Informationen waren unserem General sehr nützlich.

 Unterstreiche Dativ- und Akkusativ-Objekte

Satznummer fett gedruckt:	Hier finden sich ein oder zwei Akkusativ-Objekte. Unterstreiche sie rot.
Satznummer kursiv:	Hier finden sich ein oder zwei Dativ-Objekte. Unterstreiche sie grün.

 Mache es bei diesen Sätzen genauso:

1. Das neue Hemd steht Kevin ganz ausgezeichnet.

2. Der Lehrer erklärt dem Studenten eine schwierige Rechtschreibregel.

3. Der lustige Jäger erlegt einen flinken Hasen.

4. Der Kellner empfiehlt dem Gast eine ganz besonders leckere Speise.

5. Meinem Vater schenke ich ein neues Rasierwasser zum Geburtstag.

6. Meiner Schwester fällt es nicht leicht, ihre Hose zu bügeln.

7. Der Arzt verschreibt dem Patienten einen guten Hustensaft.

8. Der freundliche Mann gibt dem armen Bettler aus Mitleid eine kleine Spende.

9. Paul hat seinen neuen Anorak schon zerrissen.

10. Leihst du deinem Banknachbarn einen Tintenkiller?

11. Hast du mal einen Euro für mich? *(alle Lösungen s. S. 11)*

 Bleibe am Ball bei den Nomen im Anhang (S. 164/165).

Klaus Kleinmann: Die Turbo-Übungsgrammatik · Best.-Nr. 436
© Brigg Pädagogik Verlag GmbH, Augsburg

3.6.4 Das Dativ-Objekt steht vor dem Akkusativ-Objekt

Mein Lehrer erklärt	mir **1. Dat.**	eine wichtige Regel. **2. Akk.**
Der Polizist zeigt	uns **1. Dat.**	den Weg. **2. Akk.**
Frau Meier erzählt	den Kindern **1. Dat.**	eine lustige Geschichte. **2. Akk.**

▷ **Mit den folgenden Verben kannst du Sätze bilden, die ein Dativ- und ein Akkusativ-Objekt haben. Lerne bitte unbekannte Vokabeln!**

erklären, beweisen, bezahlen, bringen, geben, holen, kaufen, wegnehmen, sagen, schicken, schreiben, verkaufen, kochen, braten, waschen, stricken, bügeln, nähen, anbieten, begründen, besorgen, diktieren, einpacken, erlauben, leihen, liefern, erklären, erzählen, vorlesen, vorsingen, malen, melden, überreichen, schenken, senden, überlassen, verschreiben, empfehlen, zeigen

Beispiele:

Der Angeklagte beweist dem Richter seine Unschuld.

Die Mutter kocht ihren Kindern einen leckeren Pudding.

▷ **Überprüfe, ob diese Regel in den folgenden Sätzen eingehalten wird. Wenn nicht:** *Bringe die Satzglieder in die richtige Reihenfolge.* **Lasse beim Schreiben eine Zeile frei. Markiere Dativ-Objekte grün, Akkusativ-Objekte rot.**

1. Der nette Junge / bringen / d_____ Brille / d_____ Opa.

2. Der Arzt / verschreiben / d_____ Patient_____ / ein_____ Medikament.

3. Der Angeklagte / beweisen / sein_____ Unschuld / d_____ Richter.

4. Herr Meier / melden / ein_____ Brand / d_____ Feuerwehr.

5. Direktor Wichtig / diktieren / sein_____ Sekretärin / ein_____ Brief.

6. Herr Frech / verkaufen / Frau Einfach / ein_____ kaputtes Auto.

7. Mutter / schreiben / d_____ Klassenlehrer von Susi / ein_____ Brief.

8. Die Kinder / singen / d_____ Lehrerin / ein_____ Lied vor.

9. Dackel Waldemar / holen / d_____ Zeitung / sein_____ Herrchen.

10. Der Einbrecher / erzählen / d_____ Polizist_____ / ein_____ tolle Geschichte.

11. Du / schenken / dein_____ Freundin / ein_____ Ring.

12. Der Kellner / empfehlen / ein_____ Salat / d_____ Gast.

13. Die Kampfrichter / überreichen / d_____ Sieger / ein_____ Urkunde.

14. Ich / sagen / (du) / d_____ Wahrheit.

15. Petra / leihen / (ich) / ein_____ Kuli.

(Lösungen s. S. 11)

▷ **Bleibe am Ball bei den Nomen im Anhang (S. 164/165).**

Klaus Kleinmann: Die Turbo-Übungsgrammatik · Best.-Nr. 436
© Brigg Pädagogik Verlag GmbH, Augsburg

3.6.5 Dativ oder Akkusativ? Vermischte Übungen

Nun musst du selbst entscheiden, ob in einem Satz der Dativ oder der Akkusativ gebraucht wird.

Du erinnerst dich:
Auf die Frage **Wo?** steht der **Dativ**.
Auf die Frage **Wohin?** steht der **Akkusativ**.

▶ **Bilde Sätze und verwende jeweils Dativ oder Akkusativ. Verwende Präposition und Artikel im richtigen Fall; verwende auch die passende Kurzform von Präposition + Artikel, wo das nötig ist:**

1. Wir stehen _____ See. (an)

2. Viele Blumen blühen _____ Ufer. (an)

3. Ein großes Flugzeug fliegt _____ Haus. (über)

4. Wir fahren _____ Auto nach Italien. (mit)

5. Die Schauspieler spielen _____ Bühne. (auf)

6. Hans küsst Petra _____ Mund. (auf)

7. Der Schäfer treibt seine Schafe _____ Stall. (in)

8. Sie fühlen sich _____ Stall sehr wohl. (in)

9. Es ist heiß, wir gehen _____ Schwimmbad. (in)

10. Er machte mir einen Strich _____ Rechnung. (durch)

11. Ich sitze _____ Stuhl. (auf)

12. Wir spielen _____ Garten. (in)

13. Im Winter sitzt die Katze gerne _____ Ofen. (hinter)

14. Paul setzt seine Mütze _____ Kopf. (auf)

15. Tina näht sich einen Knopf _____ Bluse. (an)

16. Hast du noch Limo _____ Glas? (in)

17. Vater bringt uns _____ Bahnhof. (zu)

18. Ich liege _____ Bett. (in)

19. Ich springe _____ Wasser. (in)

20. Erika nimmt den Strohhalm _____ Lippen. (zwischen) Achtung, Plural!

21. Der Schornsteinfeger steigt _____ Dach. (auf)

22. Die Fußballspieler rennen _____ Stadion. (durch)

23. Ein fremder Mann kommt _____ Zimmer. (in)

24. Petra betrachtet sich _____ Spiegel. (in)

25. Frau Koslovski schickt einen Brief _____ Ordnungsamt. (an)

26. Wir suchen Pilze _____ Wald. (in)

27. Ich stelle die Blumen _____ Vase. (in)

28. Ich gehe _____ Bad. (in)

Klaus Kleinmann: Die Turbo-Übungsgrammatik · Best.-Nr. 436
© Brigg Pädagogik Verlag GmbH, Augsburg

29. Ich stehe _____ Dusche. (unter)

30. _____ (wir) ist eine Wand. (zwischen)

31. Du legst ein Lesezeichen _____ Seiten. (zwischen). Achtung, Plural!

32. Siehst du die vielen Sterne dort oben _____ Himmel? (an)

33. Tanja versteckt sich _____ Schrank. (hinter)

34. Das Buch ist _____ Bett gefallen. (hinter)

35. Das Glas steht _____ Teller. (neben)

36. Darf ich mich _____ (du) setzen? (neben)   *(Lösungen s. S. 12)*

▶ **Wiederhole bitte die Vokabeln von S. 49.**

▶ **Wiederhole bitte die Kurzformen von Präposition + Dativ (S. 44) und von Präposition + Akkusativ (S. 46).**

Klaus Kleinmann: Die Turbo-Übungsgrammatik · Best.-Nr. 436
© Brigg Pädagogik Verlag GmbH, Augsburg

Dativ und Akkusativ

Wo? *Dativ*		Wohin? *Akkusativ*
sitzen (auf)		sich setzen (auf)
liegen (in)		gehen (in)
stehen (auf)		stellen (auf)
fahren (mit)		fahren (in, durch)
rennen (in)		rennen (über)
schwimmen (in)		schwimmen (in, durch, über)
schauen (nach)		schauen (durch)
arbeiten (in, bei)		steigen (auf)
baden (in)		fallen (in)
lesen (in)		werfen (über)
		springen (über)

Achte auf die besonderen Formen der Präpositionen im Dativ:

in + dem	= im	zu + dem	= zum
bei + dem	= beim	an + dem	= am
von + dem	= vom	zu + der	= zur

Achte auf die besonderen Formen der Präpositionen im Akkusativ:

in + das	= ins	über + das	= übers
an + das	= ans	durch + das	= durchs
auf + das	= aufs	auf + das	= aufs

▶ **Bilde Sätze und schreibe sie auf die Zeilen.**

Klaus Kleinmann: Die Turbo-Übungsgrammatik · Best.-Nr. 436
© Brigg Pädagogik Verlag GmbH, Augsburg

3.7 Ein besonderer Fall: Der Genitiv

Der Genitiv ist im Deutschen recht selten. Er wird meist nur als Genitiv-Attribut verwendet, d. h. als nähere Erklärung eines Nomens. Trotzdem muss man seine Formen kennen.

Hier lernst du eine wichtige Grundvariante:

Genitiv Singular		
Maskulin:	der Bruder	das Haus **des Bruders** / **meines großen** Bruder**s**
Feminin:	die Freundin	das Fahrrad **der Freundin** / **meiner neuen** Freundin
Neutrum:	das Kind	das Spielzeug **des Kindes** / **meines kleinen** Kind**es**
Genitiv Plural		
Maskulin:	der Bruder	das Haus **der Brüder** / **meiner großen** Brüder
Feminin:	die Freundin	das Fahrrad **der Freundinnen** / **meiner guten** Freundinn**en**
Neutrum:	das Kind	das Spielzeug **der Kinder** / **meiner kleinen** Kind**er**

▶ **Das üben wir jetzt. Bilde Sätze, indem du die richtige Verbform und die richtige Form des Genitiv-Attributes einsetzt.**

a) Hier musst du bei den Verben auf die Vokaländerung achten:

1. Meine Mutter / backen / einen Kuchen für den Geburtstag mein_____ Schwester.

2. Leon / schlafen / im Bett d_____ Eltern.

3. Frau Meier / fahren / mit dem Auto ihr_____ Mann_____.

4. Tanja / laufen / zum Haus d_____ Lehrer_____.

5. Du / essen / die Bratwurst dein_____ Bruder_____.

b) Bilde diese Sätze mit der richtigen Verbform erst im Präsens, dann im Perfekt:

1. Der Lehrer / sich ärgern / über die Fehler sein_____ Schüler (Plural).

2. Ich / sich interessieren / für die Schwester mein_____ Freund_____.

3. Mein Nachbar / verdienen / das Doppelte mein_____ Gehalt_____.

4. Kevin / hören / die CD sein_____ Freundin.

5. Wir / kämpfen / mit den Schwierigkeiten d_____ deutsch_____ Grammatik.

6. Der Arzt / heilen / die Krankheiten sein_____ Patienten. (Plural)

7. Das Flugzeug / landen / auf dem Flugplatz d_____ Hauptstadt.

8. Ich / bewundern / die Leistungen mein_____ Klassenkameraden. (Plural)

9. Frau Meier / bewundern / den Chef ihr_____ Mann_____.

10. Der kleine Hans / öffnen / den Brief sein_____ Oma.

Klaus Kleinmann: Die Turbo-Übungsgrammatik · Best.-Nr. 436
© Brigg Pädagogik Verlag GmbH, Augsburg

11. Die Rakete / starten / von der Rampe d_____ Raumfahrtzentrum_____.

12. Herr Schulze / bohren / ein Loch / in die Wand sein_____ Schlafzimmer_____.

13. Frau Müller / zumachen / die Tür ihr_____ Wohnung.

14. Vater / überholen / das Auto d_____ Chef_____.

15. Wir / besichtigen / die neue Schule / unser_____ Sohn_____.

16. Der Bär / laufen / in die Falle d_____ Jäger_____.   *(Lösungen s. S.12)*

▶ **Wiederhole bitte die Vokabeln von S. 49. Bleibe am Ball bei den Nomen im Anhang (S. 164/165).**

Klaus Kleinmann: Die Turbo-Übungsgrammatik · Best.-Nr. 436
© Brigg Pädagogik Verlag GmbH, Augsburg

3.8 Die n-Deklination

Eine recht große Zahl von maskulinen Nomen wird nach einem besonderen Muster dekliniert, der n-Deklination.

Sie heißt so, weil außer dem Nominativ alle Fälle auf -n gebildet werden:			
	Singular		**Plural**
Nominativ	der Junge	Nominativ	die Jungen
Genitiv	des Jungen	Genitiv	der Jungen
Dativ	dem Jungen	Dativ	den Jungen
Akkusativ	den Jungen	Akkusativ	die Jungen

Das ist doch nicht schwer, oder?

Die meisten Nomen der n-Deklination kann man relativ leicht erkennen. Dabei helfen dir einfache Regeln. Nach der n-Deklination werden dekliniert:

a) alle maskulinen Nomen auf -e, z. B.:

> der Affe, der Angeklagte, der Angestellte, der Bekannte, der Bote, der Fremde, der Gelehrte, der Geliebte, der Genosse, der Junge, der Kollege, der Knabe, der Kunde, der Hase, der Löwe, der Name, der Neffe, der Rabe, der Tote, der Zeuge

b) alle maskulinen Nationalitäten auf -e:

> der Chinese, der Franzose, der Grieche, der Pole, der Russe, der Türke …

c) alle als Nomen verwendeten Adjektive, auch in der gesteigerten Form:

> der Schlaue, der Lahme, der Bessere, der Beste, der Schnellste, der Größte …

d) alle Bezeichnungen auf -oge:

> der Biologe, der Pädagoge, der Psychologe …

e) Als weitere solche Mitglieder der n-Deklination merke dir zunächst besonders:

> der Bauer, der Nachbar

Klaus Kleinmann: Die Turbo-Übungsgrammatik · Best.-Nr. 436
© Brigg Pädagogik Verlag GmbH, Augsburg

Eine Reihe anderer Nomen hängt bei allen Fällen ein -en an:			
Singular		**Plural**	
Nominativ	der Präsident	Nominativ	die Präsident*en*
Genitiv	des Präsident*en*	Genitiv	der Präsident*en*
Dativ	dem Präsident*en*	Dativ	den Präsident*en*
Akkusativ	den Präsident*en*	Akkusativ	die Präsident*en*

So verhalten sich Nomen mit folgenden Endungen:

a) alle Bezeichnungen auf -at:

Bürokrat, Demokrat, Diplomat, …

b) alle Bezeichnungen auf -ent:

Präsident, Student, Referent, …

c) alle Bezeichnungen auf -ant oder -and:

Doktorand, Demonstrant, Praktikant, …

d) alle Bezeichnungen auf -ist:

Polizist, Tourist, Terrorist, Kommunist, …

e) Merke dir zwei weitere Nomen ohne besondere Kennzeichen: *der Herr, der Mensch*

Einige Nomen der n-Deklination bilden den Genitiv auf -ns:			
Singular		**Plural**	
Nominativ	der Name	Nominativ	die Namen
Genitiv	des Name*ns*	Genitiv	der Namen
Dativ	dem Namen	Dativ	den Namen
Akkusativ	den Namen	Akkusativ	die Namen

So verhalten sich außerdem folgende Nomen:

der Buchstabe, der Friede, der Gedanke, der Glaube, der Wille

Klaus Kleinmann: Die Turbo-Übungsgrammatik · Best.-Nr. 436
© Brigg Pädagogik Verlag GmbH, Augsburg

Achtung: Ein einziges Nomen der n-Deklination ist nicht maskulin: *das Herz* (es dekliniert sich wie im dritten Kasten beschrieben).

▶ **Präge dir die Merkmale dieser Nomen gut ein.**

▶ **Streiche aus dieser Liste alle Wörter, die nicht der n-Deklination angehören.**

der Affe, der Abend, der Adler, der Apfel, der Angeklagte, der Angestellte, der Arzt, der Ball, der Buchstabe, der Berg, der Friede, der Polizist, der Ernst, der Erfolg, der Journalist, der Terrorist, der Fall, der Fehler, der Franzose, der Kommunist, der Gedanke, der Größte, der Glaube, der Feind, der Film, der Bär, der Bauer, der Norden, der Schnellste, der Wille, der Beruf, der Bekannte, der Fremde, der Gang, der Gast, der Gelehrte, der Gegner, das Herz, der Geliebte, der Genosse, der Jäger, der Junge, der Kerl, der Knopf, der Knabe, der Kunde, der Chinese, der Grieche, der Pole, der Russe, der Türke, der Kollege, der Hase, der Laden, der Löwe, der Name, der Lappen, der Leser, der Nachbar, der Neffe, der Rahmen, der Rabe, der Tod, der Tote, der Zahmste, der Zweifel, der Zorn, der Zeuge
(Lösungen s. S. 12)

▶ **Lerne bitte diese Vokabeln.**

▶ **Dekliniere bitte eine Reihe dieser Nomen durch und präge dir die Formen ein.**

Klaus Kleinmann: Die Turbo-Übungsgrammatik · Best.-Nr. 436
© Brigg Pädagogik Verlag GmbH, Augsburg

4. Die Zahlen und die Uhrzeiten

4.1 Kardinalzahlen

Wie man zählt, weißt du sicher schon:

1 2 3 4 5 6 7 8 9 10 11 12 13 14 15 16 17 18 19 20 21 22 23 24 25 26 27 28 29 30 31 40 41 50 51 60 61 70 71 80 81 90 91 100 101 110 111 120 200 1000 10.000 100.000 1.000.000

Diese Zahlen nennt man Kardinalzahlen. Sie geben an, wie viele Einzelteile einer Menge vorhanden sind, anders gesagt: Sie drücken aus, wie groß die Summe dieser Einzelteile ist.

 Sprich diese Sätze (oder schreibe sie mit in Buchstaben ausgedrückten Zahlen ins Heft):

1. Wir mussten 2 Stunden beim Zahnarzt warten.

2. Ich habe 5 Kugeln Eis gegessen.

3. Der Verbrecher wurde zu 7 Jahren Gefängnis verurteilt.

4. Den Realschulabschluss macht man nach 10 Jahren Schule.

5. Bis zum Abitur muss man 12 Jahre in die Schule gehen.

6. Erika ist 15 Jahre alt.

7. Ich habe Schuhgröße 41.

8. Das Gedicht steht auf Seite 87.

9. In der Goethestraße 93 wohnt mein bester Freund.

10. Jeder Mensch in Deutschland verbraucht etwa 145 Liter Wasser am Tag.

11. Der höchste Berg der Rhön ist 950 Meter hoch.

12. Um diese Zahlen zu üben, brauchst du sicher keine 385 Sätze.

 Wie heißen diese Zahlen?

26 33 58 97 112 383 495 888 914 1134 3343 5790 10.271 12.708 123.456 1.234.567

(Lösungen s. S. 13)

4.1.1 *Wichtige Übung für türkische und slawische Muttersprachler*

Wenn zusammen mit einem Nomen Zahlwörter verwendet werden, die größer als Eins sind, *muss das Nomen in den Plural gesetzt werden*:

Jeder Mensch hat zwei Hände, zwei Ohren und zwei Füße.

Auf dem Tisch stehen vier Teller, vier Gläser, drei Schüsseln und zwei Kerzen.

Bauer Schulte hat acht Schweine, neun Kühe, zehn Hühner und fünf Gänse.

Klaus Kleinmann: Die Turbo-Übungsgrammatik · Best.-Nr. 436
© Brigg Pädagogik Verlag GmbH, Augsburg

Übe das in folgenden Beispielen:

In meinem Mäppchen sind zwei/Lineal, drei/Bleistift, zehn/Filzstift, zwei/Radiergummi.

In Papas Werkzeugkasten liegen drei/Hammer, vier/Zange und zwei/Schraubenzieher.

Außerdem hat er zwanzig/Nagel und dreißig/Schraube.

In meinem Aquarium schwimmen zwölf/Fisch.

Wir haben heute fünf/Stunde Unterricht.

Diese Woche schreiben wir drei/Klassenarbeit.

(Lösungen S. 13)

Klaus Kleinmann: Die Turbo-Übungsgrammatik · Best.-Nr. 436
© Brigg Pädagogik Verlag GmbH, Augsburg

4.2. Wie oft ist etwas passiert?

Wenn man ausdrücken will, dass sich ein Vorgang **so und so oft wiederholt** hat, hängt man an die Kardinalzahl die Nachsilbe **-mal** an:

> Es war einmal …

> Britta hat sich in diesem Text zweimal verschrieben.

> Wir sind dreimal im Kreis herumgefahren, bis wir zum Ziel kamen.

Wenn man sagen will, dass etwas **sehr oft** passierte (sodass man die genaue Zahl nicht mehr weiß), kann man **x-mal**, **hundertmal** oder **tausendmal** sagen:

> Es ist schon x-mal vorgekommen, dass Serkan zu spät kam.

> Ich habe dir schon hundertmal gesagt, du sollst in der Stunde nicht essen.

Wenn etwas **noch nie** vorkam, kann man auch **keinmal** sagen:

> Paul hat sich heute noch keinmal am Klavier verspielt.

▶ **Übe das in folgenden Beispielen. Verwende statt der Zahl in Klammern immer die Form mit -mal (statt „0" verwende „kein –":**

1. Die Erde dreht sich (1) am Tag um sich selber.

2. Wir müssen noch (3) zum Sprachkurs gehen, dann sind Ferien.

3. Wenn man etwas (5) geübt hat, kann man es meistens.

4. In Frankfurt muss die Feuerwehr oft (10) am Tag ausrücken.

5. Dieses Rad dreht sich (24) in der Minute.

6. (1) ist (0).

7. Der Stürmer schoss (x) aufs Tor, traf aber (0).

8. Mama hat dem kleinen Fritz schon (100) gesagt, er soll sich vor dem Essen die Hände waschen.

9. Serkan hat Petra schon (1000) geküsst, aber er bekommt nie genug davon.

10. Ich habe (x) versucht, dich anzurufen, aber du bist nie zu Hause.   *(Lösungen s. S. 13)*

▶ **Wiederhole bitte die Vokabeln von S. 55/56.**

▶ **Bleibe am Ball bei den Nomen im Anhang (S. 164/165)**

Klaus Kleinmann: Die Turbo-Übungsgrammatik · Best.-Nr. 436
© Brigg Pädagogik Verlag GmbH, Augsburg

4.3 Die Ordnungszahlen

Wenn man angeben will, welche Stellung ein Ereignis in einer längeren Reihe von Ereignissen hatte, verwendet man Ordnungszahlen.

> **Sie werden im Prinzip so gebildet, dass an die Kardinalzahl die Endsilbe *-te* angehängt wird:**
>
> der Vier**te**, Fünf**te**, Sechs**te**, Zehn**te**, Elf**te**

 Sprich oder schreibe folgende Ordnungszahlen:

der 2. 8. 9. 12. 13. 14. 15. 16. 17. 18. 19.

> **Bei Zahlen ab 20 und bei vollen Hundertern oder Tausendern wird die Endsilbe *-ste* angehängt:**
>
> der Zwanzig**ste**, Einundzwanzig**ste**, Dreißig**ste**, Siebenundfünfzig**ste**, Hundert**ste**, Zweihundert**ste**, Tausend**ste**

 Sprich oder schreibe folgende Ordnungszahlen:

der 23. 24. 25. 26. 30. 31. 40. 41. 50. 51. 60. 61. 70. 71. 80. 81. 90. 91. 100. 120. 200. 2000. 10 000. 100 000.

> **!** **Achtung: Drei Besonderheiten musst du dir merken:**
>
> 1. = der Erste   3. = der Dritte   7. = der Siebte
>
> **Wer ganz hinten in einer Reihe steht, ist**
>
> der Letz**te**.

 Jetzt weißt du alles. Lege los:

der 22. 116. 98. 17. 1. 23. 7. 10111. 2335. 11. 4. 54. 107. 203. 501. 51. 63. 77.

(Lösungen s. S. 13/14)

 Wiederhole bitte die Kapitel 2.9, 2.10 und 2.11.

Klaus Kleinmann: Die Turbo-Übungsgrammatik · Best.-Nr. 436
© Brigg Pädagogik Verlag GmbH, Augsburg

4.4   Die Uhrzeiten

Im mündlichen Sprachgebrauch werden die Uhrzeiten folgendermaßen ausgedrückt:

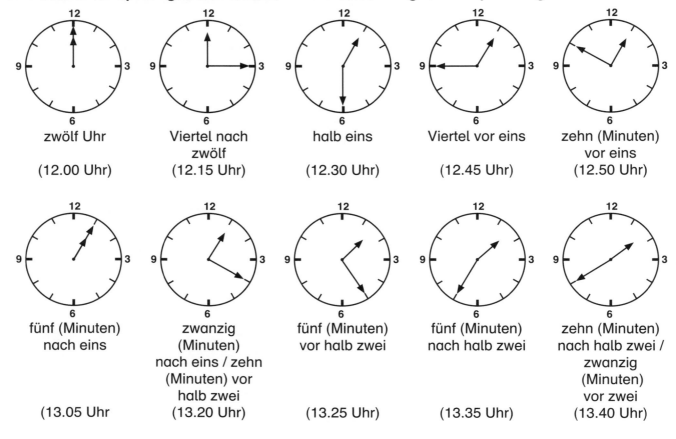

zwölf Uhr	(12.00 Uhr)
Viertel nach zwölf	(12.15 Uhr)
halb eins	(12.30 Uhr)
Viertel vor eins	(12.45 Uhr)
zehn (Minuten) vor eins	(12.50 Uhr)

fünf (Minuten) nach eins	(13.05 Uhr
zwanzig (Minuten) nach eins / zehn (Minuten) vor halb zwei	(13.20 Uhr)
fünf (Minuten) vor halb zwei	(13.25 Uhr)
fünf (Minuten) nach halb zwei	(13.35 Uhr)
zehn (Minuten) nach halb zwei / zwanzig (Minuten) vor zwei	(13.40 Uhr)

▶ **Drücke folgende Uhrzeiten mit Worten aus:**

02.35 Uhr _____   13.55 Uhr _____

04.10 Uhr _____   14.00 Uhr _____

07.20 Uhr _____   14.12 Uhr _____

07.35 Uhr _____   15.17 Uhr _____

08.45 Uhr _____   16.22 Uhr _____

08.50 Uhr _____   17.30 Uhr _____

09.05 Uhr _____   18.40 Uhr _____

10.04 Uhr _____   19.57 Uhr _____

10.07 Uhr _____   20.37 Uhr _____

10.28 Uhr _____   23.15 Uhr _____

11.33 Uhr _____   23.55 Uhr _____

12.42 Uhr _____   00.30 Uhr _____

(Lösungen S. 14)

Klaus Kleinmann: Die Turbo-Übungsgrammatik · Best.-Nr. 436
© Brigg Pädagogik Verlag GmbH, Augsburg

5. Die Adjektive

5.1 Die Steigerung der Adjektive

Grundform (Positiv):	Mein Koffer ist **schwer**.
1. Steigerungsstufe (Komparativ):	Dein Koffer ist schwer**er**.
2. Steigerungsstufe (Superlativ):	Sein Koffer ist **am schwersten**.

▶ **Schreibe wie im oberen Kasten (achte auf die richtige Form des Pronomens: mein/meine usw.):**

dünn/Buch   wertvoll/Kette

schwer/Koffer   freundlich/Oma

schön/Tasche   schnell/Motorrad

tief/Teich im Garten   modern/Computer

reich/Vater   schlau/Lehrerin

▶ **Schreibe genauso, aber hier musst du in der zweiten Steigerungsstufe ein -e- einfügen: leichteste, hübscheste, …**

Übe diese Formen auch im Plural:

leicht/Arbeit

hübsch/Meerschweinchen

schlecht/Note

> **!** **Achtung:** **Wenn ein Umlaut möglich ist, tritt er in der ersten und zweiten Steigerungsstufe meistens auf. In den letzten vier Beispielen gibt es hier auch ein zusätzliches -e-, wie oben schon geübt.**

▶ **Schreibe so: lang/Arme** Florian hat lange Arme. Du hast längere Arme. Ich habe die längsten Arme.

groß/Ohren   klug/Lehrer

jung/Schwestern   dumm/Ideen

stark/Brüder   kurz/Haare

arm/Eltern   gesund/Großeltern

scharf/ Messer   alt/Geschwister

schwach/Augen   hart/Muskeln

Achtung: Unregelmäßig sind nachfolgende Adjektive:

!

gut – besser – am besten

viel – mehr – am meisten

hoch – höher – am höchsten

nah – näher – am nächsten

gern – lieber – am liebsten

▶ **Schreibe hier wie bei der ersten Aufgabe (S. 63):** *(alle Lösungen s. S.14/15)*

gut/Taschenmesser

viel/Geld

hoch/Haus

nah/Wohnung

Klaus Kleinmann: Die Turbo-Übungsgrammatik · Best.-Nr. 436
© Brigg Pädagogik Verlag GmbH, Augsburg

> Wenn zwei Sachen die gleiche Qualität haben, werden sie mit „so ... wie" verglichen. Das Adjektiv steht jeweils in der Grundform.

Das rechte Haus ist **so hoch wie** das linke.

Leon ist **so groß wie** Sveta.

Paul läuft **so schnell wie** Franz.

 Schreibe solche Vergleiche mit „ist so ... wie":

Herr Meier / streng / Herr Schulze.

Petra / stark / Tanja.

Yildiz / schlau / Sveta.

Der eine Film / spannend / der andere.

Der BMW / schnell / der Mercedes.

Mein Ranzen / praktisch / dein Ranzen.

Unsere Wohnung / sauber / eure Wohnung.

Mein Messer / scharf / dein Messer.

Mein Zeugnis / gut / dein Zeugnis.

Aldi / billig / Lidl.

Unsere Klasse / fröhlich / eure Klasse.

Ich / frech / du.

(Lösungen s. S. 15)

Klaus Kleinmann: Die Turbo-Übungsgrammatik · Best.-Nr. 436
© Brigg Pädagogik Verlag GmbH, Augsburg

5.3 Vergleiche mit "als"

Wenn zwei Sachen eine unterschiedliche Qualität haben, werden sie mit „als" verglichen. Das Adjektiv steht in der ersten Steigerungsstufe.

Mein Zeugnis ist **besser als** das von Sveta.

Dein Hund ist **dicker als** meiner.

Ein Ferrari ist **teurer als** ein Porsche.

▶ **Schreibe solche Vergleiche mit „als":**

Meine Schwester / hübsch / deine.

H-Milch / billig / Frischmilch.

Dein Bild / schön / meines.

Ich / intelligent / du.

Deine Suppe / heiß / die von Leon.

Unsere Klasse / leise / eure

Meine Cola / kalt / deine.

Meine Schuhe / sauber / die von Franz. (Plural!)

Eure Aufgaben / schwer / unsere. (Plural!)

Meine Pillen / wirksam / deine. (Plural!)   *(Lösungen s. S. 15)*

▶ **Wiederhole bitte die Vokabeln von S. 19.**

▶ **Bleibe am Ball bei den Nomen im Anhang (S. 164/165).**

Klaus Kleinmann: Die Turbo-Übungsgrammatik · Best.-Nr. 436
© Brigg Pädagogik Verlag GmbH, Augsburg

5.4 Deklination der Adjektive I

Wir setzen noch eins drauf und deklinieren Adjektive. Das macht die Sache um einiges schwieriger, aber es ist lernbar, und wir üben das auch ganz systematisch.

Wir betrachten wieder die drei Geschlechter und sehen folgende Formen:

Maskulinum (männlich)			
bestimmter Artikel: der		unbestimmter Artikel: ein	
Nom.	**der große Mann**	Nom.	**ein großer Mann**
Gen.	des großen Mannes	Gen.	eines großen Mannes
Dat.	(mit) dem großen Mann(e)	Dat.	(mit) einem großen Mann(e)
Akk.	den großen Mann	Akk.	einen großen Mann
Nom.	die großen Männer	Nom.	(viele) große Männer
Gen.	der großen Männer	Gen.	(vieler) großer Männer
Dat.	(mit) den großen Männern	Dat.	(mit) (vielen) großen Männern
Akk.	die großen Männer	Akk.	viele) große Männer

Femininum (weiblich)			
bestimmter Artikel: die		unbestimmter Artikel: eine	
Nom.	die schöne Frau	Nom.	eine schöne Frau
Gen.	der schönen Frau	Gen.	einer schönen Frau
Dat.	(mit) der schönen Frau	Dat.	(mit) einer schönen Frau
Akk.	die schöne Frau	Akk.	eine schöne Frau
Nom.	die schönen Frauen	Nom.	(viele) schöne Frauen
Gen.	der schönen Frauen	Gen.	(vieler) schöner Frauen
Dat.	(mit) den schönen Frauen	Dat.	(mit) (vielen) schönen Frauen
Akk.	die schönen Frauen	Akk.	(viele) schöne Frauen

Neutrum (sächlich)			
bestimmter Artikel: das		unbestimmter Artikel: ein	
Nom.	**das schlaue Kind**	Nom.	**ein schlaues Kind**
Gen.	des schlauen Kindes	Gen.	eines schlauen Kindes
Dat.	(mit) dem schlauen Kind(e)	Dat.	(mit) einem schlauen Kind(e)
Akk.	**das schlaue Kind**	Akk.	**ein schlaues Kind**
Nom.	die schlauen Kinder	Nom.	(viele) schlaue Kinder
Gen.	der schlauen Kinder	Gen.	(vieler) schlauer Kinder
Dat.	(mit) den schlauen Kindern	Dat.	(mit) (vielen) schlauen Kindern
Akk.	die schlauen Kinder	Akk.	(viele) schlaue Kinder

Dekliniere selber; überlege, ob du alle Vokabeln kannst:

 Formuliere mit den nachfolgenden Nomen mehrere Beispiele; verbinde ein Nomen mit einem Adjektiv und bilde alle Formen mit bestimmtem und unbestimmtem Artikel. Achte bei den Maskulina auf Nomen der n-Deklination:

a) Maskulinum (männlich)

Spitzer, Kuli, Bär, Stift, Radiergummi, Pinsel, Mantel, Nachbar, Ball, Block, Bruder

blau, groß rund, klein, schön, dick, schlau, stark, gut, lang

der kleine Spitzer	ein kleiner Spitzer
des kleinen Spitzers	eines kleinen Spitzers
dem kleinen Spitzer	einem kleinen Spitzer
den kleinen Spitzer	einen kleinen Spitzer
die kleinen Spitzer	(viele) kleine Spitzer
der kleinen Spitzer	(vieler) kleiner Spitzer
den kleinen Spitzern	(mit) (vielen) kleinen Spitzern
die kleinen Spitzer	(viele) kleine Spitzer

b) Femininum (weiblich)

Tasche, Hose, Jacke, Mütze, Aufgabe, Blume, Schwester, Decke, Fahne, Gabel
neu, schön, tief, weiß, fein, fleißig, lieb, freundlich, fröhlich, ernst

die feine Tasche	eine feine Tasche
der feinen Tasche	einer feinen Tasche
der feinen Tasche	einer feinen Tasche
die feine Tasche	eine feine Tasche
die feinen Taschen	(viele) feine Taschen
der feinen Taschen	(vieler) feiner Taschen
den feinen Taschen	(mit) (vielen) feinen Taschen
die feinen Taschen	(viele) feine Taschen

Klaus Kleinmann: Die Turbo-Übungsgrammatik · Best.-Nr. 436
© Brigg Pädagogik Verlag GmbH, Augsburg

c) Neutrum (sächlich)

> Buch, Lineal, Heft, Kleid, Auto, Bild, Blatt, Mädchen, Fahrrad, Haus, Herz
>
> dünn, schmal, klein, neu, bunt, edel, grün, hübsch, schlau, rund

das schlaue Buch	ein schlaues Buch
des schlauen Buches	eines schlauen Buches
dem schlauen Buch(e)	einem schlauen Buch(e)
das schlaue Buch	ein schlaues Buch
die schlauen Bücher	(viele) schlaue Bücher
der schlauen Bücher	(vieler) schlauer Bücher
den schlauen Büchern	(mit) (vielen) schlauen Büchern
die schlauen Bücher	(viele) schlaue Bücher

> **!** **Achtung:** **Du merkst jetzt sicher erneut, dass man den Artikel der Nomen kennen muss, um diese Formen richtig zu bilden.**

 Hier findest du verschiedene Nomen durcheinander. Kennzeichne zuerst die der n-Deklination:

Abend, Arzt, Arbeit, Aufgabe, Baum, Berg, Bett, Brief, Brot, Butter, Dach, Ecke, Ei, Erde, Fabrik, Familie, Fehler, Fenster, Feuer, Präsident, Fisch, Flasche, Frage, Freund, Fuß, Garten, Geld, Geschichte, Gras, Grenze, Gruppe, Hals, Hand, Haut, Herz, Hunger, Hut, Insel, Jacke, Jahr, Kamm, Karte, Kleid, Lied, Löffel, Luft, Mensch

 Schreibe die Nomen nun mit Artikel und Plural in dein Heft. Lege eine Tabelle an: (Lösungen s. S. 15)

Maskulinum	Femininum	Neutrum
(männlich)	(weiblich)	(sächlich)

 Schreibe nun die Wortverbindungen richtig ins Heft, und zwar mit bestimmtem und unbestimmtem Artikel (gesteigerte Formen und Ordnungszahlen werden genauso wie normale Adjektive behandelt):

1. Nominativ: Wer?

schön/Abend, schwer/Arbeit, grün/Baum, groß/Berg, fett/Butter, rot/Dach, spitz/Ecke, weich/Ei, klein/Fenster, heiß/Feuer, glatt/Fisch, leer/Flasche, neu/Freund, hübsch/Garten, erst/Versuch, zweit /Sieg, größt /Erfolg, gut/Mensch

Schreibe so: der schöne Abend – ein schöner Abend usw. Achte auf die richtige Form bei den verschiedenen Geschlechtern und auf Nomen der n-Deklination.

Klaus Kleinmann: Die Turbo-Übungsgrammatik · Best.-Nr. 436
© Brigg Pädagogik Verlag GmbH, Augsburg

2. Genitiv: Wessen?

berühmt/Arzt, schwierig/Aufgabe, böse/Terrorist, breit/Bett, lang/Brief, frisch/Brot, feucht/Erde, laut/Fabrik, freundlich/Familie, dumm/Fehler, gut/Frage, schmal/Fuß, schön/Abend

Schreibe so: des berühmten Arztes – eines berühmten Arztes usw. Achte auf die richtige Form bei den verschiedenen Geschlechtern.

3. Dativ: Wem?

interessant/Geschichte, fleißig/Student, grün/Frosch, fröhlich/Gruppe, lang/Hals, kalt/Hand, glatt/Haut, stark/Herz, groß/Hunger, neu/Hut, einsam/Insel, erst /Versuch, zweit /Sieg, größt /Erfolg

Schreibe so: mit der interessanten Geschichte – mit einer interessanten Geschichte usw. Achte auf die richtige Form bei den verschiedenen Geschlechtern und auf Nomen der n-Deklination.

4. Akkusativ: Wen?

dick/Jacke, neu/Jahr, lieb/Junge, klein/Kamm, bunt/Karte, lang/Kleid, flink/Affe, grün/Baum, hübsch/Lied, groß/Löffel, frisch/Luft, erst /Versuch, zweit /Sieg, größt /Erfolg, nett/Nachbar

Schreibe so: Ich mag die dicke Jacke – eine dicke Jacke usw. Achte auf die richtige Form bei den verschiedenen Geschlechtern und auf Nomen der n-Deklination.

▶ **Lerne bitte alle Vokabeln, die du noch nicht kennst.**

▶ **Schreibe die Wortverbindungen nun im Plural. Schreibe so:**

Nominativ: die schönen Abende usw.

Genitiv: der berühmten Ärzte usw.

Dativ: (mit) den interessanten Geschichten usw.

Akkusativ: (Ich mag) die dicken Jacken usw.

▶ **Bleibe am Ball bei den Nomen im Anhang (S. 164/165).**

Klaus Kleinmann: Die Turbo-Übungsgrammatik · Best.-Nr. 436
© Brigg Pädagogik Verlag GmbH, Augsburg

6. Der Gebrauch des Artikels

Viele westeuropäische Sprachen machen wie das Deutsche einen ziemlichen Kult um die Verwendung des Artikels. Wenn du eine solche Sprache als Muttersprache sprichst, ist das folgende Kapitel kein Problem für dich. Solltest du aber z. B. eine slawische Sprache (etwa Polnisch oder Russisch) oder Türkisch als Muttersprache sprechen, wirst du mit den Artikeln im Deutschen wahrscheinlich Probleme haben, die sich erst nach längerer Zeit und mit viel Übung beseitigen lassen. Dieses Kapitel gibt dir eine erste Einführung.

6.1 Der unbestimmte Artikel: ein, eine, ein

Der unbestimmte Artikel zeigt an, dass es sich um **ein beliebiges Objekt aus der Klasse der gleichen Objekte** handelt. Er macht allgemeingültige Aussagen, unabhängig vom konkreten Einzelobjekt. Er verweist auf unbekannte Einzelobjekte aus der entsprechenden Objektklasse:

Vor unserem Haus steht ein Baum.	Kein Strauch, sondern ein Baum. Aber **irgendein** Baum, egal, ob Tanne, Buche, Eiche. Ein **nicht näher bekannter**, nicht näher bezeichneter Baum.
Eine Frau geht über die Straße.	Kein Mann, kein Kind, sondern eine Frau. Aber **irgendeine** Frau, egal, ob alt oder jung, groß oder klein. Eine **nicht näher bekannt**e, nicht näher bezeichnete Frau.
Ein Flugzeug fliegt über die Stadt.	Kein Vogel, kein Hubschrauber, sondern ein Flugzeug. Aber **irgendein** Flugzeug, egal, ob Propeller- oder Düsenflugzeug, Militär- oder Passagiermaschine. Ein **nicht näher bekanntes**, nicht näher bezeichnetes Flugzeug.

6.2 Der bestimmte Artikel: der, die, das

Der bestimmte Artikel zeigt hingegen an, dass es sich um **eine konkrete, schon bekannte Sache** handelt. Es geht also nicht um irgendein Objekt aus der gesamten Klasse dieser Objekte, sondern um **ein ganz bestimmtes**:

Der Baum vor unserem Haus blüht wunderschön.	Nicht irgendein Baum, sondern **genau der** vor unserem Haus.
Das Auto unserer Nachbarn ist ganz besonders edel.	Nicht irgendein Auto, sondern **genau das** von unseren Nachbarn.
Die Frisur meiner Freundin gefällt mir gut.	Nicht irgendeine Frisur, sondern **genau die** von meiner Freundin.
Die Wolken am Himmel sind heute besonders hübsch.	Nicht irgendwelche Wolken, sondern **genau die von heute**.

Klaus Kleinmann: Die Turbo-Übungsgrammatik · Best.-Nr. 436
© Brigg Pädagogik Verlag GmbH, Augsburg

Die hier beschriebene Abfolge ist *obligatorisch*:

Ein alter Mann wollte über die Straße gehen.	**Irgendein** alter Mann; wir kennen ihn noch nicht: unbestimmter Artikel.
Ein Auto kam,	**Irgendein** Auto; wir kennen es noch nicht: unbestimmter Artikel.
und *der* alte Mann blieb stehen.	Jetzt **kennen** wir den alten Mann, denn er wurde im ersten Satz schon erwähnt: Bestimmter Artikel! Es ist jetzt nicht mehr irgendein Mann, sondern **ein uns schon bekannter**, ein ganz bestimmter.
Das Auto bremste,	Jetzt **kennen** wir das Auto, denn es wurde im vorigen Satz schon erwähnt: Bestimmter Artikel! Es ist jetzt nicht mehr irgendein Auto, sondern **ein uns schon bekanntes**, ein ganz bestimmtes.
und *der* alte Mann ging weiter.	Bestimmter Artikel, denn wir **kennen** den Mann ja.
Ein Polizist sah das und winkte	**Irgendeiner**, wir kennen ihn noch nicht: unbestimmter Artikel
dem Autofahrer dankbar zu.	Bestimmter Artikel, denn **wir kennen das Auto, also auch den Fahrer**. Es gibt viele Autofahrer, die Rede ist aber **genau von dem**, der in diesem (schon bekannten) Auto sitzt.

Klaus Kleinmann: Die Turbo-Übungsgrammatik · Best.-Nr. 436
© Brigg Pädagogik Verlag GmbH, Augsburg

► **Übe das, indem du den bestimmten oder unbestimmten Artikel auf die Zeile schreibst (achte auf den richtigen Fall und auf das richtige Geschlecht):**

Schneewittchen (frei nach den Brüdern Grimm)

Auf 1)_____ hohen Berg mitten in 2)_____ tiefen Wald stand 3)_____ prächtiges

Schloss. Dort lebte 4)_____ mächtiger König, der hatte 5)_____ wunderschöne Frau und

6)_____ einzige Tochter.

7)_____ Tochter hieß Schneewittchen. Sie war zwar noch klein, versprach aber sehr hübsch zu

werden, und 8)_____ Königin war schon jetzt ein wenig eifersüchtig.

9)_____ Königin stellte sich jeden Tag vor 10)_____ Spiegel und fragte ihn, wer denn 11)

_____ Schönste im ganzen Land sei. Darauf antwortete 12)_____ Spiegel immer: "Du bist

13)_____ Schönste im ganzen Land, liebste Königin." 14)_____ (Dat.!) Königin ließ 15)

_____ Eifersucht aber keine Ruhe. Sie rief 16)_____ Diener, dem sie besonders vertrau-

te, und bat ihn um 17)_____ Rat. 18)_____ Diener empfahl ihr, 19)_____ Jäger da-

mit zu beauftragen, 20)_____ Tochter in 21)_____ Wald zu führen und sie umzubringen,

denn er glaubte auch, dass Schneewittchen bald schöner sein würde als 22)_____ Königin.

23)_____ Jäger führte 24)_____ hübsche Mädchen in 25)_____ Wald, aber er

wagte nicht, sie zu töten, weil sie gar so schön war. Doch er wusste 26)_____ Ausweg, denn er

kannte weit hinter 27)_____ Bergen 28)_____ Höhle, in der Zwerge lebten. Dorthin brach-

te er 29)_____ Königstochter, erzählte aber daheim auf 30)_____ Schloss, er habe sie

umgebracht. Als nun 31)_____ Königin bald wieder 32)_____ Spiegel befragte, wer denn

33)_____ Schönste im ganzen Land sei, da antwortete 34)_____ Spiegel: "Frau Königin,

Ihr seid 35)_____ Schönste hier, aber Schneewittchen hinter 36)_____ sieben Bergen bei

37)_____ sieben Zwergen ist noch viel schöner als Ihr." Da bekam 38)_____ Königin 39)

_____ Wutanfall, und sie beschloss, 40)_____ Tochter selber umzubringen. Sie nahm

41)_____ Apfel und vergiftete ihn. Als Händlerin verkleidet zog sie hinter 42)_____ sie-

ben Berge und fand Schneewittchen tatsächlich in 43)_____ Höhle. Schneewittchen kostete von

44)_____ Apfel, starb aber nicht, weil ihr 45)_____ Apfel im Hals steckenblieb. Sie fiel nur

in 46)_____ tiefen Schlaf. Die Zwerge legten sie in 47)_____ Sarg ganz aus Glas, damit

jeder sehen konnte, wie schön sie war. Nach vielen Jahren kam 48)_____ Prinz vorbei, den 49)

_____ Schönheit des Mädchens verzauberte und der deshalb beschloss, sie mit sich auf sein

Schloss zu nehmen. Unterwegs rutschte 50)_____ Sarg aber vom Wagen und schlug zu Boden.

51)_____ Sarg zerbrach zwar nicht, aber Schneewittchen bekam 52)_____ mächtigen

Stoß. Dadurch flog ihr 53)_____ Apfel aus dem Hals, der dort immer noch steckte. Schneewittchen kam wieder zu Bewusstsein, erblickte 54)_____ . Prinzen und verliebte sich auf der Stelle in

ihn. Sie zog mit ihm auf sein Schloss, und die beiden feierten Hochzeit. Sie wurden glücklich bis an 55)

_____ Ende ihres Lebens.

Schwer? Wenn du immer nach der Logik vorgehst: Unbekanntes: unbestimmter Artikel – Bekanntes: bestimmter Artikel, dann kannst du kaum etwas falsch machen. Einige spezielle Stellen sollen aber erklärt werden:

10) „… einen Spiegel" wäre im Prinzip nicht falsch, denn wir kennen den Spiegel ja nicht. Es ist aber der Spiegel der Königin, und die kennen wir. Besser ist also, „… den Spiegel" zu schreiben.

15) Die Logik der deutschen Sprache geht davon aus, dass jeder Mensch nur „eine" Eifersucht kennt, daher muss hier „die" stehen.

16) Wenn man davon ausgeht, dass sie zu mehreren Dienern besonderes Vertrauen hat, dann schreibt man „einen" Diener. Man kann aber auch annehmen, dass sie nur zu einem einzigen Diener besonderes Vertrauen hat, dann schreibt man „den". Beides ist richtig.

19) Wenn man davon ausgeht, dass auf dem Schloss mehrere Jäger arbeiten, dann schreibt man „einen". Meist war aber nur ein Jäger auf einem Schloss angestellt, deswegen kann es auch „den Jäger" heißen.

21) „… den Wald": Wir kennen das Schloss, also kennen wir auch den Wald, der es umgibt.

55) „… das Ende": Das Leben hat nur ein Ende, keine zwei; also bestimmter Artikel.

(Lösungen s. S. 16)

▶ **Wiederhole bitte die Vokabeln und Strukturen von S. 40.**

▶ **Bleibe am Ball bei den Nomen im Anhang (S. 164/165).**

Klaus Kleinmann: Die Turbo-Übungsgrammatik · Best.-Nr. 436
© Brigg Pädagogik Verlag GmbH, Augsburg

6.4 Kein Artikel bei nicht zählbaren Begriffen und Eigennamen

a) Nicht zählbare Begriffe, Angaben über Material:

Mutter gießt mir **Milch** ins Glas.

Vater trinkt gerne **Bier**.

Der menschliche Körper besteht zum großen Teil aus **Wasser**.

Wer neu in eine Wohnung einzieht, bekommt **Brot** und **Salz** geschenkt.

Nimmst du **Zucker** zum Kaffee?

Wenn man sich gestoßen hat, muss man **Eis** auf die schmerzende Stelle tun.

Rotwein macht schlimme Flecken. Man kann sie mit **Salz** entfernen.

Dieser Schrank ist aus **Holz**.

Marmor, **Stein** und **Eisen** bricht…

Er ist **Luft** für mich.

Das ist **Schnee** von gestern.

Deine Worte gehen mir hinunter wie **Öl**.

Frauen benutzen gerne **Schminke** und **Parfüm**.

Frau Meiers Auto war nach dem Unfall nur noch **Schrott**.

> **!** **Achtung:** Wenn du in solchen Fällen einen Artikel verwendest, klingt das in deutschen Ohren meistens *ganz schlecht*! Achte im Alltag aufmerksam auf die Verwendung des Artikels bei deutschen Muttersprachlern, frage im Zweifel nach und versuche dabei immer sicherer zu werden.

b) Eigennamen (und Bezeichnungen, die wie Eigennamen wirken) haben keinen Artikel:

Ich bin heute bei **Paul** zum Geburtstag eingeladen.

Wir gehen zu **Familie Meier** auf eine Party.

Petra küsst besser als **Jessi**.

Mutter regt sich über **Vater** auf.

Oma und **Opa** machen eine weite Reise.

Der beste Zahnarzt, den ich kenne, ist **Dr. Müller**.

Wir fliegen mit **Aeroflot** in die Heimat.

> **!** **Achtung:** Du wirst merken, dass im mündlichen Sprachgebrauch in manchen Gegenden Deutschlands bei Personen und Eigennamen durchaus der bestimmte Artikel verwendet wird:
> Von allen Mädels in der Klasse gefällt mir **die** Tina am besten.
> Obwohl **der** Paul schon 32 Jahre alt ist, wohnt er noch immer bei **der** Mama.
> **Das ist aber kein gutes Deutsch!** Vor allem im schriftlichen Sprachgebrauch darf man bei Personen und Eigennamen keinen Artikel verwenden.

▶ **Wiederhole bitte die Vokabeln von S. 34–36.**

▶ **Bleibe am Ball bei den Nomen im Anhang (S. 164/165).**

Klaus Kleinmann: Die Turbo-Übungsgrammatik · Best.-Nr. 436
© Brigg Pädagogik Verlag GmbH, Augsburg

6.5 Wann im Plural kein Artikel verwendet wird

Du weißt, im Plural gibt es keinen unbestimmten Artikel. Daher gilt:

> **Immer dann, wenn im Singular der unbestimmte Artikel verwendet würde, steht das Nomen im Plural ohne Artikel.**

Im Wald stehen **Bäume**.

Auf der Wiese wachsen **Blumen**.

Am Himmel fliegen **Flugzeuge**.

Über die Brücke gehen **Leute**.

Nach dem Sportfest bekamen die Sieger **Urkunden** und **Medaillen**.

Vor allem dann, wenn mit dem Nomen im Plural ein Adjektiv verbunden wird, steht kein Artikel:

Paul schenkt Petra **rote Rosen**.

Vor dem Gebäude wehen **bunte Fahnen**.

Am Baum hängen **süße Früchte**.

Oft wird aber in solchen Fällen eine Mengenangabe gemacht, z. B. „viele", „ein paar" oder „einige":

Im Wald stehen **viele Bäume**.

Am Himmel fliegen **viele Flugzeuge**.

Über die Brücke gehen **ein paar Leute**.

Wenn eine Mengenangabe gemacht wird, die sich auf mehrere Dinge bezieht, verwendet man sie nur einmal, und zwar vor dem ersten Nomen:

Vor unserem Haus stehen **viele Bäume und Sträucher**.

Im blühenden Baum fliegen **viele Bienen und Schmetterlinge**.

Auf dem Schulhof spielen **einige Jungen und Mädchen**.

> Welche Mengenangabe gemacht wird, hängt natürlich von der Menge der Gegenstände ab. Andere Mengenangaben sind z. B:
>
> wenige – eine Menge – verschiedene – kaum – keine – fast keine – gar keine

 Lies folgende Sätze. Bringe die Adjektive in die richtige Form und verwende eine Mengenangabe, die ausdrückt, von wie vielen Gegenständen jeweils die Rede ist. Überlege immer, ob das sinnvoll ist; in einigen Fällen sollte man besser keine Mengenangabe verwenden, in anderen hingegen sollte man es besser tun:

1. In der Fußgängerzone fahren Autos und Motorräder. – 2. Im Supermarkt kann man auch kalt____ Getränke kaufen. – 3. Auf der Eisbahn sind Schlittschuhläufer zu sehen. – 4. Im Restaurant stehen wertvoll____ Stühle. – 5. Zu Ostern gibt es bunt____ Ostereier. – 6. Weiß____ Segelboote gleiten über das Wasser. – 7. Bis er kam, dauerte es lang____ Stunden. – 8. Die Apotheke verkauft Tabletten. – 9. Der Arzt heilt Patienten. – 10. Für diese Speise braucht man Kartoffeln und Eier. – 11. Zum Fest kamen Nachbarn und Kollegen.

(Lösungen S. 16)

Klaus Kleinmann: Die Turbo-Übungsgrammatik · Best.-Nr. 436
© Brigg Pädagogik Verlag GmbH, Augsburg

6.6 Deklination der Adjektive II – wenn das Nomen ohne Artikel verwendet wird

Du hast nun gelernt, dass das Nomen öfter ohne Artikel verwendet wird. Wenn du eine slawische Sprache oder Türkisch als Muttersprache gelernt hast, kannst du dich darüber freuen: Das ist dann so, wie du es gewöhnt bist.

Allerdings verändert sich die Deklination der Adjektive etwas, wenn das Nomen ohne Artikel verwendet wird. Abweichungen sind fett gedruckt:

Maskulinum (männlich)

bestimmter Artikel: der		ohne Artikel:	
Nom.	**der rote Wein**	Nom.	**roter Wein**
Gen.	des roten Weines	Gen.	roten Weines
Dat.	(mit) dem roten Wein	Dat.	(mit) **rotem** Wein
Akk.	den roten Wein	Akk.	roten Wein

Femininum (weiblich)

bestimmter Artikel: die		ohne Artikel:	
Nom.	die frische Milch	Nom.	frische Milch
Gen.	der frischen Milch	Gen.	**frischer** Milch
Dat.	(mit) der frischen Milch	Dat.	(mit) **frischer** Milch
Akk.	die frische Milch	Akk.	frische Milch

Neutrum (sächlich)

bestimmter Artikel: das		ohne Artikel:	
Nom.	**das kalte Wasser**	Nom.	**kaltes Wasser**
Gen.	des kalten Wassers	Gen.	kalten Wassers
Dat.	(mit) dem kalten Wasser	Dat.	(mit) **kaltem** Wasser
Akk.	**das** kalte Wasser	Akk.	**kaltes** Wasser

> **Wir üben das jetzt. Bilde grammatisch korrekte Sätze (die fraglichen Wörter stehen alle im Dativ). Überlege immer, welches Geschlecht das fragliche Nomen hat.**

> **Beachte, dass sich Possessivpronomen (mein, dein, sein) auf die Deklination wie unbestimmte Artikel auswirken. (Lösungen s. S. 16/17)**

1. Die Wiese ist mit rostig____ Draht abgesperrt.

2. Die Wiese ist mit ein____ rostig____ Draht abgesperrt.

3. Der Teppich wird mit heiß____ Dampf gereinigt.

4. Er reichte mir einen Becher mit heiß____ Kaffee.

5. Leider habe ich mir mit d____ heiß____ Kaffee die Zunge verbrüht.

6. Er besiegte seine Gegner mit groß____ Abstand.

7. Der Leuchtturm strahlt mit sein____ hell____ Licht weit übers Meer.

8. Sein Kragen ist mit weich____ Fell besetzt.

9. Ich beobachtete den Unfall aus groß____ Entfernung.

10. Wir braten das Fleisch auf klein____ Flamme.

11. Er löste seine Aufgaben mit groß____ Fleiß.

12. Petra schrie laut, denn sie war in groß____ Not.

13. Die Einbrecher kamen in dunkl____ Nacht.

14. Die Einbrecher kamen in ein____ dunkl____ Nacht.

15. Paul liegt mit hoh____ Fieber im Bett.

16. Auf dem Tisch steht eine Schale mit frisch____ Obst.

17. Leider hat sich Karl mit d____ frisch____ Obst den Magen verdorben.

18. Die Fußballer begleiteten ihr Spiel mit laut____ Geschrei.

19. Du gehst mir mit dein____ laut____ Geschrei auf die Nerven.

20. Der Polizist hält den Einbrecher mit fest____ Griff.

21. Der Polizist hält den Einbrecher mit ein____ fest____ Griff am Arm.

22. Der Bösewicht wurde auf frisch____ Tat ertappt.

23. Jeder Pfadfinder beginnt seinen Tag mit ein____ gut____ Tat.

24. Mutter hat das Essen mit groß____ Liebe zubereitet.

25. Er fährt mit sein____ neu____ Liebe in Urlaub.

26. Sven belegt sein Brot mit duftend____ Käse.

27. Von seinem duftend____ Käse werden leider auch einige grünlich____ Fliegen angelockt.

28. Deswegen bevorzuge ich ein Brot mit frisch____ Wurst.

29. Opa belohnt seinen Hund mit ein____ frisch____ Wurst.

30. Sandra trinkt eine Tasse mit grün____ Tee.

31. Wir singen unser Lied mit kräftig____ Stimme.

Klaus Kleinmann: Die Turbo-Übungsgrammatik · Best.-Nr. 436
© Brigg Pädagogik Verlag GmbH, Augsburg

32. Die Sängerin ist mit ein____ kräftig____ Stimme begabt.

33. Helene vergisst ihre Sorgen bei süß____ Likör.

34. Jessi macht das lieber mit süß____ Torte.

35. Ich beschenke meine Nachbarin mit ein____ süß____ Torte.

36. Der Waldboden ist mit dick____ Moos bewachsen.

37. Zwei Autos stießen bei dicht____ Nebel zusammen.

38. Er kaufte sich ein Paar Socken von best____ Qualität.

39. Er kaufte sich ein Paar Socken von d____ best____ Qualität, die er finden konnte.

40. Sie bewegte sich mit groß____ Anmut und beeindruckte uns mit ihrer reif____ Schönheit.

Klaus Kleinmann: Die Turbo-Übungsgrammatik · Best.-Nr. 436
© Brigg Pädagogik Verlag GmbH, Augsburg

7. Übungstexte zur Deklination von Nomen und Adjektiven

In den folgenden Texten kannst du prüfen, ob du die Deklination verstanden hast:

Fensterputzen

Ilse hat **ein** _____ schwer _____ **Arbeit** vor sich: Sie muss bei **Herr** _____ **Meier, ihr** _____ **alt** _____ **Nachbar** _____ , die **schmutzig** _____ **Fenster** putzen. Sie sucht **d** _____ **notwendig** _____ **Dinge** zusammen: **ein** _____ **breit** _____ **Plastikschüssel, ein** _____ **klein** _____ **Ledertuch** und **zwei sauber** _____ **alt** _____ **Geschirrtücher**.

In **d** _____ **groß** _____ **Schüssel** füllt sie **warm** _____ **Wasser** und gießt ein paar **dick** _____ **Tropfen** Putzmittel dazu. **D** _____ **trocken** _____ **Ledertuch** taucht sie ins Wasser. Mit **d** _____ **nass** _____ **Tuch** wischt sie auf **d** _____ **glatt** _____ **Fensterscheibe** von oben nach unten. Schnell macht sie nun **d** _____ **zweit** _____ **Teil d** _____ **groß** _____ **Scheibe** feucht. Sie arbeitet so eifrig, dass ihr **viel** _____ **dick** _____ **Schweißtropfen** auf **d** _____ **Stirn** stehen. *(Lösungen s. S. 17)*

> Schreibe über alle fett gedruckten Wortverbindungen das Geschlecht des Nomens (der – die – das). Notiere auch, ob das Nomen im Singular oder im Plural steht. Schreibe den Fall dazu, in dem es steht (Nominativ, Genitiv, Dativ, Akkusativ).

> Fülle dann die Lücken aus. Beachte, dass du an einzelnen Stellen nichts auf die Zeile schreiben darfst, weil der Begleiter da schon komplett ist.

Umgezogen

Die Eltern von Hans mussten umziehen. Hans ist in **ein** _____ **ander** _____ **Schule** gekommen und lernt **viel** _____ **neu** _____ **Mitschüler** kennen. In Mathe hat er **ein** _____ **nett** _____ **Lehrerin,** die ihm hilft, in **dies** _____ **schwer** _____ **Fach** Fortschritte zu machen. Mit **d** _____ **deutsch** _____ **Sprache** hat Hans noch **groß** _____ **Probleme,** aber er bekommt **ein** _____ **gut** _____ **Förderung** in **ein** _____ **speziell** _____ **Kurs**. Dadurch hat er schon **groß** _____ **Erfolg** _____ erzielt. Die **tollst** _____ **Schimpfwört** _____ kann er schon, die hat er aber nicht in **sein** _____ **Kurs,** sondern von **sein** _____ **Klassenkamerad** _____ gelernt. Bestimmt liest und schreibt er aber auch bald so gut wie **die ander** _____ **Mitschüler**. Lesen und Schreiben sind nämlich **wichtig** _____ **Fähigkeiten,** ohne die man in **uns** _____ **modern** _____ **Welt** nicht auskommt. *(Lösungen s. S. 17)*

> Arbeite wie beim Text „Fensterputzen".

80

Klaus Kleinmann: Die Turbo-Übungsgrammatik · Best.-Nr. 436
© Brigg Pädagogik Verlag GmbH, Augsburg

Ein_____ toll_____ Idee

Petra hat **ein_____ ehrgeizig_____ Plan**: Sie möchte nach **d_____ Schule** Stewardess werden. Da sie **ein_____ hübsch_____ Mädchen** ist, **ausgezeichnet_____ Noten** hat und gut mit **fremd_____ Menschen** umgehen kann, rechnet sie sich **best_____ Chancen** aus, eine Ausbildungsstelle bei **ein_____ groß_____ Fluglinie** zu bekommen. Bis dahin ist es aber noch **ein_____ weit_____ Weg**, denn sie muss erst **ein_____ gut_____ Schulabschluss** machen und dann **viel_____ Bewerbungen** schreiben. Vor allem wird sie nachweisen müssen, dass sie **mehrer_____ Fremdsprachen** spricht. Sie hat schon **verschieden_____ Kurse** in Englisch und Französisch besucht und man hat ihr gesagt, dass sie **ein_____ gut_____ Begabung** für Sprachen hat. Wir drücken ihr **beid_____ Daumen**, dass sie es schafft. Vielleicht nimmt sie uns ja einmal auf **ein_____ weit_____ Reise** mit. *(Lösungen s. S. 18)*

▶ **Arbeite wie bei den vorigen Texten.**

Beinahe wäre ein_____ schlimm_____ Unfall passiert

Kevin fährt **mit d_____ neu_____ Fahrrad** von **ein_____ ander_____ Junge_____** zu **sein_____ best_____ Freund** Hans, der **in ein_____ entfernt_____** Straße wohnt. Er passt gut auf, dass **d_____ teur_____ Rad** nichts passiert und achtet genau auf **all_____ Verkehrsschilder**. Es stört ihn nicht, dass ihn **viel_____ schnell_____ Auto_____** überholen. Doch plötzlich will **ein_____ unaufmerksam_____ Autofahrer** vor ihm in **ein_____ klein_____ Straße** abbiegen und achtet nicht auf **d_____ jung_____ Radfahrer**. Beinahe wäre Kevin mit **d_____ dick_____ Mercedes** zusammengestoßen, aber zum Glück hat **d_____ neu_____ Fahrrad stark_____ Bremsen**, so dass Kevin **i_____ letzt_____ Moment** anhalten kann. Der Autofahrer, **ein_____ ält_____ Herr**, erschrickt sehr, entschuldigt sich und sagt ihm **sein_____ Name_____**. Kevin fährt weiter zu **sein_____ Freund** und erzählt ihm gleich **d_____ schlimm_____ Geschichte**. Hans sagt: „Du hast wirklich **groß_____ Glück** gehabt, dass dir nichts passiert ist." *(Lösungen s. S. 18)*

▶ **Arbeite wie bei den vorigen Texten.**
▶ **Achte auch hier auf Nomen der n-Deklination und wiederhole sie (S. 55/56).**

Klaus Kleinmann: Die Turbo-Übungsgrammatik · Best.-Nr. 436
© Brigg Pädagogik Verlag GmbH, Augsburg

8.   Satzstellung I: Der Hauptsatz

Die Satzstellung ist im Deutschen streng geregelt. Die Wörter **müssen** eine bestimmte Position im Satz haben, sonst wird der Satz als falsch empfunden. Eine besondere Rolle spielt dabei die Stellung des Verbs.

> **Im Hauptsatz steht das Verb an erster oder zweiter Stelle. Diese Position muss unbedingt eingehalten werden!**

8.1   Das Verb steht an zweiter Stelle

Wir üben zunächst die Form, in der das Verb an zweiter Stelle steht.

>   Ich **liebe** rote Rosen.

>   Ein Flugzeug **fliegt** über das Haus.

>   Mein allerbester Freund Heinz Schneider **spielt** in einer erfolgreichen Rockband.

Es ist nicht entscheidend, wie viele Wörter auf einer Satzposition stehen. Entscheidend ist vielmehr, dass alle Wörter auf der ersten Satzposition hier gemeinsam auf die Frage „Wer?" antworten. Außerdem können sie nur gemeinsam die Position im Satz vertauschen:

>   Rote Rosen **liebe** ich.

>   Über das Haus **fliegt** ein Flugzeug.

>   In einer erfolgreichen Rockband **spielt** mein allerbester Freund Heinz Schneider.

Du siehst:

> **Hier steht das Verb immer an zweiter Stelle. Diese Position ist in diesem Satztyp *obligatorisch*!**

Klaus Kleinmann: Die Turbo-Übungsgrammatik · Best.-Nr. 436
© Brigg Pädagogik Verlag GmbH, Augsburg

▶ **Forme Verben und Adjektive um und bilde Hauptsätze in richtiger Satzstellung; achte auch auf die richtige Form des Verbs, der Artikel, Adjektive usw.:**

1. Dein_____ Mutter / **in Darmstadt** / wohnen.

2. **In d_____ Hecke hinter d_____ Haus** / eine Amsel / nisten.

3. In China / **über ein_____ Milliarde Menschen** / leben.

4. **Ein dick_____ alt_____ König** / auf ein_____ golden_____ Thron / sitzen.

5. D_____ teur_____ rot_____ Schuhe mein_____ Schwester / gefallen / **(ich)**.

6. **Deutsch_____ Autos** / in all_____ Welt beliebt / sein.

7. **Mein Freund Heinz** / mit sein_____ Familie im Sommer nach Italien / fahren.

8. In ein_____ fein_____ Restaurant / **Herr Müller und Fräulein Schmidt** / speisen.

9. England / **für sein_____ erfolgreich_____ Fußballmannschaften** / berühmt / sein.

10. Neben mein_____ Computer / **ein dick_____ Buch** / liegen.

▶ **Ändere die Satzstellung nun so, dass ein anderes Satzglied an den Satzanfang tritt.** *Achtung: Das Verb behält seine zweite Stelle!* (Bsp.: In Darmstadt wohnt deine Mutter.)

▶ **Forme die Sätze 1 – 10 in eine Frage um. Frage nach dem fett gedruckten Satzteil. Benutze folgende Fragewörter: 1) Wo? 2) Wo? 3) Wer? 4) Wer? 5) Wem? 6) Was? 7) Wer? 8) Wer? 9) Für was? 10) Was?** *Achtung: Das Verb behält seine zweite Stelle!*

(Lösungen S. 19)

▶ **Bleibe am Ball bei den Nomen im Anhang (S. 164/165).**

Klaus Kleinmann: Die Turbo-Übungsgrammatik · Best.-Nr. 436
© Brigg Pädagogik Verlag GmbH, Augsburg

8.2   Wir wiederholen die Satzklammer

Das kennst du schon: Bei teilbaren Verben steht der eine Teil an der zweiten Stelle des Satzes, die Vorsilbe (der Verbzusatz) ganz am Ende. Die Länge des Satzes spielt dabei keine Rolle:

aufheben

Petra **hebt** das Papier vom Fußboden **auf**.

abholen

Susi und Serkan **holen** ihre Oma vom Bahnhof **ab**.

anrufen

Der nette Lehrer Müller **ruft** am Abend voller Sorge bei den Eltern seines kranken Lieblingsschülers **an**.

▶ **Bilde zunächst korrekte Sätze im Präsens. Achte in den meisten Sätzen auf die Änderung im Vokal des Verbs (wiederhole S. 12):**

1. Kevin / mit sein_____ rot_____ Pullover besonders schick / aussehen.

2. Du / die schön_____ Turnschuhe / wegwerfen.

3. D_____ Zug aus Hamburg / um 15.15 Uhr am Hauptbahnhof / eintreffen.

4. Er / um 15.30 Uhr / von Gleis 7 wieder / abfahren.

5. D_____ Torwart / d_____ Ball / auffangen.

6. Ein Blitz / mit laut_____ Knall in d_____ Dach / einschlagen.

7. Mein_____ Schwester / zum Geburtstag all_____ ihr_____ Freundin_____ / einladen.

8. Du / dein_____ Arbeit mit groß_____ Ehrgeiz / anfangen.

9. Oma / morgen nach Hause / zurückfahren.

10. Ein alt_____ Mann / auf d_____ Straße / hinfallen.

11. Vater / ein_____ Dose Ölsardinen mit d_____ Schraubenzieher / aufstemmen.

▶ **Forme nun die Sätze 1 – 11 um, indem du folgende Satzglieder an den Anfang stellst: 1) Heute; 2) Warum?; 3) Hoffentlich; 4) Laut Fahrplan; 5) Mit beiden Händen; 6) Zum Schrecken des Hausbesitzers; 7) Mit Freude; 8) Jeden Morgen; 9) Leider; 10) Wegen einer weggeworfenen Bananenschale; 11) Unter großer Kraftanstrengung.**

(Lösungen S. 19)

Klaus Kleinmann: Die Turbo-Übungsgrammatik · Best.-Nr. 436
© Brigg Pädagogik Verlag GmbH, Augsburg

8.2.1 Die Satzklammer im Perfekt

Wie das Perfekt gebildet wird, weißt du. (Wenn du nicht mehr sicher bist, wiederhole die Seiten 18 –23.)

▶ **Zeige, was du kannst und bilde Sätze im Perfekt; achte dabei auf die Satzklammer, die im Perfekt bekanntlich immer nötig ist:**

1. Ein japanisch_____ Tourist / **ein_____ Polizist_____** etwas / fragen.

2. Der freundlich_____ Polizist / **d_____ Tourist_____** ganz ruhig / antworten.

3. Er / **d_____ Tourist_____** alles / erklären.

4. Der nett_____ Mann / d_____ Polizist_____ / danken.

5. Mein Vater / **in ein_____ groß_____ Firma** / arbeiten.

6. Sein_____ Firma / **viel_____ groß_____ Häuser** / bauen.

7. **In unser_____ groß_____ Garten** / viel_____ bunt_____ Blumen / blühen.

8. Sie / ihr_____ Köpfe **nach d_____ Sonne** / drehen.

9. Ein jung_____ Mann / **ein_____ alt_____ Dame** über die Straße / führen.

10. Die alt_____ Frau / **d_____ jung_____ Mann** / danken.

▶ **Bleibe im Perfekt, forme die Sätze aber nun zu einer Frage um. Verwende folgende Fragewörter: 1) Wen; 2) Wem; 3) Wem; 4) Wem; 5) Wo; 6) Was; 7) Wo; 8) Wohin; 9) Wen; 10) Wem? Frage nach dem fett gedruckten Satzteil.**

Beispiel: Wen hat ein japanischer Tourist etwas gefragt?

▶ **Hattest du in den Sätzen 1 - 4 Probleme mit den Nomen „Polizist" und „Tourist"? Dann wiederhole bitte die n-Deklination (S. 55/56).**

(Lösungen S. 19/20)

Klaus Kleinmann: Die Turbo-Übungsgrammatik · Best.-Nr. 436
© Brigg Pädagogik Verlag GmbH, Augsburg

8.2.2 Wir wiederholen das Perfekt der Modalverben

▶ **Bilde Sätze im Präsens mit dem vorgeschlagenen Modalverb. Achte auf die Satzklammer.**

	Passendes Modalverb:
1. Wir / vieles lernen.	müssen
2. Serkan / mit sein_____ Freundin in die Disco gehen.	wollen
3. Frau Schulze / den rot_____ Porsche nicht überholen.	können
4. Die Lehrerin / uns nach d_____ Hausaufgaben fragen.	wollen
5. Paul / über ein_____ gut_____ Witz lachen.	müssen
6. Sveta / beim Schreiben kein_____ Fehler machen.	wollen
7. Das Baby / in d_____ Badewanne baden.	dürfen
8. Wir / lange auf d_____ Bus warten.	müssen
9. Ich / mein_____ Mutter etwas Schönes zum Geburtstag schenken.	wollen
10. Wir / im Geschäft ein neu_____ Buch kaufen.	wollen
11. Mein best_____ Freund und ich / die Vokabeln zusammen üben.	sollen
12. Oma / am Telefon eine Nummer wählen.	wollen
13. Ich / mit meinem MP3-Player tolle Musik hören.	können

▶ **Formuliere deine Sätze nun so um, dass sie im Perfekt stehen.**
Wenn du das nicht mehr richtig kannst, schaue nochmal auf Seite 30 nach.

(Lösungen s. S. 20)

▶ **Wie gut kannst du die Nomen im Anhang (S. 164/165)?**

Klaus Kleinmann: Die Turbo-Übungsgrammatik · Best.-Nr. 436
© Brigg Pädagogik Verlag GmbH, Augsburg

Der Gebrauch der Modalverben ist im Deutschen nicht ganz einfach. Er ist an eine Reihe von Regeln und Gewohnheiten gebunden.

8.3.1   Der Gebrauch von „müssen" und „sollen"

Die Unterschiede zwischen „müssen" und „sollen" sind auf den ersten Blick nicht sehr groß. Ihre Bedeutungen und Verwendungsmöglichkeiten überschneiden sich teilweise. Man darf sie aber nicht grundsätzlich miteinander gleichstellen! Ihre feinen Unterschiede müssen unbedingt beachtet werden, denn deutsche Ohren sind da sehr empfindlich!

a) müssen

Das Modalverb „müssen" steht für eine absolute Notwendigkeit, für die es keine Alternative gibt. Verwende „müssen" nur dann, wenn du in Gedanken ein „unbedingt" oder „ohne jede Frage" dazufügen kannst:

Man muss (unbedingt) an der Ampel anhalten.

Wer bei Rot über die Ampel fährt, muss (unbedingt) Strafe zahlen.

Ein Verbrecher muss (unbedingt) ins Gefängnis.

Wir müssen (unbedingt) essen, um zu überleben.

Ich muss (unbedingt) meine Hausaufgaben machen.

Jeder Mensch muss (ohne jede Frage) einmal sterben.

b) sollen

Dagegen ist „sollen" etwas flexibler in seiner Bedeutung. Es klingt höflicher und lässt eher eine andere Möglichkeit zu.

Meine Mutter sagt, ich soll meinen Teller leeressen (sie bestraft mich aber nicht, wenn ich es einmal nicht tue).

Man soll vor dem Schlafengehen seine Zähne putzen (wenn man es ausnahmsweise mal vergisst, geht aber die Welt nicht unter).

Achtung: **In Sätzen, wo „ich soll nicht" das Gleiche bedeutet wie „ich darf nicht", kann „müssen" nicht verwendet werden:**

!

Meine Mutter sagt, ich soll (= darf) meine kleine Schwester nicht ärgern.

Wir sollen (= dürfen) uns im Unterricht nicht mit unserem Nachbarn unterhalten.

Vater sagt, ich soll (= darf) mich nicht benehmen wie ein Kleinkind.

Herr Meier sagt, wir sollen (= dürfen) auf dem Gang keinen Lärm machen.

Die Übergänge zwischen „sollen" und „müssen" sind nicht klar definiert.
Versuche, Gefühl für die Verwendung zu entwickeln.

Klaus Kleinmann: Die Turbo-Übungsgrammatik · Best.-Nr. 436
© Brigg Pädagogik Verlag GmbH, Augsburg

▶ **Entscheide dich in folgenden Sätzen für „sollen" oder „müssen". Verwende jeweils die richtige Form des Verbs am Stern. Markiere die Sätze, in denen sowohl „sollen" als auch "müssen" möglich ist:**

1. Vater sagt, ich * sollen/müssen mich beim Essen nicht bekleckern.

2. Bei Herrn Huber * sollen/müssen wir im Unterricht immer ganz leise sein, sonst wird er böse.

3. Ich * sollen/müssen morgen zum Zahnarzt.

4. Jeder * sollen/müssen seinen Mitmenschen helfen.

5. Wir * sollen/müssen zu unseren Lehrern höflich sein.

6. Bei kaltem Wetter * sollen/müssen du dich warm anziehen.

7. Meine Mutter sagt, ich * sollen/müssen meine Schuhe putzen.

8. In der Bibel steht: "Du * sollen/müssen nicht töten."

9. Die Hotelgäste * sollen/müssen das Zimmer bis 11.00 Uhr verlassen haben.

10. Mutter sagt, Papa * sollen/müssen nicht so viel Bier trinken.

11. Ich * sollen/müssen Platz sparen, damit ich kein Papier verschwende.

12. Beim Skifahren * sollen/müssen wir vorsichtig sein.

13. Wir * sollen/müssen den Anweisungen der Lehrer unbedingt folgen.

14. Mama sagt, ich * sollen/müssen mich nicht so oft mit Petra treffen.

15. Beim Fußballspiel * sollen/müssen wir immer mit vollem Einsatz kämpfen.

(Lösungen s. S. 20)

8.3.2 Der Gebrauch von „mögen" und „wollen"

„wollen"	**klingt hart, direkt und fordernd.**
„mögen"	**klingt weicher und höflicher. Das gilt sowohl für die Variante „ich möchte" als auch für „ich mag".**

Der Unterschied ist fließend und von Geschmack und Situation abhängig:

Mama, ich will ein Eis! (Wenn ich keines kriege, mache ich Terror.)
Mama, ich möchte bitte ein Eis! (So sprechen höfliche Kinder.)

Ich will jetzt endlich meine Ruhe haben! (So sagt die Mutter, wenn sie sehr genervt ist.)
Ich möchte jetzt gerne meine Ruhe haben. (So sagt sie, wenn es nicht ganz so schlimm ist.)

Ich will keinen Fisch! (Igitt, den finde ich grauenvoll.)
Ich mag keinen Fisch. (Du weißt doch, ich esse Fisch nicht gerne.)

Klaus Kleinmann: Die Turbo-Übungsgrammatik · Best.-Nr. 436
© Brigg Pädagogik Verlag GmbH, Augsburg

Entscheide, wann „wollen" und wann „mögen" besser passt:

1. „... Sie noch einen Kaffee zum Nachtisch?", fragt der höfliche Kellner im Restaurant.

2. „Ich ... aber nicht schon wieder auf meinen kleinen Bruder aufpassen", sagt Jessi.

3. „Ich ... , dass ihr jetzt endlich ruhig seid!", sagt Lehrer Huber aufgeregt.

4. Herr Generaldirektor Meier ... liebend gerne mal wieder richtig ausschlafen.

5. Tanja ... auf keinen Fall den roten Pullover anziehen.

6. „... ihr noch etwas essen?", fragt Mama die Kinder auf der Geburtstagsfeier.

7. Der liebe Gott ... dass die Menschen friedlich sind. Er verlangt das von uns Menschen.

8. Paul ... reich und berühmt werden.

9. Der Wanderer in der Wüste ist kurz vor dem Verdursten, er ... unbedingt etwas zu trinken.

10. Wenn ich groß bin, ... ich vielleicht mal nach Amerika reisen.

11. „Ich ... keinen Käse aufs Brot", sagt Sabine freundlich.   *(Lösungen s. S. 20)*

(Lösungen s. S. 20)

Wiederhole die Deklination der Adjektive (S. 67 – 69).

Klaus Kleinmann: Die Turbo-Übungsgrammatik · Best.-Nr. 436
© Brigg Pädagogik Verlag GmbH, Augsburg

8.4 Der Hauptsatz als Fragesatz (Ergänzungsfragen)

Ergänzungsfragen nennt man auch W-Fragen, weil viele deutsche Fragewörter mit „W" anfangen:

> **wann, was, wo, wohin, woher, womit, wer, wie, warum, weshalb**
>
> Dazu gibt es weitere Formen:
>
> **wessen, wem, wen, was für ein (eine, einen…),   welcher (welche, welches)**

Das ist nicht ganz neu: Ein solches **Fragewort** steht **an der ersten Stelle** des Satzes, **das Verb** folgt danach **an zweiter Stelle**:

Wann fährt der nächste Bus nach Frankfurt?

Wo gibt es hier etwas zu trinken?

Wer hat den Kuchen aufgegessen?

Warum geben Sie uns so viele Hausaufgaben?

Wie geht denn der Kühlschrank auf?

▶ **Bilde W-Fragesätze und ergänze die fehlenden Formen:**

1. Es wird endlich Sommer. (wann?)

2. Die Banane ist krumm. (warum?)

3. Ich soll dies_____ schwer_____ Rechenaufgabe lösen. (wie?)

4. Du hast heute dein_____ dick_____ Jacke angezogen. (warum?)   *(Lösungen s. S. 21)*

▶ **Bilde weitere W-Fragesätze. Frage nach den kursiv gedruckten Satzteilen; diese erscheinen dann in der Frage nicht mehr. Verwende das Fragewort in Klammern und ergänze die fehlenden Formen:**

1. Der Pullover liegt *im Schrank*. (wo?)

2. Dein_____ Schwester wohnt *in München*. (wo?)

3. Es ist noch *Eis* im Kühlschrank. (was?)

4. *Der rot_____ Pullover* steht dir gut. (welcher?)

5. Du kannst *mir* alles erzählen. (wem?)

6. *Das* ist d_____ Rätsel_____ Lösung. (was?)

7. Das Wetter wird morgen *schön*. (wie?)

8. Sie trinkt gerne *Limo*. (was?)

9. Der Zug fährt *nach Hamburg*. (wohin?)

10. *Um 20.00 Uhr* geht die Sonne unter. (wann?)

11. Ich lege d_____ Kuli *auf den Tisch*. (wohin?)

Klaus Kleinmann: Die Turbo-Übungsgrammatik · Best.-Nr. 436
© Brigg Pädagogik Verlag GmbH, Augsburg

12. Der Schneeball trifft *meinen Bruder.* (wen?)

13. Patrick schickt *Tante Klara* ein_____ Mail. (wem?)

14. Das Schiff kommt *aus Amerika.* (woher?)

15. Er zerschneidet das Papier *mit d_____ Schere.* (womit?)

16. Petra träumt *etwas Schönes.* (was?)

17. Heute Mittag gibt es *Bratkartoffeln.* (was?)

18. *Mein kleiner Bruder* bekommt zum Geburtstag ein toll_____ Geschenk. (wer?)

(Lösungen s. S. 20)

▶ **Wiederhole die Präpositionen, die immer den Akkusativ verlangen (S. 39).**

▶ **Wiederhole die Präpositionen, die immer den Dativ verlangen (S. 42).**

▶ **Wiederhole die Präpositionen, die mal den Dativ, mal den Akkusativ verlangen (S. 44). Werde dir erneut darüber klar, wann sie den Dativ und wann sie den Akkusativ verlangen.**

8.5.1   Die Verneinung mit „kein"

Wenn sich die Verneinung auf ein Nomen bezieht, wird „kein" verwendet. Es verändert sich
je nach Fall und Geschlecht (in der Art des unbestimmten Artikels „ein") . „Kein" steht vor
dem Nomen; wenn mit dem verneinten Nomen ein Adjektiv verbunden ist, steht „kein" vor
dem Adjektiv:

Ich habe leider **kein** Geld.

Im Kühlschrank ist **keine** Butter mehr.

Herr Meier spricht mit **keinem** Menschen.

Hast du wirklich **keine** guten Freunde?

▷ **Bilde Sätze nach diesem Muster. Verneine die kursiv gedruckten Nomen. Setze „kein" (und
die anderen Wörter) in die richtige Form:**

1. Auf der Straße war *Mensch* zu sehen.

2 Ich habe heute leider *Frühstücksbrot* bei mir.

3. Zum Glück habe ich *Hunger*.

4. Er hat das mit *Wort* erwähnt.

5. Wir haben heute *Hausaufgaben*.

6. Er wiegt *Gramm* zu viel.

7. Tanja hat *gut_____ Geschmack*.

8. Petra hat *Geschwister*.

9. Sie hat *klein_____ Bruder* und *groß_____ Schwester*.

10. Die Theatergruppe machte bei d_____ Vorstellung *gut_____ Eindruck*.   **(Lösungen s. S. 20)**

▷ **Man kann die Verneinung verstärken, indem man vor „kein" das Wörtchen „gar" setzt. Das
ergibt „gar kein". Eine ähnliche Bedeutung hat „überhaupt kein". Formuliere die Sätze 1, 3,
5, 7, 8 und 10 in dieser Art. Bei den anderen Sätzen ist das nicht so sinnvoll.**

Klaus Kleinmann: Die Turbo-Übungsgrammatik · Best.-Nr. 436
© Brigg Pädagogik Verlag GmbH, Augsburg

8.5.1.1 Die Verneinung mit „noch kein" und mit „kein ... mehr"

a) „noch kein"

> **Die Verneinung mit „noch kein" sagt aus, dass etwas fehlt, was aber vielleicht bald da sein wird. Dabei wird „noch kein" wie das einfache „kein" platziert und umgeformt:**
>
> Paul hat diesen Monat noch kein Geld bekommen.
>
> Er hat in der neuen Stadt noch keinen Menschen kennen gelernt.
>
> **Etwas anders ist es bei Präpositionalobjekten:**
>
> Paul war außer in Deutschland noch in keinem anderen Land.
>
> Tina hat sich noch bei keinem anderen Menschen so wohl gefühlt wie bei Peter.
>
> **Man kann die Aussage verstärken durch „noch gar kein ..." oder „noch überhaupt kein ..."**
> **Die Zusätze gehören zu „kein".** Formuliere die Beispielsätze entsprechend um.

b) „kein ... mehr"

> **Die Verneinung mit „kein ... mehr" sagt aus, dass etwas da war, was jetzt fehlt. Dabei wird „kein" platziert und umgeformt, wie du es unter 8.5.1 gelernt hast, „mehr" steht nach dem Nomen:**
>
> Paul hat kein Geld mehr.
>
> Er hat kein Geld mehr bekommen.
>
> Er vertraut keinem Menschen mehr.
>
> Außer nach Italien möchte ich in kein anderes Land mehr reisen.
>
> **Auch hier kann man die Aussage mit „gar kein ... mehr" oder „überhaupt kein ... mehr" verstärken.** Formuliere die Beispielsätze entsprechend um.

▶ **Verneine erst mit „noch kein", danach mit „kein ... mehr". Achte auf die Form von „kein". Setze die richtigen Formen ein, der Stern hilft dir. Formuliere die Sätze auch mit „gar kein" und „überhaupt kein".**

1. Patrick hat * Freunde.

2. Auf dem Tisch stehen * voll_____ Gläser.

3. Wir haben * Bier.

4. Am Himmel stehen * Sterne.

5. Sveta hat * Spaß.

6. Im Restaurant sind * Leute.

7. Es gibt bei uns * Störche.

8. Jetzt fährt * Bus nach Frankfurt.

(Lösungen s. S. 21)

Klaus Kleinmann: Die Turbo-Übungsgrammatik · Best.-Nr. 436
© Brigg Pädagogik Verlag GmbH, Augsburg

▶ **Kleine Spezialübung: Verneine die Präpositionalobjekte mit „noch kein"; setze am Stern „noch" und am + „kein..." ein. Ergänze die richtigen Formen. In Satz 1 und Satz 2 passt „gar kein" oder „überhaupt kein"; überlege, an welchen Stellen man es noch verwenden könnte.**

1. Fritz hat sich * in + Auto so wohl gefühlt wie in Papas Porsche.

2. Paula hat * zu + Menschen richtig Vertrauen gefasst.

3. Ich bin * seit + Stunde zu Hause, ich habe * in + meiner Briefe geschaut.

4. Der Mensch war * auf + fremd_____ Himmelskörper außer auf d_____ Mond.

5. Jens hatte * vor + Arbeit so viel Angst wie vor dieser.   *(Lösungen s. S. 21)*

8.5.2 Die Verneinung des Ortes („nirgends/nirgendwo") und der Zeit („nie/niemals")

Die Bedeutung von „nirgends" und „nirgendwo" ist gleich, ebenfalls die von „nie" und „niemals". In der Umgangssprache wird „nirgends" häufiger verwendet als „nirgendwo".

Ich kann den Schlüssel nirgends finden.

Ich kann den Schlüssel nirgendwo finden.

Er kommt nie wieder.

Er kommt niemals wieder.

Die Position dieser Verneinungspartikel ist variabel; wenn man sie verstärken will, kann man sie z. B. an den Satzanfang stellen:

Nirgends kann ich den Schlüssel finden.

Niemals kommt er wieder.

Das Gegenteil von „nirgends/nirgendwo" ist „überall", das Gegenteil von „nie/niemals" ist „immer":

Ich habe den Schlüssel überall gesucht, aber ich kann ihn nirgends finden.

Ich würde Sandra gern immer sehen, aber ich habe sie nie wieder getroffen.

Klaus Kleinmann: Die Turbo-Übungsgrammatik · Best.-Nr. 436
© Brigg Pädagogik Verlag GmbH, Augsburg

> **Bilde Sätze nach diesem Muster. Verwende im ersten Teil (am Stern) „überall" oder „immer", im zweiten Teil (am Kreuz) „nirgends/nirgendwo" oder „nie" bzw. „niemals". Finde selber heraus, was jeweils passt:**

1. Ich sage dir *, du sollst dein Zimmer aufräumen, aber + räumst du es auf.

2. Wir haben schon * gefragt, aber + eine Antwort bekommen.

3. Wir sind schon fast * gewesen, haben aber + so etwas Schönes gesehen.

4. In der Wüste gibt es * Sand und Steine, aber fast + Wasser.

5. Dort schwitzt man fast *, aber man friert fast +.

6. Am Nordpol dagegen friert man fast *, aber man schwitzt fast +.

7. Paul hat * Durst, aber fast + Hunger.

8. Er pfeift *, singt aber +.

9. Es kann * etwas passieren, aber es passiert fast + etwas.

10. Ich habe * geschaut, konnte aber + einen Fehler finden.

(Lösungen s. S. 21)

> **Überlege mit deinem Lehrer, wann man „nie" durch „noch", „gar" oder „überhaupt" verstärken kann.**

8.5.3 Die Verneinung anderer Wortarten mit „nicht"

a) Wenn sich die Verneinung auf andere Wortarten bezieht, wird „nicht" verwendet. Das ist vor allem bei Verben der Fall. In Hauptsätzen mit unteilbarem Verb steht „nicht" im Präsens und im Präteritum meist am Satzende:

Ich schlafe. Ich schlafe nicht.

Mutter putzte die Fenster. Mutter putzte die Fenster nicht.

b) Im Perfekt steht „nicht" vor dem Partizip II:

Ich habe nicht geschlafen.

Sie hat die Fenster nicht geputzt.

Klaus Kleinmann: Die Turbo-Übungsgrammatik · Best.-Nr. 436
© Brigg Pädagogik Verlag GmbH, Augsburg

Schreibe Sätze nach diesem Muster; das Perfekt wird immer regelmäßig mit „hat" gebildet:

Beispiel: Paul macht die Hausaufgaben. Paul macht die Hausaufgaben nicht. Paul hat die Hausaufgaben nicht gemacht.

1. Im Garten blühen die Rosen.

2. Oma schickt (ich) das Paket.

3. Petra kämmt ihr_____ Puppe.

4. Der Polizist glaubt d_____ Dieb sein_____ Geschichte.

5. Opa Meier zählt sein letzt_____ Geld.

6. Das klein_____ Mädchen weint.

7. Die neu_____ Schuhe drücken.

8. Wir lernen unser_____ Vokabeln.

9. Das Karussell dreht sich.

10. Die Mutter weckt ihre schlafend_____ Tochter.   *(Lösungen s. S. 22)*

---

c) In Sätzen mit teilbaren Verben steht „nicht" am Satzende vor dem Verbzusatz:

Er ruft mich leider nicht an.

Kängurus kommen in Deutschland nicht vor.

Er macht die Tür nicht zu.

Sveta passt in der Schule nicht auf.

d) „Nicht" steht meist vor dem Präpositionalobjekt, auch im Perfekt:

Er hilft der alten Oma nicht über die Straße.

Serkan hat nicht auf seine kleine Schwester aufgepasst.

e) In Sätzen mit Modalverben steht „nicht" vor dem Infinitiv:

Ich kann dich nicht verstehen.

Paul darf Lisa nicht besuchen.

f) Bei der Verneinung von Adjektiven steht „nicht" vor dem Adjektiv:

Der Autofahrer ist nicht schnell gefahren.

Florian hat nicht viel gegessen.

Klaus Kleinmann: Die Turbo-Übungsgrammatik · Best.-Nr. 436
© Brigg Pädagogik Verlag GmbH, Augsburg

Übe die Strukturen in a) bis f), indem du Sätze bildest
a) ohne Verneinung (achte auf die richtigen Formen und auf die Teilbarkeit einiger Verben)
b) mit Verneinung im Präsens
c) mit Verneinung im Perfekt (in einem Satz wird „ist" gebraucht, sonst immer „hat").

1. Es / heute / regnen.

2. Der Jäger / d_____ Hasen / jagen.

3. Ich / das Auto / volltanken.

4. Tanja / schön / träumen.

5. Wir / mit der deutsch_____ Grammatik / kämpfen

6. Die hübsch_____ Studentin / ihr Buch / aufklappen.

7. Der Lehrer / mit sein_____ Schülern / schimpfen.

8. Unser freundlich_____ Nachbar / die reif_____ Äpfel / abschütteln.

9. Unser freundlich_____ Nachbar / die reif_____ Äpfel / vom Baum / abschütteln.

10. Frau Meier / das schmutzig_____ Wasser / ausschütten.

11. Du / (ich) / stören.

12. Petra und Anna / das Geschirr / sauber / abspülen.

13. Du / (wir) / zuhören.

14. Das rot_____ Auto / durch die Stadt / rasen.   *(Lösungen s. S. 22)*

Überlege mit deinem Lehrer, wann man bei diesen Verneinungen „gar" oder „überhaupt" hinzufügen könnte.

Klaus Kleinmann: Die Turbo-Übungsgrammatik · Best.-Nr. 436
© Brigg Pädagogik Verlag GmbH, Augsburg

8.5.3.1 Die Verneinung mit „nicht mehr" und „noch nicht"

Wenn eine Handlung schon zu Ende ist, wird das mit „nicht mehr" ausgedrückt, eine Handlung, die noch nicht angefangen hat, begann „noch nicht". Die Position entspricht der Verneinung mit „nicht":

a) „nicht mehr" und „noch nicht" stehen im einfachen Hauptsatz am Satzende:

Petra liest nicht mehr.

Petra liest noch nicht.

b) „nicht mehr" und „noch nicht" stehen im Perfekt vor dem Partizip II:

Petra hat nicht mehr gelesen.

Petra hat noch nicht gelesen.

c) „nicht mehr" und „noch nicht" stehen bei teilbaren Verben vor dem Verbzusatz:

Petra liest nicht mehr weiter.

Petra liest noch nicht weiter.

d) „nicht mehr" und „noch nicht" stehen vor dem Präpositionalobjekt:

Petra liest nicht mehr in ihrem neuen Roman.

Petra liest noch nicht in ihrem neuen Roman.

e) „nicht mehr" und „noch nicht" stehen im Modalverbsatz vor dem Infinitiv des Vollverbs:

Petra will nicht mehr lesen.

Petra will noch nicht lesen.

f) „nicht mehr" und „noch nicht" stehen vor dem Adjektiv:

Petra liest nicht mehr gut.

Petra liest noch nicht gut

Klaus Kleinmann: Die Turbo-Übungsgrammatik · Best.-Nr. 436
© Brigg Pädagogik Verlag GmbH, Augsburg

▶ **Verneine folgende Sätze zunächst mit einfachem „nicht", dann mit „nicht mehr" und „noch nicht". Überlege mit deinem Lehrer, wo man die Aussage evtl. mit „gar nicht" oder „überhaupt nicht" verstärken könnte:**

1. Paul schaut hin.

2. Tante Lisa arbeitet im Garten.

3. Marco isst seine Suppe.

4. Marco möchte seine Suppe essen.

5. Linda schläft.

6. Lehrer Huber spricht laut.

7. Tina Turner singt.

8. Udo Lindenberg tritt auf.

9. Petra will abschreiben.

10. Der Supermarkt macht zu.

(Lösungen s. S. 22)

8.5.4 Die Verneinung mit „nichts"

Die Verneinung mit „nichts" bedeutet das Gegenteil von „etwas" oder „alles". Die Position von „nichts" (und von „etwas") ist ähnlich wie die von „nicht".

a) Das Wort „nichts" steht bei Sätzen mit einfachen Verben am Satzende:

Ich sehe etwas. – Ich sehe nichts.

Paul hört alles. – Paul hört nichts.

b) Bei teilbaren Verben steht „nichts" am Satzende vor dem Verbzusatz, im Perfekt vor dem Partizip II:

Meine Mutter kauft etwas ein. – Meine Mutter kauft nichts ein.

Du hast etwas gekauft. – Du hast nichts gekauft.

c) In Sätzen mit Modalverben steht „nichts" am Satzende vor dem Infinitiv:

Ich kann alles verstehen. – Ich kann nichts verstehen.

Jessi will etwas kaufen. – Jessi will nichts kaufen.

d) Das Wort „nichts" steht vor dem Präpositionalobjekt:

Er wirft etwas in die Mülltonne. – Er wirft nichts in die Mülltonne.

Das Mädchen hält etwas in der Hand. – Das Mädchen hält nichts in der Hand.

Klaus Kleinmann: Die Turbo-Übungsgrammatik · Best.-Nr. 436
© Brigg Pädagogik Verlag GmbH, Augsburg

▶ **Übe die Strukturen in a) bis d), indem du Sätze bildest:**
  a) mit „etwas". Setze „etwas" an der passenden Stelle im Satz ein.
  b) mit Verneinung im Präsens. Setze „nichts" an der passenden Stelle im Satz ein.
  c) mit Verneinung („nichts") im Perfekt (Alle Verben werden regelmäßig mit „hat" gebildet).

1. Uns_____ schlau_____ Lehrer / merken.

2. Uns_____ schlau_____ Lehrer / dürfen / merken.

3. Am Himmel / leuchten.

4. Uns_____ nett_____ Nachbar / von d_____ Post / abholen.

5. Uns_____ nett_____ Nachbar / von d_____ Post / wollen / abholen.

6. Unser_____ Übungen / nützen.

7. Der Magier / (wir) / vorzaubern.

8. Der Magier / (wir) / können / vorzaubern.

9. Oma Meier / beim Otto-Versand / bestellen. *(Lösungen s. S. 22/23)*

Auch hier kann man die noch nicht begonnene Handlung mit „noch nichts", die schon beendete mit „nichts mehr" ausdrücken. Sie Satzstellung entspricht der Verneinung mit „noch nicht / nicht mehr". Außerdem kann man gelegentlich „gar nichts", „überhaupt nichts", „noch gar nichts" und „noch überhaupt nichts" sagen.

▶ **Übe das, indem du die Sätze 1–5 mit „noch nichts" und „nichts mehr" verneinst.**

(Lösungen s. S. 23)

▶ **Überlege mit deinem Lehrer zusammen, wann der Zusatz „gar" oder „überhaupt" sinnvoll ist.**

Klaus Kleinmann: Die Turbo-Übungsgrammatik · Best.-Nr. 436
© Brigg Pädagogik Verlag GmbH, Augsburg

8.6.1 Der Hauptsatz als Ja/Nein - Frage

Bisher haben wir meist Hauptsätze kennen gelernt, in denen das Verb an zweiter Stelle steht. Hier lernst du die Satzformen ausführlich kennen, wo es an erster Stelle steht.

Bei Fragen, in denen die Antwort nur „Ja" oder „Nein" heißt, steht das *Verb an erster Stelle*.

Beispiele:　**Hast** du deine Hausaufgaben schon gemacht?

　　　　　Isst du gerne Fisch?

　　　　　Trinkst du gerne Saft?

▶ **Bilde Ja/Nein-Fragen; ergänze alle Wörter zur richtigen Form; setze die Personalpronomen in Klammern im richtigen Fall ein.**

1. Du gerne Popmusik / hören?

2. Du morgen in den Urlaub / fahren?

3. Morgen die Sonne / scheinen?

4. Dir das blau_____ Heft / gehören?

5. Du (ich) dein_____ gelb_____ Kuli / leihen?

6. Tante Frieda morgen zu Besuch / kommen?

7. Dies_____ Bus nach Frankfurt / fahren?

8. Ihr noch zum Kaffeetrinken / bleiben?

9. Dies_____ Buch dein_____ Schwester / gehören?

10. Du gerne Deutsch / lernen?　　　　　　　　　　　　　　*(Lösungen s. S. 23)*

▶ **Bilde auch hier Ja/Nein-Fragen; achte auf die Teilung des Verbs:**

1. Du lieber d_____ rot_____ oder d_____ weiß_____ Pulli / anziehen?

2. Du bitte d_____ Papier vom Boden / aufheben?

3. Du bitte d_____ Fenster / zumachen?

4. Du bitte d_____ Geschirr / abspülen?

5. Herr Meier in d_____ USA / auswandern?

6. Ihr noch zu (wir) nach Hause / mitkommen?

7. Er sein_____ Tante in Bochum / anrufen?

8. Kängurus in Deutschland / vorkommen?

9. Mein_____ Oma / einschlafen?

10. Ihr d_____ Tische in ein_____ Reihe / aufstellen?　　　　*(Lösungen s. S. 23)*

Klaus Kleinmann: Die Turbo-Übungsgrammatik · Best.-Nr. 436
© Brigg Pädagogik Verlag GmbH, Augsburg

▶ **Bilde auch hier Ja/Nein-Fragen. Achte auf die Teilung des Verbs. Schreibe die Sätze erst im Präsens, dann im Perfekt (die Verben sind alle regelmäßig):**

1. Du mit dein_____ Mutter / einkaufen?

2. Lisa auf ihr_____ Handtasche / aufpassen?

3. Ihr im Unterricht immer gut / zuhören?

4. Ivan sein_____ Badehose / einpacken?

5. Ihr das Fenster / zumachen?

6. Dein Vater beim Fußballspiel / zuschauen?

7. Du die Suppe / umrühren?

8. Unser freundlich_____ Chef (wir) im Februar mehr Gehalt / zahlen?   *(Lösungen s. S. 23)*

8.6.2 Ja/Nein-Fragen mit Modalverben

Hier steht das Modalverb an erster Stelle, der Infinitiv des Vollverbs am Ende. Klingt kompliziert, ist aber ganz einfach:

Kannst du mir mal einen Kaugummi geben?

Möchtest du mit uns ins Schwimmbad gehen?

Soll ich dich zum Bus begleiten?

Wollen wir ins Kino gehen?

Darf ich dich zu einem Eis einladen?

▶ **Bilde Sätze nach diesem Muster:**

1. Du lieber Wurst oder Käse / wollen / essen?

2. Du lieber Tee oder Kaffee / mögen / trinken?

3. Du (ich) die Uhrzeit / können / sagen?

4. Du heute Abend mit (ich) in d_____ neu_____ Disco / wollen / gehen?

5. Wir wirklich d_____ ganz_____Text / müssen / abschreiben?

6. Du dies_____ Rätsel / können / lösen?

7. Ich (du) noch ein_____ Butterbrot / sollen / schmieren?

8. Ihr mein_____ Note in d_____ Mathearbeit / wollen / wissen?

9. Ich wirklich d_____ ganz_____ Geschirr / müssen / spülen?   *(Lösungen s. S. 23)*

▶ **Wiederhole das Perfekt teilbarer Verben (S. 26) und das Perfekt der Modalverben (S. 30/31).**

▶ **Wiederhole die Nomen von S. 164/165.**

Klaus Kleinmann: Die Turbo-Übungsgrammatik · Best.-Nr. 436
© Brigg Pädagogik Verlag GmbH, Augsburg

8.6.3 Der Imperativ: Auch hier steht das Verb an erster Stelle

Auch im Imperativ steht das Verb an erster Stelle, wie du sicher schon weißt. Wenn ein Verbzusatz vorhanden ist, steht er am Satzende:

Gib mir bitte mal die Butter.

Hilf mir doch bitte mal bei dieser Aufgabe.

Mach bitte die Tür auf.

▶ **Wiederhole die Formen des Imperativs noch einmal im entsprechenden Kapitel (S. 13).**

▶ **Kannst du die Vokabeln von S. 19/20 noch?**

▶ **Wie gut kannst du die Verben auf S. 12?**

Klaus Kleinmann: Die Turbo-Übungsgrammatik · Best.-Nr. 436
© Brigg Pädagogik Verlag GmbH, Augsburg

8.7 Wir wiederholen: Das Dativobjekt steht vor dem Akkusativobjekt

Das haben wir zwar schon einmal geübt, sollten es aber nochmal wiederholen. Deutsche Ohren verzeihen hier nämlich keine Fehler.

▶ **Vervollständige diese Sätze und bringe, wenn nötig, die Satzglieder in die richtige Reihenfolge:**

1. Unser Lehrer / erklären / (wir) / d_____ Akkusativ.

2. Ich / einpacken / ein_____ Geschenk / mein_____ Freund.

3. Wir / kaufen / unser_____ lieb_____ Oma / ein_____ Souvenir.

4. Mutter / braten / ein_____ Spiegelei / ihr_____ Sohn.

5. Herr Müller / diktieren / ein_____ schwer_____ Text / sein_____ Klasse.

6. Direktor Wichtig / überreichen / ein_____ Blumenstrauß / sein_____ Sekretärin.

7. Herr Huber / verkaufen / sein_____ Nachbar_____ / ein_____ Teil von sein_____ Grundstück.

8. Wir / kochen / (wir) / ein_____ süß_____ Pudding.

9. Firma Durst & Co. / liefern / Herr_____ Müller / ein_____ neu_____ Kasten Bier.

10. Die Klasse 9a / schenken / ein_____ groß_____ Schachtel Pralinen / ihr_____ nett_____ Lehrerin.

11. Mutter / waschen / d_____ klein_____ Leon / d_____ schmutzig_____ Ohren.

12. Wir / besorgen / (wir) im Geschäft / d_____ neuest_____ Ausgabe vom „Kicker".

13. Der bös_____ Boris / wegnehmen / ihr_____ geliebt_____ Teddybär_____ / sein_____ klein_____ Schwester.

14. Du / bringen / (ich) / ein_____ wichtig_____ Brief. *(Lösungen s. S. 23)*

	Achtung:	**Ausnahme: Bei den Personalpronomen (aber nur hier!) steht der Akkusativ vor dem Dativ**			
				Akk.	Dat.
!		Ich sage dir meine Telefonnummer.	Schreibe	**sie**	**dir** auf.
		Wir haben eine wichtige Regel gelernt.	Merkt	**sie**	**euch**.
		Ich brauche meinen Füller wieder.	Petra gibt	**ihn**	**mir**.

Klaus Kleinmann: Die Turbo-Übungsgrammatik · Best.-Nr. 436
© Brigg Pädagogik Verlag GmbH, Augsburg

▶ **Der zweite Satz muss jeweils richtig formuliert werden. Überprüfe die Stellung der Prono-men und finde die richtigen Formen.**

1. Wir kaufen ein Buch. Die freundlich_____ Verkäuferin / geben / (es) / (wir).

2. Paul sucht seinen 10-Euro-Schein. Geben (Imperativ) / (er) / (er).

3. Da liegen viele Bonbons. Nehmen (Imperativ) / (du) / (sie).

4. Du brauchst ein neues Heft? / Kaufen (Imperativ) / (du) / (es).

5. Ist dein Pullover fleckig? Dann / waschen (Imperativ) / (du) / (er).

6. Deine Hände sind schmutzig? Dann / waschen (Imperativ) / (du) (sie).

7. Im Schaufenster liegt eine schöne Uhr. Ich wünsche (ich) (sie) zum Geburtstag.

8. Ich warte schon lange auf Post von (du). Wann / schreiben / (ich) / (du)? (Achtung: Falle!)

9. Dieses Buch brauche ich nicht. Du / können / (es) / (du) selber in den Schrank stellen.

10. Paul hat gut gearbeitet. Nehmen (Imperativ) / (er) / (ihr) / zum Vorbild. *(Lösungen s. S. 24)*

▶ **Wiederhole die Deklination der Personalpronomen S. 39 und S. 43.**

▶ **Wiederhole die n-Deklination S. 55/56.**

▶ **Bleibe am Ball bei den Nomen S. 164/165.**

Klaus Kleinmann: Die Turbo-Übungsgrammatik · Best.-Nr. 436
© Brigg Pädagogik Verlag GmbH, Augsburg

8.8 Einige Satzmuster, die man kennen sollte

Es gibt ein paar Satzmuster, die dir helfen, etwas eleganter Deutsch zu sprechen und zu schreiben, und natürlich auch besser zu verstehen. Manche kennst du, einige werden eher neu für dich sein. Präge sie dir ein und versuche sie gelegentlich anzuwenden. Alle sind eigentlich ganz leicht.

8.8.1 Reihungen mit „und"

> **Nichts Neues: Wenn zwei Angaben gleichzeitig gemacht werden sollen, verbindet man sie mit „und". Das funktioniert unabhängig von Satzglied und Wortart.**
>
> Jungen und Mädchen spielen gemeinsam am Computer.
>
> Wir lassen rote und blaue Luftballons steigen.
>
> Im Affenhaus betrachten wir Gorillas und Schimpansen.
>
> Ich möchte singen und tanzen vor Freude.
>
> **Wenn mehrere Angaben gleichzeitig gemacht werden sollen, steht „und" erst zwischen den beiden letzten Gliedern. Die vorderen werden durch Komma abgetrennt:**
>
> Wir lassen gelbe, rote und blaue Luftballons steigen.
>
> Im Affenhaus betrachten wir Orang-Utans, Gorillas und Schimpansen.
>
> Wir haben heute in der Schule Mathe, Deutsch und Erdkunde.
>
> Beim Sportfest mussten wir laufen, springen und werfen.
>
> Für dieses Gericht brauchen wir Eier, Zwiebeln, Butter und Salz.
>
> **Reihungen mit mehr als drei Gliedern werden selten verwendet, weil sie schwerer verständlich sind.**

 Bilde Reihungen mit drei Gliedern. Achte beim Schreiben auf die Kommasetzung:

1. In den Ferien werden wir / wandern-schwimmen-faulenzen.
2. In meiner Schultasche sind / Bücher-Hefte-Stifte.
3. Mutter versteckt an Ostern / blaue-gelbe-rote / Ostereier.
4. Das Möbelhaus verkauft / Tische-Stühle-Betten.
5. Serkan kauft am Kiosk / Lollis-Kaugummis-Cola.
6. Im Kühlschrank liegen / Butter-Käse-Schinken.
7. Auf dem Frühstückstisch stehen / Kaffee-Marmelade-Brötchen.
8. Vom Flughafen starten / Düsenjets-Propellermaschinen-Hubschrauber.
9. Jurij hat / Schraubenzieher-Bohrer-anderes Werkzeug / in seiner Werkzeugkiste.
10. Frau Meier nimmt / einen Koffer-eine Handtasche-einen Fotoapparat / mit in den Urlaub.

(Lösungen s. S. 24)

Klaus Kleinmann: Die Turbo-Übungsgrammatik · Best.-Nr. 436
© Brigg Pädagogik Verlag GmbH, Augsburg

8.8.2 Reihungen mit „oder"

Reihungen mit „oder" funktionieren genauso wie die mit „und":

Trinkst du lieber Cola oder Fanta?

Wir fahren im Sommer nach Frankreich oder nach Spanien.

Mal sehen, ob Vater heute einen Hecht oder einen Karpfen angelt.

Auch bei drei Gliedern geht es bei „oder" genauso wie bei „und":

Was machst du lieber: Laufen, Weitsprung oder Weitwurf?

Wir wissen noch nicht, ob wir heute Fußball, Basketball oder Volleyball spielen.

Im Sommer fahren wir nach Frankreich, Spanien oder Italien.

▶ **Bilde solche oder-Reihungen mit drei Gliedern. Achte beim Schreiben auf die Kommasetzung:**

1. Als Klassensprecher wählen wir / Fabio-Kolja-Sabine.

2. Nach Dänemark kann man / mit dem Auto-mit dem Schiff-mit der Eisenbahn / fahren.

3. Vater angelt / einen Hecht-einen Karpfen-einen alten Schuh.

4. Im Winter laufen wir / Schlittschuh-fahren Ski-rodeln.

5. Wo möchtest du sitzen: auf dem Stuhl-auf dem Sessel-auf dem Sofa?   **(Lösungen s. S. 24)**

8.8.3 Alternativen mit „entweder – oder"

Wenn es um die Wahl zwischen zwei Sachen geht, verwendet man oft „entweder – oder":

Du kannst entweder den roten oder den blauen Pulli anziehen.

Ich komme entweder um drei oder um vier Uhr zu dir.

Vater angelt entweder einen Hecht oder einen Karpfen.

▶ **Bilde Sätze mit „entweder – oder". Setze am Stern „entweder", am Kreuz „oder" ein:**

1. Wir fahren * nach Spanien + nach Frankreich.

2. Zum Abendessen gibt es * Brot + Bratkartoffeln.

3. Wir können * Fabio + Sabine zum Klassensprecher wählen.

4. Wir haben * bei Herrn Meier + bei Herrn Schulze Vertretung.

5. Paul überlegt noch, was er essen soll: * einen Pfirsich + eine Apfelsine.

Klaus Kleinmann: Die Turbo-Übungsgrammatik · Best.-Nr. 436
© Brigg Pädagogik Verlag GmbH, Augsburg

6. Nach Dänemark fahren wir * mit dem Auto + mit der Eisenbahn.

7. Im Sportunterricht könnt ihr heute * Fußball + Basketball spielen.

8. Entscheidet euch: * wir gehen spazieren + wir bleiben zu Hause.

9. Ich habe die Nachricht * im Fernsehen + im Radio gehört.

10. Es gibt * Tee + Kaffee.   *(Lösungen s. S. 24)*

8.8.4 Verbindungen mit „sowohl – als auch"

**Wenn zwei Alternativen gleichzeitig möglich sind, kann man das mit „sowohl – als auch"
ausdrücken. Dadurch wird betont, dass wirklich beides möglich ist:**

Zum Frühstück gibt sowohl Tee als auch Kaffee.

In der Schule haben wir heute sowohl Mathe als auch Deutsch.

Für den Kuchen brauchen wir sowohl Mandeln als auch Rosinen.

**Bilde solche Verbindungen mit „sowohl – als auch". Setze am Stern „sowohl", am Kreuz
„als auch" ein:**

1. Das Hotel hat * Einzelzimmer + Doppelzimmer.

2. Im Wartezimmer vom Zahnarzt liegen * Zeitungen + Zeitschriften.

3. Opa raucht * Pfeife + Zigarren.

4. * Elbe + Weser münden in die Nordsee.

5. Wir können * mit dem Fahrrad + mit dem Bus in die Schule fahren.

6. Du kannst * den blauen + den roten Pulli anziehen.

7. Es hat * gestern + heute geregnet.

8. Wir können im Zoo * die Eisbären + die Löwen betrachten.

9. Leon braucht zum Basteln * eine Schere + Kleber.

10. Wir sind im Urlaub * gewandert + geschwommen.   *(Lösungen s. S. 24)*

Klaus Kleinmann: Die Turbo-Übungsgrammatik · Best.-Nr. 436
© Brigg Pädagogik Verlag GmbH, Augsburg

8.8.5 Gegensätze mit „aber" und „sondern"

Die Bedeutung von „sondern" und „aber" ist nicht ganz identisch, aber sehr ähnlich:

Er taucht nicht gerne, aber er schwimmt gut.

Tanja kann gut zeichnen, aber sie ist unmusikalisch.

Ich habe in Deutsch eine Zwei, aber in Mathe eine Fünf.

Er kam nicht um vier, sondern um fünf.

Wir fahren nicht nach Italien, sondern nach Frankreich.

Ich möchte keine Fanta, sondern eine Cola.

Sascha bekam in Deutsch keine Zwei, sondern eine Drei.

Bilde Gegensätze mit „aber". Setze es am Kreuz ein und beachte: Vor „aber" steht ein Komma!

1. Er findet sein Heft nicht auf dem Schreibtisch + in der Schublade.

2. Dieses Mädchen ist nicht sehr fleißig + intelligent.

3. Deutschland ist nicht riesig + doch recht groß.

4. Herr Schneider ist arm + glücklich.

5. Dieses Buch ist nicht sehr spannend + lustig.

6. Das andere Buch ist nicht lustig + interessant.

7. Ich habe die Schere dabei + den Klebstoff vergessen.

8. Paul kann noch keine Krawatte binden + die Schuhe.

9. Die kleine Yildiz kann noch nicht sprechen + schon laufen.

10. Tanja hat zum Glück keinen Husten + einen schlimmen Schnupfen. *(Lösungen s. S. 24)*

Bilde Gegensätze mit „sondern". Setze es am Kreuz ein. Auch vor „sondern" steht ein Komma:

1. Unsere Katze frisst keine Mäuse + Whiskas.

2. Er schreibt ihr keine Mail + einen Brief.

3. Wir gehen nicht auf den Sportplatz + ins Schwimmbad.

4. Er findet sein Heft nicht auf dem Schreibtisch + in der Schublade.

5. Tanja hat keinen Husten + einen Schnupfen. *(Lösungen s. S. 25)*

Klaus Kleinmann: Die Turbo-Übungsgrammatik · Best.-Nr. 436
© Brigg Pädagogik Verlag GmbH, Augsburg

▶ Die Verbindung „nicht nur, sondern auch" hebt hervor, dass beides gleichzeitig vorkommt, wobei das Zweite fast noch wichtiger erscheint als das Erste. Setze am Stern „nicht nur" ein, am Kreuz „sondern auch". Vor „sondern" steht ein Komma!

1. Ich habe * die Schere vergessen + auch den Klebstoff.

2. Herr Schneider ist * reich + auch glücklich.

3. * der Bus + auch die Straßenbahn fährt zum Hauptbahnhof.

4. Das Buch ist * lustig + auch interessant.

5. Wir haben im Wald * Rehe + auch Hirsche gesehen.   *(Lösungen s. S. 25)*

8.8.6 Gegensätze mit „zwar – aber"

Diese Konstruktion drückt aus, dass die eine Alternative zwar (leider) nicht zutrifft, dafür aber (immerhin) die andere. Das „zwar" ist nicht obligatorisch, verstärkt aber die Bedeutung.

Vater angelte zwar keinen Hecht, aber immerhin einen alten Schuh.

Die kleine Yildiz kann zwar noch nicht sprechen, aber schon laufen.

Paul geht zwar noch nicht in die Schule, aber doch schon in den Kindergarten.

Ich bekam in Deutsch zwar keine Zwei, aber wenigstens eine Drei.

Wir sind zwar in den Ferien nicht verreist, aber wir hatten trotzdem viel Spaß.

▶ Bilde solche Gegensätze. Am Stern steht „zwar", am Kreuz steht „aber". Bedenke: vor „aber" wird ein Komma gesetzt!

1. Ich habe * den Kleber dabei + die Schere vergessen.

2. Unsere Wohnung ist * nicht riesig + für uns groß genug.

3. Herr Meier hat mir das * mündlich gesagt + noch nicht schriftlich bestätigt.

4. Wir fahren * keinen Mercedes + unser Auto ist auch nicht schlecht.

5. Nach den Ferien müssen wir * wieder in die Schule + wir treffen dort immerhin unsere Klassenkameraden wieder.

6. Das Essen war * nicht besonders gut + wir sind wenigstens satt geworden.

7. Tanja hat * den Wettkampf nicht gewonnen + sie ist immerhin Zweite geworden.

8. Vom Hotelzimmer aus kann man das Meer * nicht sehen + man hört es rauschen.

9. Opa Meier hat * keine Haare auf dem Kopf + auf der Zunge.

10. Wir können * heute nicht kommen + wir kommen morgen.   *(Lösungen s. S. 25)*

9. Das Präteritum

Die deutsche Sprache kennt verschiedene Zeitformen, um die Vergangenheit auszudrücken. Du kennst dafür schon das Perfekt. Es drückt vergangenes Geschehen im mündlichen Sprachgebrauch aus und ist damit die häufigste Form der Vergangenheit.

Das Präteritum ist dagegen vorwiegend in der Schriftsprache zu finden. Wer richtig Deutsch sprechen will, muss es kennen, vor allem um geschriebene Texte zu verstehen und zu produzieren.

9.1 Das Präteritum der Hilfsverben „haben" und „sein"

haben		sein	
ich	**hatte**	ich	**war**
du	**hattest**	du	**warst**
er, sie, es	**hatte**	er, sie, es	**war**
wir	**hatten**	wir	**waren**
ihr	**hattet**	ihr	**wart**
sie/Sie	**hatten**	sie/Sie	**waren**

Diese Formen sind auch im mündlichen Sprachgebrauch wichtig, nämlich dann, wenn das Hilfsverb wie ein Vollverb verwendet wird (vgl. S. 16):

Ich **hatte** vor ein paar Tagen Geburtstag.

Leon **hatte** einen schweren Unfall.

Wir **hatten** mal wieder keine Ahnung.

Warum **warst** du gestern nicht da?

Petra **war** im Schwimmbad.

Wart ihr im Urlaub?

▶ **Setze folgende Sätze ins Präteritum:**

1. Jürgen und Erika sind krank.
2. Sie haben hohes Fieber.
3. Meine Schwester ist im Kindergarten.
4. Du bist in Mathe nicht zu schlagen.
5. Herr Meier hat einen Bart.
6. Ihr seid im Kino.
7. Ich bin für ihn immer zu sprechen.
8. Ihr seid doch hoffentlich nicht böse auf uns.
9. Ihr habt großes Glück.
10. Wir haben leider kein Geld.

(Lösungen s. S. 25)

Klaus Kleinmann: Die Turbo-Übungsgrammatik · Best.-Nr. 436
© Brigg Pädagogik Verlag GmbH, Augsburg

9.2 Das Präteritum der regelmäßigen Vollverben

Die Bildung ist hier ganz einfach: Sie erfolgt mit –te:

Präsens		Präteritum	
ich	sage	ich	sag**te**
du	sagst	du	sag**test**
er, sie, es	sagt	er, sie, es	sag**te**
wir	sagen	wir	sag**ten**
ihr	sagt	ihr	sag**tet**
sie/Sie	sagen	sie/Sie	sag**ten**

Setze ins Präteritum:

1. Der arme Hund heult schrecklich.

2. Die Wunde heilt schnell.

3. Paul füllt sein Glas mit Cola.

4. Du holst Kartoffeln aus dem Keller.

5. Die Rosen blühen im Garten.

6. Ich schenke meiner Mutter einen Blumenstrauß.

7. Die Kinder blicken voller Staunen auf den Weihnachtsbaum.

8. Ihre Augen glänzen vor Freude.

9. Der Luftballon platzt, und es knallt laut.

10. Der Fahrer bremst nicht rechtzeitig und lenkt daher sein Auto in den Graben.

(Lösungen s. S. 25)

Manchmal klingt das etwas seltsam. Daran merkt man, dass diese Formen nicht häufig verwendet werden. Setze auch hier ins Präteritum:

1. Der Radfahrer achtet nicht auf die rote Ampel.

2. Ihr antwortet eurem Lehrer.

3. Petra heiratet Paul.

4. Mutter schüttet das Schmutzwasser in den Ausguss.

5. Ihr mietet eine größere Wohnung.

6. Der kleine Junge hustet fürchterlich.

7. Ihr badet in einem kühlen See.

(Lösungen s. S. 25)

Klaus Kleinmann: Die Turbo-Übungsgrammatik · Best.-Nr. 436
© Brigg Pädagogik Verlag GmbH, Augsburg

Das Präteritum ist nicht zuletzt die Sprache der Märchen. Wenn du den folgenden Text (frei nach den Brüdern Grimm) ins Präteritum setzt, merkst du sicher, dass das sehr schön klingen kann (kursiv gedruckte Verben werden nicht verändert):

In einem großen Wald lebt ein armer Holzhacker mit seiner Frau und seinen zwei Kindern. Sie haben wenig zu *essen*, denn alles ist sehr teuer. Der Holzhacker holt seine Frau zu sich, seufzt tief und verabredet mir ihr, die Kinder in den Wald zu *schicken*, wo sie sich selber *ernähren* sollen. Hänsel, der Sohn der beiden, hört das zufällig und berichtet seiner Schwester vom Plan der Eltern. Sie überlegen, was sie *tun* sollen, und Hänsel hat eine Idee. Er sammelt Steine auf und steckt sie ein. Damit markiert er den Weg, auf dem der Vater sie nachts in den Wald führt. Schon bald kehren die Kinder zu ihren Eltern zurück …

(Lösungen s. S. 25)

Klaus Kleinmann: Die Turbo-Übungsgrammatik · Best.-Nr. 436
© Brigg Pädagogik Verlag GmbH, Augsburg

Präsens	Präteritum	Perfekt
ich träume		
	wir lachten	
		er hat gearbeitet
sie suchen		
	du spieltest	
	sie verreisten	
es regnet		
	er antwortete	
wir stolpern		
ihr sagt		
	du weintest	
		ich bin gestartet
wir haben Hunger		
	sie waren traurig	
sie wird rot		

(Lösungen s. S. 26)

▶ **Unterstreiche die Verbformen (alle Teile!). Schreibe auf die Zeilen, um welche Verbform es sich im Satz handelt.**

1. Papa hat das Geschirr gespült. _____

2. Reichst du mir bitte mal das Salz herüber? _____

3. Petra tankte das Auto voll. _____

4. Hier stimmt etwas nicht! _____

5. Da hast du aber noch einmal Glück gehabt! _____

6. Wir sind gerade noch rechtzeitig angekommen. _____

7. Sie fragten sich gegenseitig Vokabeln ab. _____

8. Sie ist über den Zaun geklettert. _____

(Lösungen s. S. 26)

Klaus Kleinmann: Die Turbo-Übungsgrammatik · Best.-Nr. 436
© Brigg Pädagogik Verlag GmbH, Augsburg

10. Die Stammformen unregelmäßiger Verben

Es gibt zwei Grundmuster, nach denen die Zeitformen von Verben gebildet werden.

a) Das kennst du schon: die schwache Form (regelmäßige Verben):

sag **en**	sag **te**	ge sag t
träum **en**	träum **te**	ge träum t

Der Stamm bleibt in allen Formen unverändert.

Im Präteritum wird **-te-** eingefügt.

Das Partizip II wird mit der Vorsilbe **ge-** und der Endung **-t** gebildet.

b) Das musst du noch lernen: die starke Form (unregelmäßige Verben):

sing **en**	sang	ge sung en
brech **en**	brach	ge broch en

Der Stamm ändert seinen Klang, manchmal auch seine Gestalt.

Das Präteritum wird fast immer **ohne -t-** gebildet.

Das Partizip II endet auf **-en**.

Die Bildung der starken Formen ist auch deutschen Sprechern nicht immer vertraut. Vor allem die starke Präteritum-Form ist nicht jedem geläufig. Daher sollte man sich erst recht gezielt damit auseinandersetzen.

Für die Bildung der starken Verbformen gibt es leider keine Regeln (denn es sind ja „unregelmäßige" Verben). Es gibt jedoch Gruppen von starken Verben, die ihre Stammformen nach den gleichen Mustern bilden. Diese Gruppen lassen sich gemeinsam leichter lernen.

Es hilft nur eines: Lerne die Stammformen!

Gruppe 1: i – a – u

Infinitiv	Präteritum	Partizip II
singen	**sang**	**gesungen**

▶ **Zeichne eine solche Tabelle mit den drei Zeiten in dein Heft und trage die entsprechenden Formen folgender Verben ein:**

binden, finden, gelingen, ringen, schlingen, (ver)schwinden, schwingen, sinken, stinken,

wringen, zwingen, trinken;

kein Präteritum möglich: schinden

Klaus Kleinmann: Die Turbo-Übungsgrammatik · Best.-Nr. 436
© Brigg Pädagogik Verlag GmbH, Augsburg

Gruppe 2: a – u – a

schlagen – schlug – geschlagen

▶ **Bilde entsprechend und trage (mit dem Beispiel) in die Tabelle ein. Lerne die Stammformen!**

fahren, graben, laden, tragen, wachsen, waschen

Gruppe 3: e – a – o

brechen – brach – gebrochen

▶ **Bilde entsprechend und trage (mit dem Beispiel) in die Tabelle ein. Lerne die Stammformen!**

bergen, bersten, gelten, helfen, schelten, sprechen, stechen, stehlen, sterben, verderben, werben, werfen

Gruppe 4: i – a – o

gewinnen – gewann – gewonnen

▶ **Bilde entsprechend und trage (mit dem Beispiel) in die Tabelle ein. Lerne die Stammformen!**

rinnen, schwimmen, sinnen, spinnen

Gruppe 5: i – o – o

schieben – schob – geschoben

▶ **Bilde entsprechend und trage (mit dem Beispiel) in die Tabelle ein. Lerne die Stammformen!**

a) **ohne Besonderheiten:**

biegen, bieten, fliegen, frieren, kriechen, riechen, verlieren, wiegen;
kein Präteritum: erklimmen

b) **Starke und schwache Formen möglich:**

glimmen;

c) **Achtung: -ieh-:**

fliehen, ziehen

Klaus Kleinmann: Die Turbo-Übungsgrammatik · Best.-Nr. 436
© Brigg Pädagogik Verlag GmbH, Augsburg

d) Achtung: s-Lautveränderung:

> **fließen – floss – geflossen**

genießen, gießen, schießen, schließen, sprießen, verdrießen

e) Doppelkonsonant in Präteritum und Partizip II:

triefen

f) Variante e – o – o:

dreschen, fechten, flechten, heben, melken, quellen, scheren, schmelzen, schwellen

g) Andere Vokale im Infinitiv:

betrügen, gären, lügen, saufen, schwören

Gruppe 6: a – i – a

> **fangen – fing – gefangen**

 Bilde entsprechend und trage (mit dem Beispiel) in die Tabelle ein. Lerne die Stammformen!

a) Ohne Besonderheit:

hängen

b) im Präteritum -ie-:

blasen, braten, fallen, halten, lassen, raten, schlafen

Bei „fallen" heißt das Präteritum „fiel", bei „lassen" heißt es „ließ".

c) Andere Vokale im Infinitiv:

gehen, hauen, laufen

Bei „hauen" gibt es eine starke und eine schwache Präteritumform (haute/hieb)

Gruppe 7: ei – i – i

> **streichen – strich – gestrichen**

 Bilde entsprechend und trage (mit dem Beispiel) in die Tabelle ein. Lerne die Stammformen!

a) Ohne Besonderheiten:

gleichen, schleichen, weichen;
auch schwache Formen möglich: bleichen

Klaus Kleinmann: Die Turbo-Übungsgrammatik · Best.-Nr. 436
© Brigg Pädagogik Verlag GmbH, Augsburg

b) Mit -ie- oder -ieh-:

bleiben, gedeihen, heißen, leihen, meiden, reiben, scheiden, scheinen, schreiben, schreien, schweigen, speien, steigen, treiben, verzeihen, weisen

Bei „heißen" lautet das Partizip II „geheißen".

c) Achtung: Konsonantenverdoppelung in Präteritum und Partizip II:

greifen, kneifen, leiden, pfeifen, reiten, schleifen, schneiden, schreiten, streiten

d) Achtung: s-Lautveränderung:

beißen – biss – gebissen

reißen, scheißen, schmeißen, verschleißen

Gruppe 8: e – a – a

brennen – brannte – gebrannt

▶ **Bilde entsprechend und trage (mit dem Beispiel) in die Tabelle ein. Lerne die Stammformen!**

kennen, nennen, rennen

Gruppe 9: e – a – e

lesen – las – gelesen

▶ **Bilde entsprechend und trage (mit dem Beispiel) in die Tabelle ein. Lerne die Stammformen!**

a) Ohne Besonderheit (aber Achtung: -ieh- in der 2. und 3. Pers. Sg. Präs.):

sehen

b) Im Präteritum -ß-:

messen, essen, fressen

Klaus Kleinmann: Die Turbo-Übungsgrammatik · Best.-Nr. 436
© Brigg Pädagogik Verlag GmbH, Augsburg

Gruppe 10: Sonderformen

> **!** **Achtung:** Einige wenige Verben lassen sich keiner Gruppe zuordnen.
> Suche die entsprechenden Formen und trage sie in die Tabelle ein:
>
> **denken, mögen, kommen, stehen, bitten, sitzen, rufen**

 Zeichne nun folgende Tabelle ins Heft:

1. Pers. Sg. Präsens	1. Pers. Sg. Präteritum	1. Pers. Sg. Perfekt

 Trage zur Wiederholung die Formen folgender Verben ein (bitte aus dem Kopf):

tragen, sitzen, riechen, stinken, schleifen, schelten, glimmen, blasen, sinnen, kneifen, raten, sinken, kriechen, schleichen, verdrießen, braten, spinnen, gelten, kommen, pfeifen, bergen, schwimmen, fahren, sehen, stehlen, bersten, bieten, mögen, stehen, bitten, graben, reißen, vergleichen, zwingen, schließen

 **Wiederhole jeden Tag fünf weitere unregelmäßige Verben!**

> **Lerne noch einmal die unregelmäßigen Verben, die das Perfekt mit „sein" bilden. Trage auch die Stammformen dieser Verben in die Tabelle ein.**

bersten, bleiben, brechen, fahren, fallen, fliegen, fliehen, gären, gedeihen, gelingen (es ist gelungen), gehen, geschehen (es ist geschehen), kommen, kriechen, laufen, quellen, reiten, rennen, schleichen, schmelzen, schreiten, schwellen, schwimmen, sinken, sprießen, springen, steigen, sterben, verschwinden, wachsen, weichen, werden

> **Mach dich locker für eine kleine Übung: Wir wenden die unregelmäßigen Verben in Sätzen an. Bilde Sätze im Präteritum und im Perfekt. Beachte, wann im Perfekt „haben" bzw. „sein" verwendet wird.**

1. Der alt_____ Wächter / schließen / das schwer_____ Eisentor.

2. Hänsel und Gretel / laufen / durch d_____ dunkl_____ Wald.

3. Die flink_____ Fliege / riechen / ein_____ gut_____ alt_____ Käse.

4. Paul / herumschleichen / um d_____ Topf mit d_____ Honig.

5. Die brav_____ Kinder aus d_____ viert_____ Klasse / singen / ein_____ schön_____ alt_____ Volkslied.

6. Hoffentlich / verzeihen / (wir) d_____ lieb_____ Gott schon uns_____ Sünden von gestern.

7. D_____ dünn_____ Eis auf uns_____ See / brechen.

8. D_____ klein_____ Serkan / fallen / ins kalt_____ Wasser.

9. Zum Glück / retten / man (er) noch rechtzeitig.

Klaus Kleinmann: Die Turbo-Übungsgrammatik · Best.-Nr. 436
© Brigg Pädagogik Verlag GmbH, Augsburg

10. Der Mörder im Film / halten / ein_____ lang_____ Messer in der Hand.

11. Vater / graben / im Garten / ein_____ tief_____ Loch.

12. Petra / leihen / (ich) ihr_____ schick_____ neu_____ Füller.

13. Fischers Fritz / fangen / frisch_____ Fische.

14. In uns_____ Garten / wachsen / viel_____ schön_____ Blumen.

15. In d_____ voll_____ Straßenbahn / sitzen / viel_____ müd_____ Leute.

16. Meine Lehrer (Pl.) / raten / (ich) zu ein_____ ander_____ Arbeitsstil.

17. Wir / bleiben / gerne noch bei (ihr, 2. Pers. Pl.).

18. Ich / lesen / ein_____ spannend_____ Buch.

19. Ich / kennen / bisher kein_____ spannender_____ Geschichte.

20. Uschi / denken / immer wieder an d_____ letzt_____ Urlaub.

21. Sie / schwimmen / so gern im blau_____ Ozean.

22. Sie / liegen / auch gern im weiß_____ Sand.

23. Voller Sehnsucht / träumen / sie von ein_____ einsam_____ Insel.

24. Ich / sehen / (ich) das toll_____ Fußballspiel an.

25. Leider / schießen / unser_____ Stürmer (Pl.) nur ein einzig_____ Tor.

26. Daher / gewinnen / eur_____ Mannschaft gegen unser_____ Mannschaft.

27. Ömer / rasen / mit sein_____ neu_____ Moped durch die still_____ Straßen d_____ Stadt.

28. Die Sonne / versinken / blutrot hinter d_____ Horizont.

29. Am nächst_____ Morgen / gehen / sie wieder auf.

30. Marias Bruder / laufen / mit sein_____ Schultasche aus dem Haus.

31. Zwei fett_____ Krähen / sich streiten / um d_____ Rest von ein_____ Pausenbrot.

32. Sie / sich anschreien.

33. Sie / zerreißen / das Brot in klein_____ Stücke.

34. Jede / fliegen / mit ein_____ Brocken auf ein_____ ander_____ Baum.

35. Dort / sattfressen / sie sich in all_____ Ruhe.

36. Sie / genießen / ihr_____ Beute.

37. Frau Müller / verlieren / ihr_____ Schlüssel.

38. Sie / suchen / (er) überall.

39. Aber sie / können / (er) nirgends finden.

40. Ihr Sohn Florian / wiederfinden / (er) aber unter der gestrig_____ Zeitung.

41. Lisa / bestehen / (sie) Examen mit best_____ Noten.   **(Lösungen s. S. 26/27)**

▶ **Freundliche Erinnerung: Wiederhole jeden Tag fünf unregelmäßige Verben mit ihren Stamm-formen.**

Klaus Kleinmann: Die Turbo-Übungsgrammatik · Best.-Nr. 436
© Brigg Pädagogik Verlag GmbH, Augsburg

> So etwas hätten die Brüder Grimm nie zu schreiben gewagt! (Sie verwendeten für ihre Märchen nämlich immer das Präteritum. Mache es ihnen nach und schreibe alle Verben mit Ziffer im Präteritum auf die Zeilen.)

Die fröhliche Prinzessin

In einem tiefen Walde (1) lebt ein mächtiger König in einem großen Schloss. Er (2) hat nur ein einziges Kind, eine Tochter, die (3) ist wunderschön. Viele Prinzen (4) kommen vorbei und (5) wollen das Mädchen heiraten, aber sie (6) lehnt immer ab. Sie (7) hat Angst vor jungen Männern, denn sie (8) ist wohl noch sehr jung. Der Vater (9) denkt nach und (10) beschließt, eine Reihe vornehmer Königssöhne von außerhalb einzuladen. Diese (11) folgen der Einladung mit Freuden und (12) leben gerne auf dem Schloss, so dass die Tochter allmählich ihre Angst (13) verliert und sich an sie (14) gewöhnt, weil sie sie ja jeden Tag (15) sieht. Bald (16) weiß sie nicht mehr, welcher der Prinzen ihr besser (17) gefällt. Es (18) scheint fast so, als ob der Vater nun ein neues Problem (19) bekommt: Erst (20) will sie keinen, jetzt am liebsten alle… Es (21) ist aber auch wirklich schwierig: Der eine (22) singt so schön, der nächste (23) riecht so gut, der Dritte (24) bietet ihr Gold und Edelsteine an, der Vierte (25) schießt mit Leichtigkeit den höchsten Apfel vom Baum, der Fünfte (26) reitet schneller als der Wind, der Sechste (27) schreibt wundervolle Briefe, und was der Siebte so ganz besonders gut (28) kann, davon (29) schweigt die Königstochter lieber… Der König (30) versammelt alle seine Ratgeber um sich herum und sie (31) besprechen die Lage ausführlich, (32) finden aber auch gemeinsam keine Lösung. Des Königs Herz (33) bricht vor Kummer, er (34) wird krank und (35) stirbt. Die Königstochter (36) trauert eine Weile um ihn, dann aber (37) fängt sie an, sich damit abzufinden. Sie (38) vergisst ihren Schmerz und (39) genießt ihr Leben in vollen Zügen. Es soll noch viele Jahre lustig zugegangen sein, dort hinten im tiefen Walde…

(Lösungen: s. S. 27)

Ein schwerer Tag für Tanja

Tanja ist eigentlich ein hübsches Mädchen, aber heute sieht sie nicht gut aus. Hier erfährst du, woran das liegt:

 Übertrage alle nummerierten Verbformen vom Präteritum ins Perfekt:

Anscheinend (1) schlief sie nicht gut. Offenbar (2) ging sie auch viel zu spät ins Bett. Ob sogar Alkohol im Spiel (3) war? Wie ich nämlich später (4) hörte, (5) feierte sie mit Freunden gestern eine Party, bei der manch einer nicht nur Wasser (6) trank. Wenn ich Tanja richtig (7) verstand, (8) fiel sie erst um 4.00 Uhr früh ins Bett und (9) fand nicht einmal mehr Zeit, sich abzuschminken. Auch den Wecker (10) stellte sie nicht …

 Übertrage hier alle nummerierten Verbformen vom Präsens ins Präteritum:

Natürlich (1) verschläft sie, und als ihre Mutter sie endlich (2) weckt, (3) gelingt ihr das Aufstehen nur unter größten Schwierigkeiten. Dann aber (4) rennt sie hastig ins Bad, (5) putzt sich die Zähne, (6) wäscht sich das Gesicht und (7) zieht schnell frische Klamotten an, weil die von gestern unangenehm nach Party (8) riechen. Ein letzter Blick in den Spiegel (9) zeigt ihr: Sie (10) sieht noch sehr müde aus; ein Blick auf die Uhr (11) beweist ihr: In diesem Moment (12) fährt gerade der Schulbus ab. Sie (13) kommt also zu spät, so viel (14) steht fest. Das (15) ärgert sie sehr, denn sie (16) will sich von ihrem Lehrer keine peinlichen Fragen stellen lassen. Daher (17) bittet sie ihre Mutter, ob sie ihr nicht eine Entschuldigung schreiben (18) kann. Die Mutter (19) schimpft zwar ziemlich, (20) schreibt aber doch etwas von „Magenverstimmung" und „Kreislaufproblemen", wobei sie ja nicht einmal (21) lügt. Tanja (22) nimmt den Zettel dankbar an, (23) steckt ihn in die Tasche und (24) läuft eilig aus dem Haus. Ein leichter Nieselregen (25) fällt, und Tanjas Laune (26) sinkt noch tiefer. Wehe, wenn ihr heute in der Schule einer quer (27) kommt, der (28) kann was erleben!

(Lösungen: s. S. 27)

Klaus Kleinmann: Die Turbo-Übungsgrammatik · Best.-Nr. 436
© Brigg Pädagogik Verlag GmbH, Augsburg

11. Das Plusquamperfekt

Das Plusquamperfekt drückt aus, dass eine Handlung in der Vergangenheit abgeschlossen war, bevor eine andere begann.

Die Handlung spielt *insgesamt in der Vergangenheit*, aber:

Eine Aktion war schon abgeschlossen:	**Dann begann erst die nächste:**
Nachdem er seine Note erfahren hatte,	stieß er einen Freudenschrei aus.
Sie hatte den Koffer gerade gepackt,	als schon der Taxifahrer klingelte.
Ich hatte lange gewartet,	dann kam endlich der ersehnte Brief.
Nachdem er das Licht eingeschaltet hatte,	erkannte er den fliehenden Einbrecher.
Wir waren sehr schnell gerannt,	aber wir sind doch zu spät gekommen.
Abgeschlossene Aktion:	**Neu beginnende Aktion:**
Plusquamperfekt	**Präteritum oder Perfekt**

▷ **Die Präteritum-Formen der Hilfsverben werden für das Plusquamperfekt gebraucht. Hier kannst du dir noch einmal über ihre Bildung klar werden:**

		haben	sein
Singular	1. Person		
	2. Person		
	3. Person		
Plural	1. Person		
	2. Person		
	3. Person		

(Lösungen s. S. 27)

Das Plusquamperfekt wird gebildet aus dem Präteritum der Hilfsverben „haben" oder „sein" und dem Partizip II:

laufen	er war	*gelaufen*	warten	wir hatten	*gewartet*
rennen	du warst	*gerannt*	essen	ich hatte	*gegessen*

▶ **Unterstreiche die Präteritumform des Hilfsverbs und bestimme dann folgende Formen:**

er hatte gesucht   3. Pers. Sg. Plusqu.

sie waren gelaufen

ihr hattet gelacht

sie waren gefahren

ich hatte bestellt

du hattest gesprochen

es war dunkel geworden

er hatte Appetit bekommen

▶ **Bilde folgende Verbformen; unterstreiche die Präteritumform des Hilfsverbs:**

1. Sg. Plusqu: verlieren

3. Pl. Plusqu.:   arbeiten

1. Sg. Plusqu.:   brauchen

2. Sg. Plusqu. : waschen

3. Pl. Plusqu.:   fliegen

2. Pl. Plusqu. : springen

1. Pl. Plusqu. : laufen

3. Pl. Plusqu. : brüllen

Und jetzt durcheinander:

▶ **Bilde folgende Verbformen:**

1. Sg. Plusqu.: abholen

3. Pl. Perf.:   arbeiten

1. Sg. Prät.:   bringen

2. Sg. Perf. :   denken

3. Pl. Plusqu.: heben

2. Pl. Perf. :   singen

2. Pl. Prät. :   laufen

3. Pl. Plusqu.: fliegen

3. Pl. Prät.:   prüfen

(alle Lösungen s. S. 28)

Klaus Kleinmann: Die Turbo-Übungsgrammatik · Best.-Nr. 436
© Brigg Pädagogik Verlag GmbH, Augsburg

11.1 Der Gebrauch des Plusquamperfekts

Du weißt schon: Das Plusquamperfekt bezeichnet, was in der Vergangenheit zuerst geschah, bevor etwas anderes (auch in der Vergangenheit) geschah. Die Übung ist schwer, dein Lehrer hilft dir!

Er aß und hielt danach einen Mittagsschlaf.	Nachdem _____ _____ _____
Sie feierten die halbe Nacht durch. Deshalb waren sie am nächsten Tag furchtbar müde.	Weil _____ _____ _____
Marlies gab ihre Mathearbeit ab. Hinterher fiel ihr noch ein Fehler ein.	Nachdem _____ _____ _____
Wir sahen uns die Tagesschau an und schalteten dann den Fernseher aus.	Nachdem _____ _____ _____ _____
Herr Müller erlitt einen Herzanfall. Da gab er endlich das Rauchen auf.	Nachdem _____ _____ _____ _____
Den ganzen Nachmittag übte sie die unregelmäßigen Verben. Trotzdem brachte sie bei der Arbeit alles durcheinander.	Obwohl _____ _____ _____ _____
Die Putzfrau wachste das Parkett. Deshalb rutschte sie aus.	Weil _____ _____ _____
Ich schrieb den Brief und klebte anschließend den Umschlag zu.	Nachdem _____ _____ _____

(Lösungen s. S. 28)

© Brigg Pädagogik Verlag GmbH, Augsburg

11.2 Präsens – Präteritum – Perfekt – Plusquamperfekt

Kannst du die Zeiten sicher erkennen?

▶ **Unterstreiche die Verformen (mit Hilfsverben, Partizipien und Verbzusätzen) im Text. Schreibe die vollständigen Verbformen dann untereinander in dein Heft. Das gilt auch für Infinitive. Bestimme jeweils die Verbform mit Person, Zahl (Singular/Plural) und Zeit, bzw. schreibe „Infinitiv".**

Der Rattenfänger zu Hameln

Die Stadt Hameln liegt in Norddeutschland an der Weser. Sie ist berühmt für folgende Sage, die aus dem Jahre 1284 stammt:

Ein seltsamer Mann kam in die Stadt und behauptete, ein Rattenfänger zu sein. Er versprach, die Stadt von allen Ratten und Mäusen zu befreien, die sich in Hameln arg vermehrt hatten. Nachdem die Bürger das gehört hatten, stimmten sie zu und versprachen einen guten Lohn.

Der Rattenfänger zog eine Flöte heraus und fing an zu spielen. Da kamen alle Ratten und Mäuse aus den Häusern und folgten ihm bis in den Fluss, wo sie ertranken. Nun wollten die Bürger aber den Lohn, den sie versprochen hatten, nicht zahlen. Der Rattenfänger ist daraufhin unter wüsten Drohungen aus Hameln verschwunden. „Ich räche mich an euch, das könnt ihr mir glauben", hat er geschrien.

Ein paar Tage später kam er tatsächlich zurück und spielte wieder auf seiner Flöte. Diesmal liefen aber nicht Ratten und Mäuse, sondern Kinder in großer Zahl zu ihm hin. Sie folgten ihm, und er führte sie in die Höhle eines Berges, deren Eingang sich schon kurz darauf wieder hinter ihnen geschlossen hatte. Niemand hat die Kinder jemals wiedergesehen. Die meisten Leute glauben, dass sie in der Höhle gestorben sind. Andere sagen aber, sie sind in Rumänien (in Siebenbürgen) wieder herausgekommen.

Der Berg bei Hameln, wo die Kinder angeblich verschwunden sind, heißt der Poppenberg. Dort steht noch heute ein Denkmal, das an diese schlimme Geschichte erinnert.

(Lösungen s. S. 29)

▶ **Wiederhole die unregelmäßigen Verben der Gruppe 1–4.**

▶ **Wie gut kannst du die Nomen auf S. 164/165?**

Klaus Kleinmann: Die Turbo-Übungsgrammatik · Best.-Nr. 436
© Brigg Pädagogik Verlag GmbH, Augsburg

12. Texte aus der Vergangenheit ins Präsens zurückübersetzen

Zum Schreiben einer Inhaltsangabe muss man Texte ins Präsens zurückübersetzen. Das fällt zwar etwas schwer, ist aber eine wichtige Übung. Damit du siehst, wie das geht, steht der erste Teil der Rattenfängersage hier im Präsens:

Ein seltsamer Mann kommt in die Stadt und behauptet, ein Rattenfänger zu sein. Er verspricht, die Stadt von allen Ratten und Mäusen zu befreien, die sich in Hameln arg vermehrt haben*. Nachdem die Bürger das gehört haben*, stimmen sie zu und versprechen einen guten Lohn.

Der Rattenfänger zieht eine Flöte heraus und fängt an zu spielen. Da kommen alle Ratten und Mäuse aus den Häusern und folgen ihm bis in den Fluss, wo sie ertrinken. Nun wollen die Bürger aber den Lohn, den sie versprochen haben*, nicht zahlen. Der Rattenfänger verschwindet daraufhin unter wüsten Drohungen aus Hameln. "Ich räche mich an euch, das könnt ihr glauben!", schreit er.

* Achtung: Das Plusquamperfekt wird in Perfekt umgesetzt.

▶ **Vergleiche mit der Originalfassung. Man muss sich zu einer solchen Rückübersetzung manchmal richtig zwingen: in der Vergangenheit klingt es besser. Für Inhaltsangaben *muss* man das aber tun!**

▶ **Schreibe auch den zweiten Teil der Rattenfängersage ins Präsens um.**

(Lösung s. S. 29)

▶ **Hier kannst du weiter üben. Übertrage den folgenden Text ins Präsens:**

Münchhausens seltsame Hasenjagd

Baron Münchhausen war ein ausgesprochen kühner Reiter und besaß ein wundervolles Pferd. Kein Hindernis der Welt zwang es je zu einem Umweg. Nach einer äußerst seltsamen Jagd berichtete er:

Stellt euch vor, ich war auf der Hasenjagd. Ein besonders schönes Exemplar rannte vor mir weg, quer über eine große Straße, auf der gerade eine Kutsche mit zwei jungen Damen fuhr. Die Kutsche befand sich nun genau zwischen mir und dem Hasen, ihre Fenster standen weit offen. Mein Jagdeifer ließ mich nicht lange überlegen: Ich gab meinem Gaul die Sporen, und er sprang mit mir in einem großen Satz mitten durch die Kutsche hindurch. Das alles ging so schnell, dass ich mich kaum bei den Damen wegen dieser Belästigung entschuldigen konnte.

Nach dem Sprung durch die Kutsche verfolgte ich den Hasen noch zwei Tage lang, aber ich kam einfach nicht zum Schuss. Der Bursche rannte viel zu schnell und zu ausdauernd. Ich glaube nicht an Hexerei, für diese Zähigkeit fehlte mir aber wirklich jede vernünftige Erklärung. Endlich hoppelte das Tier dann doch einmal in Schussweite vor mir her. Die Büchse krachte, der Hase war tot.

Beim Anblick der Beute staunte euer Baron Münchhausen allerdings nicht schlecht. Das seltsame Wesen besaß nämlich acht Beine: Vier hatte es wie üblich an der Unterseite, vier weitere wuchsen jedoch auf dem Rücken. Jetzt wunderte ich mich nicht mehr über seine Laufkünste. Bestimmt hatte das Tier sich bei Erschöpfung ganz einfach auf die andere Seite gedreht und war dann mit neuer Kraft auf dem Rücken weitergelaufen.

Anmerkung: Der letzte Satz muss ins Perfekt übertragen werden.

(Lösungen s. S. 29/30)

Klaus Kleinmann: Die Turbo-Übungsgrammatik · Best.-Nr. 436
© Brigg Pädagogik Verlag GmbH, Augsburg

Auch der folgende Text eignet sich gut für diese Art Übung:

Warum Marko nicht heimkam

Nach Juliane Kay

Der Sägemüller Vertec wohnte jenseits des Flusses, tief in den Wäldern. Der Weg zum nächsten Markt war weit, und die Frau, die genug zu tun hatte mit ihrem Haushalt – denn der Mann und die Söhne und auch die Knechte achteten auf gutes und reichliches Essen –, Marta Vertec also hatte wenig Lust, den langen Weg aus der Schlucht heraus, über die Brücke und noch am Fluss entlang bis in den Ort zu laufen, nur um einzukaufen, was „ihre Männer" brauchten.

Wer Marko, den Pudel, dazu abrichtete, erfuhren wir nie, aber Marko trabte mit dem Einkaufskorb im Maul von der Mühle den weiten Weg nach Sednija und kaufte ein. Er tat es gern, er war stolz auf sein Amt als Einkäufer, und jedermann kannte ihn und freute sich, wenn er kam. Im Korb lagen der Zettel mit den Bestellungen und die Börse mit dem abgezählten Geld. Marko lief von Geschäft zu Geschäft mit seinem Korb, und der Fleischer, der Krämer und dann und wann auch der Apotheker lasen vom Zettel ab, was in den Korb kommen sollte, nahmen das Geld, das ihnen zustand, streichelten an dem hübschen Pudel herum, der so geduldig wartete, bis er an die Reihe kam, und nur zuweilen, wenn es zu lange dauerte, mit Vorderpfoten und Kopf über dem Ladentisch erschien – was alle immer wieder zum Lachen brachte. Es sah zu drollig aus, wenn der schwarze Kleine die Leute daran erinnerte, dass er bedient werden wollte.

Wenn er heimwärts lief, rannten die Kinder, die ihn kannten, noch eine Weile neben ihm her. Dann verschwand er heimwärts über die Brücke, langsamer, als er gekommen war, denn der Korb war nun schwer. Er trabte durch die Schlucht und kam pünktlich daheim an.

Alle lobten ihn dann, und aus den Mienen konnte er sehen, wie zufrieden sie waren, wie stolz auf den klugen Hund. Sie sagten es ihm, Marta sagte es, Tonio, der Müller, die Söhne, die Knechte – jeder lobte ihn, weil er nie in Versuchung kam, seine Einkäufe gelegentlich aufzufressen. Er verlor nichts aus dem Korb, weder die Börse noch Martas Schürzenstoff noch den Tabak des Müllers. „Guter Marko, braver Marko", sagten sie mit ihren hellen, zärtlichen Stimmen. An den Einkaufstagen bekam er mehr Fleisch als Brot in seinen Napf und durfte auf dem Sofa des Müllers schlafen. Marko genoss das alles sehr, man sah ihm an, sein Hundeleben war schön auf dieser Welt. So vergingen Jahre und nichts änderte sich. (…)

Klaus Kleinmann: Die Turbo-Übungsgrammatik · Best.-Nr. 436
© Brigg Pädagogik Verlag GmbH, Augsburg

12.1 Kurzfassungen zu Texten schreiben (Inhaltsangabe)

▷ Um noch direkter für die Inhaltsangabe zu üben, solltest du dir überlegen, was du aus dem Originaltext weglassen kannst. Streiche so viel heraus, dass die Handlung gerade noch klar bleibt. Schreibe eine Kurzfassung im Präsens!

▷ Versuche das dann auch bei dem Text „Münchhausens seltsame Hasenjagd". Schreibe auch davon eine Kurzfassung im Präsens. Beachte dabei, dass man in Inhaltsangaben den Text von der Ich-Form in die Er-Form überträgt. Du kannst dich in der Wortwahl ruhig etwas vom Original entfernen.

▷ Setze auch den Text „Schneewittchen" (S. 73/74) ins Präsens. Versuche dann eine kurz gefasste Inhaltsangabe.

▷ Versuche auch eine Inhaltsangabe von Münchhausens „Ritt auf der Kanonenkugel" (S. 48); schreibe so kurz wie möglich und mit eigenen Worten.

(alle Lösungen S. 30/31)

▷ Wiederhole bitte die unregelmäßigen Verben der Gruppen 5–8.

▷ Arbeitest du noch mit den Nomen auf S. 164/165?

Klaus Kleinmann: Die Turbo-Übungsgrammatik · Best.-Nr. 436
© Brigg Pädagogik Verlag GmbH, Augsburg

13.   Die Darstellung der Zukunft

Das Deutsche hat zwar eine spezielle Verbform für die Zukunft (das Futur), wendet sie aber sympathischerweise kaum an.

13.1   Die Darstellung zukünftiger Ereignisse im Präsens

Das Präsens wird auch für die Darstellung zukünftiger Ereignisse benutzt. Du kennst das sicher schon:

Morgen gehe ich ins Schwimmbad.

Ich komme heute Nachmittag zu dir.

Stehst du nächsten Sonntag früh auf?

▶ **Erzähle, was du heute Nachmittag, morgen, am nächsten Wochenende, nächste Woche, in den Sommerferien machst. Benutze ganz einfach die Gegenwart, das passt schon!**

13.2   Das Futur I

Das eigentliche Futur wird mit den Verbformen von „werden" gebildet:

Singular		Plural	
ich	**werde**	wir	**werden**
du	**wirst**	ihr	**werdet**
er, sie, es	**wird**	sie/Sie	**werden**

a) Das Hilfsverb „werden" wird wie ein Vollverb benutzt, um den Verlauf einer Handlung auszudrücken oder zu zeigen, dass sie in der Zukunft eintreten wird:

Du wirst bald wieder gesund.

In einer Stunde wird es dunkel.

Morgen wird es bestimmt wieder schön.

Das wird heute Abend bestimmt ein schönes Fest.

Klaus Kleinmann: Die Turbo-Übungsgrammatik · Best.-Nr. 436
© Brigg Pädagogik Verlag GmbH, Augsburg

Formuliere folgende Sätze in dieser Art um:

1. Es ist schon Nacht.

2. Wir sind Fußballmeister.

3. Ihr seid richtig gut!

4. Du bist ein Ass in Deutsch.

5. Sie ist Friseurin.

6. Ich glaube, Serkan ist mein Freund.

7. Sie sind hungrig.

8. Seid ihr satt?

9. Schneewittchen und ihr Prinz sind glücklich. *(Lösungen s. S. 31)*

b) Vollverben im Futur I

Das Futur I der Vollverben wird mit den Formen von „werden" + Infinitiv gebildet:

Morgen werde ich ins Schwimmbad gehen.

Nächsten Sommer werden wir nach Spanien fahren.

Ich werde heute Nachmittag zu dir kommen.

Wirst du nächsten Sonntag früh aufstehen?

Das klingt für deutsche Ohren zwar korrekt, aber etwas umständlich. Diese Formen sind, ähnlich wie das Präteritum, hauptsächlich der Schriftsprache vorbehalten.

 Wir üben das trotzdem ein wenig. Setze ins Futur I:

1. Du kommst weit in der Welt herum.

2. Mutter kocht uns etwas Gutes zum Abendessen.

3. Wir fliegen nach Amerika.

4. Das Flugzeug landet in einer Stunde.

5. Es tankt dann auf und fliegt nach China weiter.

6. Ich schlafe heute sicher ganz schnell ein.

7. Natascha besucht uns nächsten Sommer in Deutschland.

8. Wir zeigen ihr viele schöne Dinge.

9. Das macht ihr bestimmt viel Spaß.

10. Sie will danach sicher gar nicht wieder nach Moskau zurück. *(Lösungen s. S. 31)*

Wiederhole bitte die unregelmäßigen Verben der Gruppen 9 und 10.

Klaus Kleinmann: Die Turbo-Übungsgrammatik · Best.-Nr. 436
© Brigg Pädagogik Verlag GmbH, Augsburg

14. Satzstellung II: Der Nebensatz

Nebensätze können nicht alleine stehen. Sie brauchen einen Hauptsatz als Stütze. Daher kommen sie nur in Verbindung mit einem Hauptsatz vor:

Wir freuen uns, **weil heute die Sonne scheint**.

Man hört, **dass überall die Vögel zwitschern**.

Wir wandern heute Nachmittag zum Baggersee, **wenn es dann nicht wieder regnet**.

Meine Freundin fragt mich, **ob wir uns einen Blumenstrauß pflücken**.

Der Bauplan von Nebensätzen ist völlig anders als der von Hauptsätzen:

Nebensätze werden durch ein Bindewort eingeleitet.
Das Verb in der Personalform steht am Ende.

	Bindewort		**Verb**
Beispiele: Ich freue mich,	*weil*	du mir Blumen	*bringst.*
	wenn	du zu mir	*kommst.*
	obwohl	es heute	*regnet.*

Wichtige Bindewörter (Konjunktionen), die Nebensätze einleiten können, sind z. B.:

---

wenn, weil, dass, obwohl, damit, ob, indem, seit, nachdem, seitdem, während, als, wie, bis, bevor, ehe, sooft, sobald

---

▶ **Ordne diese Bindewörter nach dem Alphabet, damit du sie dir besser einprägst:**

_____

_____

_____

_____

▶ **Lerne die Liste dieser Bindewörter auswendig! Man muss sie unbedingt kennen, um Nebensätze richtig zu bilden.**

Wir betrachten eine solche Verbindung aus Haupt- und Nebensatz:

Wir üben fleißig, *damit* wir bald richtig gut Deutsch *sprechen*.

Hier steht der Hauptsatz vorne (Wir üben fleißig, …).

Im Hauptsatz steht das Verb dabei wie üblich an zweiter Stelle (üben).

Der Nebensatz folgt danach.

Der Nebensatz wird durch das Bindewort "damit" eingeleitet, das konjugierte Verb steht ganz am Ende.

Klaus Kleinmann: Die Turbo-Übungsgrammatik · Best.-Nr. 436
© Brigg Pädagogik Verlag GmbH, Augsburg

Bilde Sätze nach diesem Muster. Der Hauptsatz steht hier immer am Anfang, der rechte Teil ist immer der Nebensatz. Das Bindewort in Klammern kommt an die Stelle des Gedankenstrichs. Du musst das Komma immer mit abschreiben! Zwischen Hauptsatz und Nebensatz wird nämlich ein Komma gesetzt.

1. Ich / ins Schwimmbad gehen, – es heute sehr heiß / sein. (weil)

2. Mutter / die Wäsche ins Haus holen, – es / regnen. (bevor)

3. Ich / mein_____ Freund schreiben, – ich am Wochenende zu ihm / kommen. (dass)

4. Papa / frühstücken, – er ins Büro / gehen. (ehe)

5. Hans / bei sein_____ Freund übernachten, – sein_____ Eltern es / erlauben. (wenn)

6. Du / nicht richtig aufpassen, – du / reden. (während)

7. Wir / spazieren gehen, – schlechtes Wetter / sein. (obwohl)

8. Er / nicht kommen können, – sein Auto kaputt / sein. (weil)

9. Petra / viel / lernen, – sie ein_____ gut_____ Note in d_____ nächst_____ Mathearbeit / bekommen. (damit)

10. Paul / auf ein_____ gut_____ Note / hoffen, – er nicht für d_____ Arbeit geübt / haben. (obwohl)

11. Nina / fragen / sich, – sie Kevin wohl / gefallen. (ob)

12. Mein neu_____ Freund / immer in d_____ Nase / bohren, – er / nachdenken. (während)

13. Ich / üben, – ich alles / können. (bis)

14. Der Hund / schwimmen, – er sein_____ Beine / bewegen. (indem)

15. Kevin / Nina mit dem Motorroller / abholen, – er sie / mögen. (weil)

16. Ich / lange überlegen / müssen, – ich die Aufgabe lösen / sollen. (wie)

17. Für klein_____ Kinder / ein neu_____ Leben / anfangen, – sie in die Schule / kommen. (sobald)

18. Wir alle / hoffen, – morgen schönes Wetter / sein. (dass)

19. Alle Menschen / glücklich / sein, – sie zum Geburtstag Geschenke / bekommen. (wenn)

20. Wir / ungeduldig darauf / warten, – es Ferien / geben. (dass)　　　　*(Lösungen s. S. 32)*

▶ **Wiederhole bitte die unregelmäßigen Verben der Gruppen 3–7.**

▶ **Bleibe am Ball bei den Nomen auf S. 164/165.**

Klaus Kleinmann: Die Turbo-Übungsgrammatik · Best.-Nr. 436
© Brigg Pädagogik Verlag GmbH, Augsburg

14.1 Fragesätze als Nebensätze

> **Fragewort-Nebensätze haben den gleichen Bauplan wie andere Nebensätze auch:**
>
> Professor Schneider weiß nicht mehr, *wohin* er seine Brille gelegt *hat*.
>
> Im Hauptsatz steht das Verb an zweiter Stelle.
> Der Nebensatz wird durch ein Fragewort eingeleitet, das hier die Rolle des Bindewortes spielt.
> Das Verb in Personalform steht an letzter Stelle.

Fragewort-Nebensätze werden durch ein Fragewort eingeleitet, z. B.:

> **wer, wann, was, wie, warum, wo, weshalb, weswegen, wodurch, wovon, wovor, woraus, worüber, worin, woran, worauf, wohin, wobei usw.**

▶ **Ordne auch die Fragewörter nach dem Alphabet:**

_____

_____

_____

_____

▶ **Für Fragewort-Nebensätze gelten die gleichen Regeln für Satzstellung und Kommasetzung wie für Nebensätze. Setze die Kommas zwischen Haupt- und Nebensatz selber.**

Bilde Fragewort-Nebensätze.

Beispiel:
Nina / nicht mehr / wissen - sie heute mit Kevin verabredet / sein. (wann)
Nina weiß nicht mehr, wann sie heute mit Kevin verabredet ist.

1. Bärbel / nicht mehr / wissen – sie heute zum Tennistraining / müssen. (wann)

2. Lehrer Huber / die Klasse / fragen – Tafeldienst haben. (wer)

3. Die Katze von Hubers / das Gegenteil von dem (sein) – man ein friedlich_____ Haustier / nennen. (was)

4. Ein freundlich_____ Japaner / mich / fragen – der Bus nach Neu-Isenburg / kommen. (wann)

5. Serkan / sein_____ erstaunt_____ Mutter / erklären – er nicht in die Schule gehen / können. (warum)

6. Im Chemieunterricht / die neugierig_____ Schüler / lernen – man Schnaps / herstellen. (wie)

7. Manch_____ jung_____ Mensch / noch nicht / wissen – er später einmal werden / sollen. (was)

8. Vor ein_____ Referat / man sich genau überlegen / müssen – man / sprechen / wollen. (worüber)

9. Peters Vater / besorgt / fragen – die Benzinpreise noch / steigen. (wohin)

10. Sandra / neu_____ Tricks / erfinden – sie Sascha gefallen / können. (wie)   *(Lösungen s. S. 32)*

▶ **Wiederhole bitte die unregelmäßigen Verben der Gruppen 8–10.**

Klaus Kleinmann: Die Turbo-Übungsgrammatik · Best.-Nr. 436
© Brigg Pädagogik Verlag GmbH, Augsburg

> **Relativsätze sind Nebensätze, die sich auf ein Satzglied im vorausgehenden Satz *zurückbeziehen* und dieses näher erläutern:**
>
> Der Vater ruft seine Tochter, **die im Garten spielt**.
>
> Relativsätze entsprechen dem Bauplan von Nebensätzen: Sie werden durch ein Bindewort (das Relativpronomen) eingeleitet und durch den Prädikatskern beendet.
>
> Relativpronomen gleichen äußerlich oft den Artikeln (der, die, das, dem, den; auch: dessen, denen, deren). Man erkennt sie daran, dass sie sich **nicht** wie Artikel auf ein im Satz folgendes Nomen beziehen, sondern **auf ein *vorher* stehendes Satzglied.**
>
> Beispiel 1: Ich sehe die schönen Blumen im Garten.
>
> Hier bezieht sich „die" auf „Blumen". Da „Blumen" im Satz auf „die" folgt, ist „die" **kein** Relativpronomen, sondern Artikel.
>
> Beispiel 2: Ich sehe die schönen Blumen, die im Garten stehen.
>
> Hier bezieht sich das zweite „die" auf das *vorher* **im Satz** stehende Wort „Blumen". Es ist also Relativpronomen und leitet einen Nebensatz ein, der durch Komma abgetrennt werden muss.

Kreise in den folgenden Sätzen alle Relativpronomen ein. Zeichne einen Beziehungspfeil zu dem vorher stehenden Satzglied, auf das sie sich beziehen. Setze Kommas vor den Relativpronomen:

Ich höre den Vogel der im Baum singt. – Hast du den Herrn nicht wiedererkannt der uns eben begegnet ist? – Auf der Feier sahen wir den netten Jungen der uns immer so freundlich grüßt. – Ich kaufte mir das spannende Buch in der Buchhandlung die sich in der Hauptstraße befindet. – Er denkt über die Probleme nach deren Lösung ihm sehr am Herzen liegt. – Beim Erkennen der Relativpronomen hast du jetzt sicher schon einige Schwierigkeiten überwunden die dir vor wenigen Minuten noch Sorgen bereitet haben.

(Lösungen s. S. 32)

Entscheide in folgenden Sätzen, ob ein Relativsatz vorhanden ist oder nicht. Wenn ja, unterstreiche ihn und setze Kommas:

Delfine haben sehr sensible Sinnesorgane die uns Menschen immer wieder erstaunen. Sie erfassen mit unglaublicher Präzision die Schwingungen die von anderen Lebewesen im Wasser ausgehen. Dadurch erkennen sie die Größe des fraglichen Objekts. So können sie auch seine Geschwindigkeit einschätzen. Sie verständigen sich untereinander durch Pfeiftöne die von ihren Artgenossen sehr genau verstanden werden. Delfine sollen nach Meinung von Wissenschaftlern fast so intelligent sein wie wir Menschen.

(Lösungen s. S. 32)

Klaus Kleinmann: Die Turbo-Übungsgrammatik · Best.-Nr. 436
© Brigg Pädagogik Verlag GmbH, Augsburg

► **Bilde Relativsätze. In den Beispielsätzen steht der Relativsatz nach dem Gedankenstrich. Verwende "der", "die" oder "das" als Relativpronomen, je nachdem, auf welches Nomen es sich bezieht; wenn das Bezugswort im Plural steht, heißt das Relativpronomen natürlich "die". Denke beim Schreiben an die Kommas:**

1. Petra / heute d_____ rot_____ Pulli / tragen – ihr so gut / stehen.

2. Der Hund uns_____ Nachbarn / in sein_____ Häuschen / schlafen – ganz hinten im Garten / stehen.

3. Tina / (ich) ein_____ Geschichte / erzählen – (ich) sehr / amüsieren.

4. Sie / ein sehr intelligent_____ Mädchen / sein – sicher noch / ein_____ groß_____ Karriere / machen.

5. Bauer Hock / mit sein_____ rot_____ Traktor / fahren – groß_____ Lärm / machen.

6. Mama in d_____ Buch / lesen – Vater (sie) zum Geburtstag schenken. (Relativsatz im Perfekt!)

7. Die Astronauten / die Weltraumstation / reparieren – ein_____ gefährlich_____ Defekt / haben.

8. Piranhas / gefährlich_____ Fische / sein – immer fressen / wollen.

9. Der Airbus 380 / das größt_____ Flugzeug / sein – Menschen jemals / bauen. (Relativsatz im Perfekt)

10. Herr Meier / heute ein_____ gelb_____ Krawatte / tragen – perfekt zu sein_____ Anzug / passen.

(Lösungen S. 33)

14.2.1 Relativpronomen verändern den Fall

Du hast schon bemerkt: Das Relativpronomen ändert seine Gestalt:

a) Das Relativpronomen verändert den Fall:

Mein kleiner Bruder **schreibt einen Brief**, **den** er seiner Oma schicken will.

Akk. „schicken" + Akkusativ.

Er schreibt auch **seinem Freund**, **dem** er schon oft geschrieben hat.

Dat. „schreiben" + Dativ.

b) Das Relativpronomen richtet sich danach, ob das Nomen des Hauptsatzes im Singular oder im Plural steht:

Ich lese gerne **die Bücher**, **die** Erich Kästner geschrieben hat.

Plural → Plural

Akk. „schreiben" + Akkusativ.

Paul begrüßt seine **Freunde**, **denen** er begegnet ist.

Plural → Plural

Dat. „begegnen" + Dativ.

Klaus Kleinmann: Die Turbo-Übungsgrammatik · Best.-Nr. 436
© Brigg Pädagogik Verlag GmbH, Augsburg

c) Schließlich richtet sich das Relativpronomen nach dem Geschlecht, das das Nomen des Hauptsatzes hat:

Der Lehrer lobt **die Schülerin,** | **der** | er eine Eins **gegeben hat.**

Femininum → Fem.

Dat. | „geben" + Dativ.

Das klingt kompliziert, aber für Spezialisten ist das kein Problem!

▶ **Passe das Relativpronomen an die Erfordernisse des Satzes an. Überlege, auf welches Nomen es sich bezieht. Setze Kommas:**

1. Der Schüler antwortet dem Lehrer d_____ er aufmerksam zugehört hat.

2. Paul zerreißt die Dokumente d_____ er nicht mehr braucht.

3. Der Verbrecher folgt dem Polizisten d_____ ihn festgenommen hat.

4. Die freundliche Ehefrau bügelt ihrem Mann das Hemd d_____ er morgen anziehen will.

5. Hans berichtet seinem Freund von dem süßen Mädel d_____ er in der Disco kennen gelernt hat.

6. Oma schenkt ihrem Enkelkind einen Teddy d_____ sich der Kleine schon lange gewünscht hat.

7. Meine Schwester packt ihre Geschenke aus d_____ unter dem Weihnachtsbaum liegen.

8. Petra leiht mir den Stift d_____ mir so gut gefällt.

9. Tina singt uns die Lieder vor d_____ sie in ihrer Rockband gelernt hat.

10. Herr Meier bezahlt die Torte d_____ er gerade gekauft hat.   *(Lösungen s. S. 33)*

14.2.2 Relativpronomen mit Präposition

Oft kommen Relativpronomen in Verbindung mit einer Präposition vor. Die Präposition bildet dann mit dem Relativpronomen eine Einheit. Die Form von „der, die, das" ist davon abhängig. **Das Komma steht vor der Präposition:**

Paul schimpft auf seinen Computer, **mit dem** er sehr viel Ärger hat.

▶ **Zeichne in den folgenden Sätzen Verbindungspfeile von Präposition plus Relativpronomen zum dazugehörigen Nomen des Hauptsatzes und setze das Komma:**

Wo habe ich nur das Buch hingelegt in dem ich gestern gelesen habe? – Wir betrachten die Stadt von dem Aussichtsturm auf den wir gestiegen sind. – Kannst du mir die CD leihen von der du so begeistert bist? – Er machte mir einen seltsamen Vorschlag hinter dem ich keine gute Absicht vermute. – Gerade bekam Sabine einen Anruf über den sie sich sehr freute.   *(Lösungen s. S. 33)*

Klaus Kleinmann: Die Turbo-Übungsgrammatik · Best.-Nr. 436
© Brigg Pädagogik Verlag GmbH, Augsburg

▶ **Ergänze die passende Präposition, bringe das Relativpronomen in die richtige Form und setze das Komma. Du weißt: Es steht vor der Präposition:**

1. Paul schreibt dem Mädchen _____ d_____ er im Urlaub gesegelt ist.

2. Tanja geht zu ihrer Oma _____ d_____ sie immer die Hausaufgaben macht.

3. Er kann sich nicht mehr an den Traum erinnern _____ d_____ er sich nachts so aufgeregt hatte.

4. Er wühlte aufgeregt alle Schubladen durch _____ d_____ er das verlorene Dokument vermutete.

5. Paul will nicht mehr mit Petra sprechen _____ d_____ er sich sehr geärgert hat.

6. Lehrer Huber macht sich Gedanken zu dem Thema _____ d_____ er morgen reden will.

7. Die Bergsteiger betrachten von unten den Gipfel _____ d_____ sie klettern wollen.

8. Serkan muss leider das Motorrad verkaufen _____ d_____ er so viele schöne Touren gemacht hat.

9. Tina bekommt endlich die Barbiepuppe _____ d_____ sie sich so gefreut hat.

10. Sie fand ihr verlorenes Portemonnaie unter dem Baum _____ d_____ sie im Schwimmbad gelegen hatte.

11. Sie legt das Portemonnaie in die Tasche _____ d_____ auch der Schlüsselbund steckt.

12. Mutter füllt Suppe in den Teller _____ d_____ schon der Löffel liegt.

13. Manchmal "vergisst" der kleine Leon Aufgaben _____ d_____ er keine Lust hat.

14. Viele Leute wollten die Neuigkeit nicht glauben _____ d_____ sie noch nie gehört hatten.

15. Der Pilot betrachtet von oben die Stadt _____ d_____ er fliegt. *(Lösungen s. S. 33)*

Klaus Kleinmann: Die Turbo-Übungsgrammatik · Best.-Nr. 436
© Brigg Pädagogik Verlag GmbH, Augsburg

14.3 Der Nebensatz steht vor dem Hauptsatz

Der Nebensatz kann auch am Anfang einer Satzverbindung stehen.

Damit wir bald richtig gut Deutsch **sprechen**, **üben** wir fleißig.

Der Satzbauplan des Nebensatzes ändert sich dadurch nicht:

Am Anfang des Nebensatzes steht das Bindewort.

Das konjugierte Verb steht im Nebensatz an letzter Stelle.

Beachte: Im Hauptsatz steht aber jetzt das Verb an erster Stelle!
Das Komma steht bei diesem Satztyp zwischen den beiden Verben.

▶ **Bilde Satzgefüge, in denen der Nebensatz vorne steht. Setze ein Komma zwischen Haupt-
und Nebensatz!**

Beispiel: Der Zug Verspätung / haben (weil) – ich nicht rechtzeitig zur Arbeit / kommen.

Weil der Zug Verspätung hat, komme ich nicht rechtzeitig zur Arbeit.

1. Es heute sehr heiß / sein (weil) – ich ins Schwimmbad / gehen.

2. Es regnen (bevor) – Mutter die Wäsche ins Haus / holen.

3. Wir in die Schule / gehen (ehe) – wir / frühstücken.

4. Du reden (während) – du nicht richtig / aufpassen.

5. Schlechtes Wetter / sein (obwohl) – wir spazieren / gehen.

6. Peters Auto kaputt / sein (weil) – er zu Hause bleiben / müssen.

7. Ihr nicht für die Arbeit geübt / haben (obwohl) – ihr auf ein_____ gut_____ Note / hoffen.

8. Paul / nachdenken (während) – er immer in d_____ Nase / bohren.

9. Morgen schönes Wetter / sein (dass) – wir alle / hoffen. *(Lösungen s. S. 33/34)*

▶ **Wiederhole bitte die unregelmäßigen Verben der Gruppen 1–3.**

▶ **Schaue nochmal nach den Nomen auf S. 34–36 und wiederhole sie mit ihren Pluralfor-
men.**

Klaus Kleinmann: Die Turbo-Übungsgrammatik · Best.-Nr. 436
© Brigg Pädagogik Verlag GmbH, Augsburg

14.4 Gar nicht selten, aber etwas Besonderes: Der Infinitiv mit „zu"

Wenn ein Verb mit einem anderen Verb im Infinitiv verbunden wird, steht bei diesem Infinitiv meist das Wörtchen „zu". Es hat hier keine eigene Bedeutung, ist für deutsche Ohren aber meist obligatorisch. Das ist einfacher, als es klingt.

	Verb I	Infinitiv + zu
Es	fängt an	**zu regnen.**

▶ **Unterstreiche das erste Verb einfach, den Infinitiv mit „zu" doppelt:**

1. Ich bitte dich zu bleiben.

2. Diese Arbeit ist kaum zu schaffen.

3. Du brauchst nicht zu kommen.

4. Es war kein Laut zu hören.

5. Fremde Leute haben in meiner Wohnung nichts zu suchen.

6. Der Angeklagte versuchte, seine Unschuld zu beweisen.

! Achtung: Bei teilbaren Verben wird der Partikel „zu" zwischen Vorsilbe und Verbstamm geschoben.

▶ **Unterstreiche auch hier das erste Verb einfach, den Infinitiv mit „zu" doppelt:**

1. Er hoffte, pünktlich anzukommen.

2. Es fällt mir schwer, mit dem Rauchen aufzuhören.

3. Ich bemühte mich, bei dem Vortrag nicht einzuschlafen.

4. Petra versprach, mich zum Geburtstag einzuladen.

5. Es ist ein Fehler, vor Schwierigkeiten gleich wegzurennen.

6. Jeder genießt es, in der warmen Badewanne unterzutauchen.   *(Lösungen s. S. 34)*

▶ **Bilde nun selbst Sätze, in denen ein Infinitiv mit „zu" vorkommt. Am Stern steht das erste Verb, am + der Infinitiv mit „zu":**

Beispiel: Der Lehrer * mich, die Aufgabe +   bitten – ausrechnen
Der Lehrer bittet mich, die Aufgabe auszurechnen.

1. Die Firma * , neue Mitarbeiter +   beschließen – einstellen

2. Paula * , sich +   versuchen – konzentrieren

3. Ein Selbstmörder * , von der Brücke +   drohen – herunterspringen

4. Inge * , den Brief +   vergessen – abschicken

5. Papa * , das neue Bild +   anfangen – aufhängen

6. Er * , weniger +   sich vornehmen – rauchen

Klaus Kleinmann: Die Turbo-Übungsgrammatik · Best.-Nr. 436
© Brigg Pädagogik Verlag GmbH, Augsburg

7. Das Flugzeug * bereit, von der Startbahn +   sein – abheben

8. Meine Freundin * mich, das Päckchen zur Post +   bitten – bringen

9. Der zweite Läufer * , den ersten noch +   hoffen – einholen

10. Jedes Geschäft * den Kunden, das Wechselgeld gleich +   empfehlen – nachzählen

11. Rebecca * , keinen Fehler +   sich bemühen – machen

12. Sie * aber doch, ihre Arbeit +   sich beeilen – abschließen

13. Du * mich nicht +   scheinen – erkennen

14. Sabine * , mit Peter ins Kino +   sich freuen – gehen

15. Sie * es schön, ihn dort +   finden – küssen

16. Florian * , keinen Wodka +   versichern – trinken

17. Herr Meier * , von der Geschwindigkeitsbegrenzung +   behaupten – nichts wissen

18. Ich * mich, dich kennen +   freuen – lernen

19. Es * nett, sich mit dir +   sein – treffen

20. Fritz * sich, vom Honig +   schämen – naschen

(Lösungen s. S. 34)

Um einen **Zweck oder eine Absicht** auszudrücken, wird der zweite Infinitiv manchmal durch „**um ... zu**" erweitert:

> Sie **kam**, um für immer zu bleiben.
>
> Er **bezahlte** die Rechnung, um seine Schulden loszuwerden.

Das **Fehlen von etwas** kann durch „**ohne ... zu**" + Infinitiv ausgedrückt werden:

> Sie **ging**, ohne sich zu verabschieden.
>
> Er **lügt** uns etwas vor, ohne rot zu werden.

Ein **Gegensatz** kann durch „**anstatt ... zu**" + Infinitiv ausgedrückt werden:

> Sie **sah** aus dem Fenster, anstatt mir zuzuhören.
>
> Er **beschimpfte** mich, anstatt sich bei mir zu bedanken.

Klaus Kleinmann: Die Turbo-Übungsgrammatik · Best.-Nr. 436
© Brigg Pädagogik Verlag GmbH, Augsburg

▶ **Bilde Sätze. Am Kreuz steht „um ... zu", „ohne ... zu" oder „anstatt ... zu" (Meistens gibt es mehrere Lösungen, überlege aber genau, was wirklich passt.), am Stern steht der Infinitiv mit „zu":**

Beispiel: Herr Schulze telefoniert , + Petra ins Restaurant *   **einladen**

Herr Schulze telefoniert, um Petra ins Restaurant einzuladen.

Herr Schulze telefoniert, anstatt Petra ins Restaurant einzuladen.

Herr Schulze telefoniert, ohne Petra ins Restaurant einzuladen.

1. Lisa schaut herüber, + mich *	sehen
2. Herr Meier schaut zur Seite, + *	grüßen
3. Peter stützt das Kinn auf die Hand, + *	nachdenken
4. Selina gibt ihr Heft ab, + die Fehler *	verbessern
5. Der Fahrer saust auf die Kreuzung zu, + *	bremsen
6. Dann bremst er doch, + noch rechtzeitig *	anhalten
7. Sandra klebt eine Marke auf den Brief, + ihn *	abschicken
8. Der Bergsteiger schaut auf die Landkarte, + *	sich orientieren
9. Du kritisierst mich dauernd, + mich auch ab und zu *	loben

(Lösungen s. S. 34)

Für Spezialisten: Die beiden Verben können auf Vorgänge oder Handlungen verweisen, die nacheinander stattfinden oder beide schon vergangen sind. Dann wird der Infinitiv Perfekt verwendet:

Der Dieb **behauptet**, das Geld nicht gestohlen zu haben.

Ich **kenne** die Uhrzeit, ohne auf die Uhr geschaut zu haben.

▶ **Bilde Sätze, in denen der Infinitiv Perfekt mit „zu" verwendet wird. Forme die Sätze 13–20 auf der vorigen Seite entsprechend um:**

Beispiel: Papa * stolz, einen großen Fisch +   sein – fangen

Papa ist stolz, einen großen Fisch gefangen zu haben.   *(Lösungen s. S. 34)*

!   **Achtung:**   **Bei Modalverben wird kein Infinitiv mit „zu" verwendet.**

Du willst tanzen, ich kann aber nicht tanzen.

Du darfst schreiben, du möchtest aber nicht schreiben.

Auch nach „gehen" werden Infinitive nicht mit „zu" verwendet:

Ich gehe einkaufen.

Sie geht spazieren.

Klaus Kleinmann: Die Turbo-Übungsgrammatik · Best.-Nr. 436
© Brigg Pädagogik Verlag GmbH, Augsburg

15. Aktiv und Passiv

Das Aktiv zeigt an, wer eine Handlung ausführt:

Leon schlägt den Hund.   (Leon tut etwas.)

Der Hund beißt den Jungen.   (Der Hund tut etwas.)

Das Passiv zeigt an, wer von einer Handlung betroffen ist:

Der Hund wird von Leon geschlagen.   (Mit dem Hund geschieht etwas.)

Der Junge wird vom Hund gebissen.   (Mit dem Jungen geschieht etwas.)

Im Passiv kann der Urheber der Aktion (der Täter) sogar völlig verschwinden:

Der Hund wird geschlagen.   Der Junge wird gebissen.

Das Präsens Passiv wird gebildet mit den Präsensformen des Hilfsverbs „werden" + Partizip II

Wir wiederholen die **Präsensformen** von „werden":

	Singular		Plural
ich	_____	wir	_____
du	_____	ihr	_____
er, sie, es	_____	sie/Sie	_____

▶ **Diese Sätze stehen im Präsens Aktiv. Setze sie ins Präsens Passiv, behalte den Urheber bei:**

Ich bade das Baby. – Ein Polizist hält einen Autofahrer an. – Eine Zeitung kritisiert die Bundeskanzlerin. – Die Maler streichen die Wohnung. – HR III meldet einen Verkehrsstau. – Der Bauer erntet das Kornfeld ab. – Wir weichen die Wäsche ein. – Der Lehrer begrüßt die Klasse. – Ihr schaltet den Fernseher aus. – Vater schält die Kartoffeln. – Du fotografierst deine Freundin. – Die Zeitung interviewt einen Fußballer. – Die Mutter weckt den Jungen.   ***(Lösungen S. 34)***

Das Präteritum Passiv wird gebildet mit den Präteritumformen des Hilfsverbs „werden" + Partizip II

Wir wiederholen die **Präteritumformen** von „werden":

	Singular		Plural
ich	_____	wir	_____
du	_____	ihr	_____
er, sie, es	_____	sie/Sie	_____

Der Hund wurde vom Jungen geschlagen.   Du wurdest von dem Hund gebissen.

▶ Setze die Sätze aus der vorigen Übung ins Präteritum Aktiv (schreibe ins Heft).

▶ Setze sie nun auch ins Präteritum Passiv; behalte den Urheber wieder bei (schreibe ins Heft).

(Lösungen s. S. 35)

Das Perfekt Passiv wird gebildet mit der Präsensform des Hilfsverbs „sein" + Partizip II + „worden"

Der Hund ist vom Jungen geschlagen worden.
Du bist von dem Hund gebissen worden.

▶ Setze die Sätze aus der vorigen Übung ins Perfekt Aktiv (schreibe ins Heft).

▶ Setze sie nun auch ins Perfekt Passiv; behalte den Urheber bei (schreibe ins Heft).

(Lösungen s. S. 35)

Das Plusquamperfekt Passiv wird gebildet mit den Präteritumformen des Hilfsverbs „sein" + Partizip II + „worden"

Der Hund war geschlagen worden.
Du warst von dem Hund gebissen worden.

▶ Setze die Sätze aus der vorigen Übung ins Plusquamperfekt Aktiv (schreibe ins Heft).

▶ Setze sie nun auch ins Plusquamperfekt Passiv; behalte den Urheber bei (schreibe ins Heft).

(Lösungen s. S. 35)

▶ Setze ins Aktiv. Der kursiv gedruckte Satzteil wird dabei zum Subjekt. Behalte die Zeit bei und beachte die richtige Form der Nomen und Adjektive:

1. Viele alte Häuser wurden *von einem heftigen Erdbeben* zerstört. – 2. Der junge Hund wird *von einem netten Mädchen* gestreichelt. – 3. Die saftige Telefonrechnung ist *von der Deutschen Telekom* abgebucht worden. – 4. Die neue Herbstmode wird *von den jungen Leuten* gerne gekauft. – 5. Der Briefkasten wurde *vom fleißigen Postfahrer* geleert. – 6. Das knappe Taschengeld wird *auch von sparsamen Kindern* immer viel zu schnell ausgegeben. – 7. Der bekannte Schauspieler war für seinen Auftritt von *einer neuen Kollegin* geschminkt worden. –

(Lösungen s. S. 35)

Klaus Kleinmann: Die Turbo-Übungsgrammatik · Best.-Nr. 436
© Brigg Pädagogik Verlag GmbH, Augsburg

16. Schritte zum Konjunktiv II

16.1 „wäre – hätte – würde"

Wenn man eine Sache ausdrücken möchte, die nicht möglich ist, verwendet man den Konjunktiv II:

Ich **wäre** gerne Millionär, **aber** ich habe wieder nicht im Lotto gewonnen.

Petra **hätte** gerne den Führerschein, **aber** sie ist noch keine 18 Jahre alt.

Wir **würden** gerne ins Schwimmbad gehen, **aber** wir müssen erst die Hausaufgaben machen.

1. „… wäre …"

ich wäre	wir wären
du wärest	ihr wäret
er, sie, es wäre	sie/Sie wären

▶ **Bilde Sätze mit „… wäre gerne …, aber…."**: (Profifußballer, Klassensprecher, ein Popsänger, berühmt, Bundeskanzler, in Amerika, besser in der Schule, auf einer einsamen Insel, …). Bilde auch Sätze nach dem Muster: „Es wäre schön, wenn … , aber …." , finde eigene Ideen. Verwende in deinen Sätzen abwechselnd verschiedene Personalformen des Verbs.

2. „… hätte …"

ich hätte	wir hätten
du hättest	ihr hättet
er, sie, es hätte	sie/Sie hätten

▶ **Schreibe Sätze mit „… hätte gerne …, aber …"**: (einen Hund, ein großes Auto, hitzefrei, einen neuen Computer, bessere Noten, schicke Klamotten, neue Freunde, eine Freundin, ein Reitpferd …) Finde eigene Ideen. Verwende in deinen Sätzen abwechselnd verschiedene Personalformen des Verbs.

3. „… würde …"

ich würde	wir würden
du würdest	ihr würdet
er, sie, es würde	sie/Sie würden

▶ **Schreibe Sätze mit „… würde gerne, aber …"**: (nach Australien reisen, ins Kino gehen, besser Deutsch können, im Lotto gewinnen, im Fernsehen auftreten, eine Party feiern, meinen Lehrern die Meinung sagen, nach Hause gehen, Bier trinken, …) Finde eigene Ideen. Verwende in deinen Sätzen abwechselnd verschiedene Personalformen des Verbs.

Klaus Kleinmann: Die Turbo-Übungsgrammatik · Best.-Nr. 436
© Brigg Pädagogik Verlag GmbH, Augsburg

16.2 Der Konjunktiv II der Modalverben

Der Konjunktiv II der Modalverben wird in der Umgangssprache häufiger benutzt. Deshalb ist es gut, ihn zu können. Er wird gebildet wie die Präteritumform, aber z. T. mit Umlaut.

Häufig sind folgende Formen:

müssen	–	ich müsste, du müsstest, er müsste, wir müssten, ihr müsstet, sie müssten
können	–	ich könnte, du könntest, er könnte, wir könnten, ihr könntet, sie könnten
sollen	–	ich sollte, du solltest, er sollte, wir sollten, ihr solltet, sie sollten
dürfen	–	ich dürfte, du dürftest, er dürfte, wir dürften, ihr dürftet, sie dürften

Damit lassen sich praktische Sätze formulieren. Die Idee ist dabei immer: „Es wäre gut, wenn …"

1. Wie bei „wäre, hätte, würde" kann in Sätzen mit „müsste" eine irreale Situation beschrieben werden:

>   Ich müsste eigentlich Hausaufgaben machen, aber ich habe keine Lust dazu.

>   Er müsste eigentlich bald kommen, aber er kommt nicht.

>   Wir müssten jetzt eigentlich ins Bett gehen, sind aber noch gar nicht müde.

2. Bei „könnte" und „sollte" kann eine irreale Situation gemeint sein, muss aber nicht.

a) Irreale Situation:

>   Es könnte ruhig mal wieder die Sonne scheinen (aber sie scheint nicht).

>   Du solltest dich wirklich mal entschließen, mit der Arbeit anzufangen (aber du entschließt

>   dich wahrscheinlich nicht dazu).

>   Ich sollte mir besser das Rauchen abgewöhnen (aber ich tue es ja doch nicht).

>   Er dürfte eigentlich nicht so laut reden (aber er tut es doch).

b) Reale Situation:

>   Ich könnte eigentlich mal wieder Gitarre spielen (und das mache ich jetzt auch).

>   Wir könnten doch mal wieder ins Kino gehen (denn ich möchte das gerne).

>   Du solltest wirklich bei Sveta anrufen (und tust das sicher auch).

>   Er sollte sich in der Schule mehr Mühe geben (und tut das hoffentlich auch).

>   Ich müsste mich mal wieder mit Kevin treffen (und das mache ich jetzt auch).

>   Es dürfte nicht mehr lange dauern, bis Karl kommt (ich bin sicher, dass er bald kommt).

▶ **Bilde eigene Sätze mit diesen Konstruktionen.**

▶ **Übernimm sie in deinen mündlichen Sprachgebrauch. Sie klingen gut!**

Klaus Kleinmann: Die Turbo-Übungsgrammatik · Best.-Nr. 436

16.3 Der Konjunktiv II der Vollverben

Der Konjunktiv II bezeichnet auch bei Vollverben einen irrealen Wunsch oder eine irreale Aussage:

Wenn ich ein Vöglein wär' und auch zwei Flüglein hätt', flög' ich zu dir.

Wenn meine Oma Räder hätt', wär' sie ein Omnibus.

An deiner Stelle wüsste ich, was ich zu tun hätte.

Ich wollte, du hörtest auf meinen Rat.- Ich wollte, du würdest auf meinen Rat hören.

Der Konjunktiv II wird von der Form des Präteritums abgeleitet. Bei schwachen (regelmäßigen) Verben ist der Konjunktiv II mit der Form des Präteritums identisch und wird daher meist durch eine Umschreibung mit „würde" ersetzt:

Präsens	Präteritum	Konjunktiv II
ich koche	ich kochte	ich kochte → ich würde kochen
du übst	du übtest	du übtest → du würdest üben
er kauft	er kaufte	er kaufte → er würde kaufen

Bei starken Verben wird ebenfalls die Präteritumform verwendet, aber den Endungen ein -e hinzugefügt, wo das möglich ist:

Präsens	Präteritum	Konjunktiv II
ich gehe	ich ging	ich ginge
du fällst	du fielst	du fielest
er ruft	er rief	er riefe
wir fangen	wir fingen	wir fingen
ihr schreibt	ihr schriebt	ihr schriebet
sie laufen	sie liefen	sie liefen

Wenn bei starken Verben der Stammvokal des Präteritums einen Umlaut bilden kann, hat die Form des Konjunktiv II zusätzlich diesen Umlaut:

Präsens	Präteritum	Konjunktiv II
ich singe	ich sang	ich sänge
du fliegst	du flogst	du flögest
er fährt	er fuhr	er führe
wir finden	wir fanden	wir fänden
ihr tragt	ihr trugt	ihr trüget
sie schieben	sie schoben	sie schöben

© Brigg Pädagogik Verlag GmbH, Augsburg

**Vier wichtige Ausnahmen, bei denen der Konjunktiv II nicht vom Vokal der Präteritumform ab-
geleitet wird:**

> helfen – ich hülfe
>
> sterben – ich stürbe
>
> werfen – ich würfe
>
> kennen – ich kennte

> **!**
>
> **Achtung:** **Auch bei starken Verben wird umgangssprachlich meist die Umschreibung
> mit „würde" verwendet:**
>
> Ich sänge gern wie Pavarotti. – Ich würde gern wie Pavarotti singen.
>
> Ich flöge gern mit den Zugvögeln fort. – Ich würde gern mit den Zugvögeln fortfliegen.
>
> Ich führe gern einen Mercedes. – Ich würde gern einen Mercedes fahren.

▶ **Bilde Sätze mit dem Konjunktiv II Präsens; verwende jeweils die vom Präteritum abgeleitete
Form und die Umschreibung mit „würde". Schreibe auch im zweiten Teilsatz in der Ich-
Form, wenn nichts anderes angegeben ist:**

Wenn ich könnte, dann ...

... verzeihen (du)

... schwimmen / einen Weltrekord.

... einladen / (du) / auf die Seychellen

... fliehen / aus dem Alltag

... genießen / ein Leben ohne Arbeit

... tragen / einen teuren Pelzmantel

... kaufen / einen Porsche

... sein lassen / das Rauchen

... holen / (du) / die Sterne vom Himmel

... finden / einen anderen Job

Wenn ich dürfte, dann ...

... verschwinden / von hier

... nehmen / Kirschen aus Nachbars Garten

... treten / Sebastian vors Schienbein

... steigen / zu Anna in den Pool

... bleiben / heute zu Hause

... trinken / jeden Tag Champagner

... schlafen / bis 10 Uhr morgens

... umziehen / nach Berlin

... sprechen / vor den Vereinten Nationen

... sagen / Herrn Meier mal die Meinung

Ich wollte, ...

... gehen / nicht mehr in die Schule

... verdienen / mein eigenes Geld

... nicht müssen / immer gehorchen

... sein / mit der Aufgabe fertig

... wir / gewinnen / das nächste Fußballspiel

... wir / sitzen / hier nicht im Kalten

... der Bus / kommen (3. Pers. Sing.)

... der Regen / aufhören (3. Pers. Sing.)

... die Sonne / scheinen (3. Pers. Sing.)

... es / regnen / Milch und Honig

(Lösungen s. S. 35/36)

Klaus Kleinmann: Die Turbo-Übungsgrammatik · Best.-Nr. 436
© Brigg Pädagogik Verlag GmbH, Augsburg

Der Konjunktiv II Präteritum

Der Konjunktiv II Präteritum wird gebildet mit dem Konjunktiv II des Hilfsverbs „haben" oder „sein" + Partizip II. Eine zweite Form mit „würde" gibt es nicht.

Präsens Indikativ	Präsens Konjunktiv II	Präteritum Konjunktiv II
ich gehe	ich ginge	ich wäre gegangen
ich trage	ich trüge	ich hätte getragen
du wäschst	du wüschest	du hättest gewaschen

 Setze die Beispiele aus der vorigen Aufgabe in den Konjunktiv II Präteritum; verwende als Vorspann jeweils:

Wenn ich gekonnt hätte, … Wenn ich gedurft hätte, … Wenn ich gewollt hätte, …

(Lösungen s. S. 36)

Der Konjunktiv II Passiv

Der Konjunktiv II Passiv wird im Präsens mit „würde" + Partizip II gebildet:

Ich wollte, …

… mir würde geholfen.

… ich würde abgelöst.

… die Autobahn würde gebaut.

… die Gesetze würden eingehalten.

Der Konjunktiv II Passiv wird im Präteritum mit „wäre" + Partizip II + „worden" gebildet:

Ich wollte, …

… mir wäre geholfen worden.

… ich wäre abgelöst worden.

… die Autobahn wäre (schon) gebaut worden.

… die Gesetze wären eingehalten worden.

 Formuliere erst im Konjunktiv II Präsens Passiv, dann im Konjunktiv II Präteritum Passiv:

Ich wollte …

…ich / loben – du / bewundern – er / belohnen – wir / beachten – ihr / einladen – sie (Plur.) / anerkennen – dieser Politiker / am Reden hindern – der Kaufhausdieb / bestrafen – die Lehrer / besser bezahlen – die glatte Straße / streuen – der Beschluss / endlich fassen – diese Tür / ölen – hier / einmal richtig aufräumen – du etwas stärker / fordern – ich von Tina / anrufen – das Meerschweinchen / füttern – der Müll / abholen – die Post / bringen – die Übung / beenden **(Lösungen s. S. 36)**

Klaus Kleinmann: Die Turbo-Übungsgrammatik · Best.-Nr. 436
© Brigg Pädagogik Verlag GmbH, Augsburg

17. Phonetische Übungen

17.1 Die Vokale

17.1.1 Das -a-

a) Langes -a-

da, nah, ah!, das Gas, das Maß, der Aal, der Wal, das Mal, die Qual, der Saal, der Schal, die Zahl, die Fahne, die Sahne, die Banane, der Schamane, der Name, die Wade, die Nadel, laden, baden

b) Kurzes -a- (ohne Konsonantenhäufungen)

an, dann, wann, er kann, der Mann, die Wanne, alle, die Falle, der Ball, am, der Kamm, der Damm, zusammen, die Ratte, das Fass, der Hass, nass, passen, lassen, der Affe

17.1.2 Das -e-

a) Langes -e-

die See, die Fee, die Lee, der Schnee, der Zeh, weh, sehen, gehen, wehen, fehlen, die Seele, eben, heben, geben, leben, edel, der Nebel, das Segel, gegen, legen, wegen, fegen, der Segen

b) Kurzes -e- (ohne Konsonantenhäufungen)

wenn, denn, rennen, nennen, kennen, besser, essen, messen, fett, nett, das Bett, die Kette, der Retter, hell, die Welle, die Delle, die Kelle

17.1.3 Das -i-

a) Langes -i-

die, sie, nie, wie, das Ziel, das Spiel, der Nil, viel, diese, die Fliese, die Wiese, die Miene, die Biene, die Schiene, die Lawine, die Maschine, dienen, ihnen, der Diesel, das Wiesel, das Alibi, die Idee

b) Kurzes -i- (ohne Konsonantenhäufungen)

in, im, nimm, bitte, wissen, der Riss, der Biss, gewinnen, die Sinne, die Rinne, das Schiff, das Riff, die Schippe, die Kippe, die Sippe, die Lippe, die Wippe

17.1.4 Das -o-

a) Langes -o-

wo, so, der Zoo, oh!, oho!, das Solo, der Sohn, schon, der Lohn, der Mohn, der Ton, bloß, der Schoß, der Stoß, die Soße, die Bohne, ohne, die Zone, die Hose, die Dose, die Bohle, die Sohle

150

Klaus Kleinmann: Die Turbo-Übungsgrammatik · Best.-Nr. 436
© Brigg Pädagogik Verlag GmbH, Augsburg

b) Kurzes -o- (ohne Konsonantenhäufungen)

von, vom, ob, das Doppel, das Gehoppel, sollen, rollen, voll, toll, der Zoll, offen, hoffen, der Koffer,

der Rock, der Bock, die Locke, die Socke, der Sommer, die Wonne, Sonne, die Tonne, die Nonne

17.1.5 Das -u-

a) Langes -u-

im Nu, der Schuh, muh, du, die Schule, die Spule, die Nudel, die Wut, der Hut, die Flut, der Mut,

er tut, gut, der Juli, das Muli, die Bluse, schmusen, der Busen, die Hupe, die Lupe, das Blut

b) Kurzes -u- (ohne Konsonantenhäufungen)

der Schuss, die Nuss, der Kuss, der Bus, er muss, der Dussel, der Schussel, der Fussel, gucken,

der Ruck, der Muckefuck, die Butter, das Futter, die Mutter, der Kutter, die Suppe, die Puppe

17.2 Die Umlaute

17.2.1 Das -ä-

a) Langes -ä-

säen, mähen, nähen, schälen, wählen, zählen, quälen, die Säle, die Mähne, die Hähne, die Nähe,

die Fäden, die Läden, die Schäden

b) Kurzes -ä- (ohne Konsonantenhäufungen)

die Bälle, die Fälle, die Fässer, nässer, die Pässe, die Männer, die Kämme, die Dämme

(Darauf achten, dass kurzes /ä/ und kurzes /e/ sehr ähnlich klingen!)

17.2.2 Das -ö-

a) Langes -ö-

die Bö, der Fön, schön, die Flöhe, das Öl, die Söhne, die Töne, gewöhnen, mögen, die Möbel,

die Höhle, die Öse, böse, lösen, der Löwe, die Möwe

b) Kurzes -ö- (ohne Konsonantenhäufungen)

die Hölle, können, gönnen, die Böcke, die Röcke, er gösse, er schösse, er flösse

17.2.3 Das -ü-

a) Langes -ü-

übel, der Dübel, üben, müde, der Süden, lügen, fügen, süß, büßen, die Mühe, blühen, glühen,

wühlen, die Bühne, die Düne, der Hüne, die Sühne, die Düse, das Gemüse, die Lüge, der Bügel

b) Kurzes -ü- (ohne Konsonantenhäufungen)

der Müll, die Hülle, die Fülle, müssen, küssen, die Güsse, die Schüsse, dünn, der Rücken, bücken

17.3 Die Diphthonge

17.3.1 Das -au-

der Bau, blau, die Schau, miau, genau, wau, bauen, hauen, kauen, tauen, verdauen, vertrauen

das Maul, faul, Paul, der Baum, der Saum, der Schaum, der Zaum, der Faun, der Zaun, das Laub, taub, die Taube, der Glaube, glauben, erlauben

17.3.2 Das -ei-

das Ei, das Blei, der Hai, der Mai, es sei, zwei, ein, mein, dein, sein, allein, hinein, das Bein, die Meile, eilen, feilen, heilen, weilen, bleiben, beide, die Heide, die Weide, die Seide, leiden, meiden, schneiden, entscheiden, die Schneide, die Geige, die Feige, die Neige

17.3.3 Das -eu-

neu, scheu, das Heu, die Eule, die Beule, die Säule, die Bäume, die Scheune, die Zäune, alle Neune, heulen, beugen, zeugen, säugen, beäugen, das Gehäuse, die Schleuse, die Läuse

17.4 Konsonanten

17.4.1 Harte Plosivlaute

a) Das -k-

der Kai, kein, kaum, das Kilo, das Kind, das Kabel, die Kugel, der Kuli, der Kegel, der Kiesel, der Kiel, die Keule, die Kehle, der Keil, kühl, der Käse, die Kohle, die Kuh, die Kuhle, die Kanone, die Ikone, der Kakadu, die Kakerlake

klein, klug, das Klo, der Klon, der Clown, kleben, das Ktima, die Klinik, Klaus, die Krone, der Kran

b) Das -p-

der Pol, die Pause, die Palme, die Panne, die Pampelmuse, die Pappe, der Papagei, der Pudel

die Pfanne, der Pfahl, das Pfand, der Pfau

der Plan, die Plage, das Plastik, plumpsen, plus

die Pflanze, die Pflaume, die Pflege, die Pflicht, pflücken

der Spaß, spülen, spinnen, der Specht, der Spatz, spritzen, spreizen

c) Das -t-

Klaus Kleinmann: Die Turbo-Übungsgrammatik · Best.-Nr. 436
© Brigg Pädagogik Verlag GmbH, Augsburg

die Tante, die Tinte, die Taste, die Tat, der Tee, die Tüte, der Tote, der Tau, teilen

die Flöte, die Nöte, Goethe, die Güte, die Tüte, die Blüte

der Stein, stehen, stumm, der Stau, der Stab, der Staub

die Straße, der Streber, die Strecke, der Streifen, der Streit, der Strich, der Strom, streuen

d) Vermischte Übungen mit harten Plosivlauten; Konsonantenhäufungen

ticken, die Tücke, die Tapete, die Pleite, der Platz, die Kante, das Krokodil, das Teleskop,

der Totenkopf, die Antilope, die Kapitulation, kaputt, packen, das Paket, die Kante, das Konto,

das Katzenklo, die Wespenplage, der Kragenknopf, das Wintergewitter, krebskrank, kriegsblind,

der Krampflöser, das Strumpfknäuel, der Strickstrumpf, der Herbststrand, der Adventskranz,

der Freizeitstress, der Fleischklops, die Höchstgeschwindigkeit, die Trachtengruppe, losziehen,

auszupfen, ausstreichen, die Holztreppe, verpflanzen, verpflegen, verpflichten, verpflastern

17.4.2 Das -r-

a) Im Rachen gerolltes -r- am Wort- oder Silbenanfang

das Reh, die Rose, der Riese, rau, die Röte, die Reuse, reiben, der Raub, der Raum, die Räume,

das Rudel, der Regen, die Regel, reden, der Reifen, der Reis

souverän, bereit, der Bericht, stören, hören, die Piraten, erklären

b) Im Rachen gerolltes -r- nach Konsonant

frei, die Frau, grau, grün, schreiben, schräg, die Schraube, braun

die Kreide, der Krebs, der Kreis, die Kränze, krähen, das Kreuz, die Krise, die Krone

prahlen, prägen, der Preis, die Presse, praktisch, privat, die Paprika

tragen, treten, treu, die Träne, die Trommel, der Tritt, die Tröte, die Träume, die Zitrone, treiben

c) Am Wortende -er

die Schwester, der Keller, der Teller, das Messer, das Euter, der Puder, der Meister, das Monster,

der Seher, der Schäfer, das Fenster, der Pfeffer, die Kleider, die Mütter, die Väter

der Lehrer, die Brüder, die Räder, der Reiter, der Träger

d) Nach langem -a-

scharf, der Bart, warten, zart, der Garten, der Start, hart

stark, der Park, der Sarg, das Mark, der Quark

der Arm, der Charme

die Partei, die Marmelade, das Paar, die Kartoffel, die Farbe

der Bär, die Lärche, Bärbel, der Lärm, das Gedärm

© Brigg Pädagogik Verlag GmbH, Augsburg

e) Nach anderen langen Vokalen

das Meer, das Heer, sehr, erben, schwer, werben, sterben, das Pferd, der Herd, das Schwert,

die Erde, werden, das Herz, der Schmerz, fern, gern, das Ferkel, die Ernte, die Kaserne

das Papier, das Geschirr, wirbeln, die Birke, der Bezirk, nirgends, der Knirps

das Tor, vor, das Ohr, das Rohr, empor, das Moor, der Friseur, der Stör, das Nadelöhr, hören

nur, die Schnur, die Natur, die Spur, die Uhr, die Gurke, die Wurzel, die Tür, für, die Gebühr

17.4.3 Das -s-

▶ **Werde dir bei dieser Übung auch über die verschiedenen Schreibweisen des s-Lautes klar und übe sie mit deinem Lehrer.**

a) Stimmhaftes /s/ vor Vokal am Wortanfang

sagen, sägen, sitzen, sieben, selten, selber, sein, so, sondern, sehr, sich, der Saft, der Süden, der See, die Saat, das Salz, der Satz, der Sand, der Salat

b) Stimmhaftes /s/ nach langem Vokal im Wortinneren (immer als -s- geschrieben)

die Rose, die Dose, die Hose, der Hase, die Nase, die Vase, der Rasen, der Esel, gewesen, weise, die Reise, die Meise, leise, die Gräser, sausen, brausen

c) Stimmloses /s/ nach langem Vokal (immer als -ß- geschrieben)

die Füße, die Grüße, reißen, heißen, schließen, fließen, die Soße, die Maße, die Klöße, die Größe

d) Stimmloses /s/ nach kurzem Vokal (immer als -ss- geschrieben)

essen, fressen, messen, wessen, dessen, fassen, hassen, lassen, passen, wissen, vermissen, müssen, küssen, die Schüsse, die Schüssel, der Schlüssel, das Wasser, die Kasse, die Klasse

e) Am Wortende wird immer stimmloses /s/ gesprochen (die Schreibweise ergibt sich aus der Länge oder Kürze des Vokals, teilweise muss vom Plural oder anderen Wortformen abgeleitet werden)

das Gas, das Glas, das Gras, der Hals, das Los, das Moos; das Floß, der Gruß, der Fuß, der Spaß, das Maß, groß, der Kloß, der Stoß; der Kuss, ich muss, der Schuss, der Schluss, der Fluss

f) Am Wort- und Silbenanfang werden st- und sp- immer /scht/ und /schp/ gesprochen

der Stern, die Stadt, stark, stoßen, steigen, staunen, die Stunde, der Stoff, die Straße, die Strafe, die Strecke, der Streifen, streiten, der Stress;

sparen, spüren, spannen, spazieren, spät, spitz, die Spinne, das Spiel; sprechen, spritzen, springen, sprengen, sprudeln, sprühen

Klaus Kleinmann: Die Turbo-Übungsgrammatik · Best.-Nr. 436
© Brigg Pädagogik Verlag GmbH, Augsburg

17.4.4 Das -ng-

die Zange, die Schlange, die Wange, die Stange, die Spange, lange, fangen

eng, streng, die Menge, der Engel, der Bengel, das Gequengel

der Ring, das Ding, bringen, singen, schwingen, gelingen, klingen, der Finger, dringend

der Balkon, der Ballon, das Bonbon, der Beton, der Karton, der Song

der Schwung, der Sprung, der Junge, die Zunge, die Lunge, die Zeitung, die Wohnung

die Sprünge, die Schwünge, düngen, jünger

17.4.5 Das -h-

haben, heben, holen, helfen, halten, hängen, herein, heraus, heute, hell, heiß

der Hafen, das Haar, das Herz, der Himmel, die Hitze, der Hof, das Holz, die Hose, der Hunger

erhalten, abheben, aufhängen, einheften, herausholen, verhungern, hinterher, das Holzhaus

gehen, stehen, wehen, sehen, ziehen, nehmen, ruhig, höher, die Ehe, die Reihe, die Mühe

nehmen, fühlen, führen, rühren, die Bühne, das Vieh, der Lohn, das Reh, froh, mehr, sehr

17.4.6 Das -ch-

a) Das helle -ch-

die Dächer, der Fächer, schwächer, tatsächlich, das Gelächter, der Wächter, ächzen, krächzen

das Blech, das Pech, brechen, stechen, rechnen, der Becher, bestechlich

ich, mich, dich, sich, der Stich, der Strich, die Sichel, sicher, kichern, sichern

die Köche, der Knöchel, die Löcher, röcheln, ich möchte, das Mädchen, das Türchen,

das Glöckchen

die Küche, die Brüche, die Gerüche, die Sprüche, das Büchlein, das Tüchlein, flüchten,

die Früchte, züchten, süchtig, tüchtig

der Teich, der Streich, bleich, reich, gleich, weich, die Eiche, die Leiche, die Speiche, schleichen,

streicheln, zeichnen

euch, die Seuche, die Bäuche, scheuchen, keuchen, feucht, leuchten, verseucht

b) Das dunkle -ch-

wach, schwach, acht, der Verdacht, der Schacht, die Jacht, die Fracht, die Nacht, die Macht,

die Pracht, schlachten, pachten, beachten

noch, doch, der Koch, die Woche, das Loch, der Docht, gebrochen, gestochen, gerochen,

gekrochen, die Knochen

das Buch, der Besuch, das Tuch, der Bruch, der Spruch, die Buche, suchen, der Kuchen, fluchen

auch, der Bauch, der Lauch, der Strauch, der Schlauch, brauchen, fauchen, rauchen, tauchen

Klaus Kleinmann: Die Turbo-Übungsgrammatik · Best.-Nr. 436
© Brigg Pädagogik Verlag GmbH, Augsburg

17.5 Der Knacklaut vor Vokalen an Wort- und Silbenanfang

der 'Abend, der 'Apfel, das 'Auge, der 'Esel, 'Elena, das 'Ende, das 'Eis, die 'Idee, der 'Igel,

der 'Ofen, der 'Osten, die 'Uhr, 'unten, 'unser, 'auf'erstehen, sich 'auf'opfern, 'an'erkennen,

'auf'einander, 'aus'einander, der Be'amte, be'achten, sich be'eilen, be'enden, der Hals'abschneider,

das 'Oster'ei, die Schnee'eule, das The'ater'abonnement, 'un'anständig, 'un'erklärlich, 'un'ehelich,

un'ehrlich

17.6 Zungenbrecher

Die Katze tritt die Treppe krumm.

Blaukraut bleibt Blaukraut und Brautkleid bleibt Brautkleid.

Fischers Fritz fischt frische Fische.

Der Cottbuser Postkutscher putzt den Cottbuser Postkutschkasten.

Glei bei Blaubeure leit e Klötzle Blei – e Klötzle Blei leit glei bei Blaubeure.

Zwischen zwei Zwetschgenzweigen zwitschern zwei Zeisige.

Zehn zahme Ziegen zogen zehn Zentner Zucker zum Zoo.

Klaus Kleinmann: Die Turbo-Übungsgrammatik · Best.-Nr. 436
© Brigg Pädagogik Verlag GmbH, Augsburg

18. Materialteil

a) Ungewöhnliche Gesichter

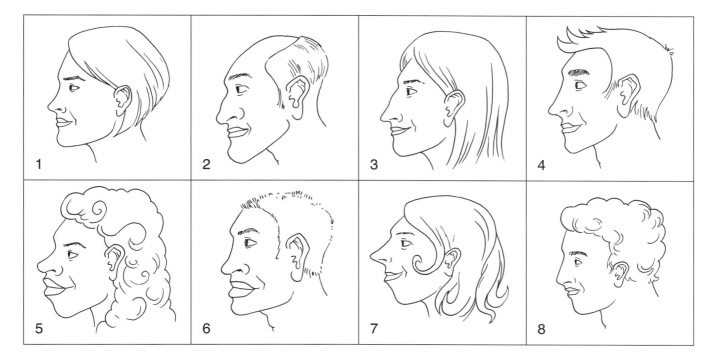

▶ **Suche passende Adjektive für Augen, Nase, Mund, Stirn, Kinn.**

▶ **Überlege auch – unabhängig von diesen Bildern – mit welchen Worten man Haare und Frisuren beschreiben kann (Haarfarbe, Art der Frisur usw.)**

b) Gesichtsformen

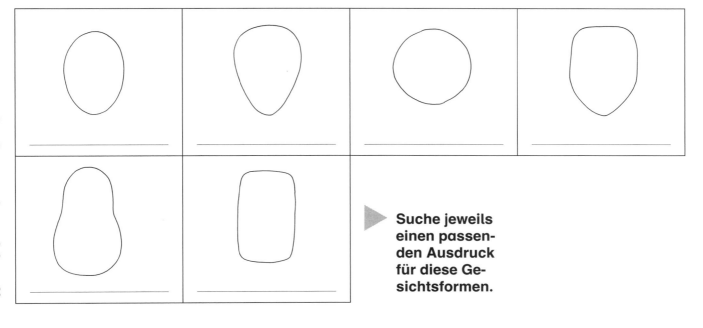

▶ **Suche jeweils einen passenden Ausdruck für diese Gesichtsformen.**

Klaus Kleinmann: Die Turbo-Übungsgrammatik · Best.-Nr. 436
© Brigg Pädagogik Verlag GmbH, Augsburg

c) Körperbau-Typen

Leptosomer Typ   **Athletischer Typ**   **Pyknischer Typ**

_____   _____   _____

▶ **Suche passende Ausdrücke für Hals, Schultern, Arme, Brustkorb, Bauch.**

▶ **Überlege, wie die dazugehörigen Beine jeweils aussehen könnten. Notiere auch dafür passende Ausdrücke.**

d) Der Aufbau einer Personenbeschreibung

Man ordnet die Informationen nach folgenden Bereichen: Gesicht/Kopf/Frisur – Körperbau (Gestalt) – Kleidung – Besondere Merkmale.

Der Text wird im Präsens verfasst. Die Beschreibung soll objektiv sein und vor allem auf negative Wertungen verzichten.

e) Die Charakteristik – eine erweiterte Form der Personenbeschreibung

Die Beschreibung des Äußeren ist nur ein Teil der Charakteristik. Hier stehen vielmehr Verhalten und Charakterzüge einer Person im Vordergrund. Man beschreibt, wie sich ein Mensch in typischen Situationen verhält und schließt daraus auf seine Charaktereigenschaften.

Auch diese Textform steht im Präsens und bemüht sich um eine objektive Darstellung. Am Ende ist jedoch ein kurzer Abschnitt erwünscht, der die Wirkung der Person auf den Verfasser zum Inhalt hat. Man kann das mit den Worten einleiten : „Diese Person wirkt auf mich …" Das Urteil sollte begründet werden, auf negative Wertungen wird soweit wie möglich verzichtet.

Klaus Kleinmann: Die Turbo-Übungsgrammatik · Best.-Nr. 436
© Brigg Pädagogik Verlag GmbH, Augsburg

Eine Vorgangsbeschreibung folgt immer diesem inhaltlichen Schema:

1. Benötigtes Material

2. Vorbereitung des Versuchs

3. Durchführung des Versuchs

4. Beobachtung

5. Erklärung

Die Sätze werden üblicherweise mit „man" formuliert:
Zum folgenden Versuch benötigt man ...

Um das Wörtchen „man" nicht dauernd zu wiederholen, kann man einzelne Sätze
auch in der Ich- oder Wir-Form schreiben.

▶ Beschreibe die Versuche a–g. Der Text enthält nur eine ganz knappe Wiedergabe des Verlaufs. Aus dem Regelkasten dürfte klar geworden sein, dass du die Formulierungen nicht für deine Beschreibung verwenden kannst. Am besten probierst du jeden Versuch erst selber aus, bevor du ihn verschriftlichst. Um die Erklärung zu schreiben, solltest du jeweils mit deinem Kursleiter zusammen überlegen, warum der Effekt eintritt.

a) Gummibärchenaufzug

Drücke den Becher über dem Gummibärchen in der Aluhülle ins Wasser.
Beschreibe, was geschieht und versuche es zu erklären.

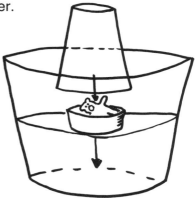

b) Braucht ein Feuer Luft?

Wie entwickelt sich die Kerzenflamme?
Beschreibe, was geschieht und versuche es zu erklären..

c) Wassermusik

Fülle mehrere, möglichst gleiche Gläser unterschiedlich hoch mit Wasser. Schlage mit dem Schlägel eines Glockenspiels (oder mit einem Bleistift) die Gläser vorsichtig an. Beschreibe, was geschieht und versuche es zu erklären.

d) Klappermünze

Stelle eine Plastikflasche, die einige Zeit im Gefrierfach gelegen hat, in ca. 60 °C warmes Wasser. Befeuchte die Flaschenöffnung und lege eine Münze so darauf, dass sie die Öffnung ganz bedeckt. Beschreibe, was geschieht und versuche es zu erklären.

160

Klaus Kleinmann: Die Turbo-Übungsgrammatik · Best.-Nr. 436
© Brigg Pädagogik Verlag GmbH, Augsburg

e) Staubwirbel

Lasse eine Lampe mit klassischer Glühbirne oder Halogenbirne so lange
brennen, bis sie schön heiß ist. Verdunkle dann den Saal und streue über
der brennenden Lampe ganz feinen Puder (z. B. Kosmetikpuder) aus.
Beschreibe, was geschieht und versuche es zu erklären.

f) Raketenauto

Befestige einen aufgeblasenen Ballon mit Klebestreifen
auf einem Spielzeugauto. Halte den Ballon zu, bis er gut
angeklebt ist. Dann lasse los. Beschreibe, was geschieht
und versuche es zu erklären.

g) Brauserakete

Fülle ein wenig Wasser in ein leeres Brausetabletten-Röhrchen und lege eine
Brausetablette hinein. Drücke den Deckel fest auf das Röhrchen und tritt ein gutes
Stück zur Seite. Beschreibe, was geschieht und versuche es zu erklären.

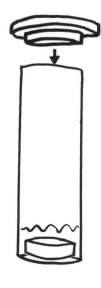

Klaus Kleinmann: Die Turbo-Übungsgrammatik · Best.-Nr. 436
© Brigg Pädagogik Verlag GmbH, Augsburg

▶ **Verfasse spannende, lustige, lebendige Texte zu den Bildergeschichten, indem du nicht nur die bloße Handlung beschreibst, sondern auch**

- genau beschreibst, wie die Personen sich bewegen und wie sie schauen,
- wörtliche Rede verwendest, in der die Personen passende Äußerungen zum Geschehen machen,
- die Gefühle der Personen beschreibst, z. B. ob sie lustig, traurig, wütend oder böse sind,
- da, wo das sinnvoll ist, beschreibst, was zwischen den Bildern vorgegangen sein könnte.

Wenn du das alles beachtest, wird deine Geschichte über eine DIN-A4-Seite lang. Texte, die kürzer sind, können nicht wirklich interessant und spannend klingen.

Hingeschluchzt – hergeschluchzt

Klaus Kleinmann: Die Turbo-Übungsgrammatik · Best.-Nr. 436
© Brigg Pädagogik Verlag GmbH, Augsburg

Der verlorene Sohn

18.4 Nomen aus dem deutschen Grundwortschatz

Hier sind genau 700 Nomen aus dem deutschen Grundwortschatz. Das sieht auf den ersten Blick sehr viel aus. Aber erschrick nicht: Wenn du dir jeden Tag 10 Stück davon vornimmst, bist du in weniger als drei Monaten damit fertig.

▶ Lege ein Vokabelheft an, das du nach dem ABC unterteilst. Du kannst auch einen Kartei-kasten verwenden. Schreibe die Nomen mit Artikel und Pluralform auf, lerne sie nach und nach auswendig und wiederhole sie regelmäßig. Du weißt: Anders kannst du kein richtiges Deutsch sprechen!

Abend, Achtung, Adresse, Alter, Ampel, Anfang, Angst, Antwort, Apfel, Apfelsine, Apotheke, Apparat, Appetit, Arbeit, Arm, Arzt, Ast, Atem, Atlas, Auftrag, Aufgabe, Auge, Ausbildung, Auto, Axt

Bäcker, Bagger, Bad, Bahn, Balken, Ball, Banane, Band, Bank, Bär, Bau, Bauch, Baum, Beamte, Beere, Beet, Befehl, Beginn, Bein, Beispiel, Benzin, Berg, Bericht, Beruf, Besen, Besteck, Besuch, Betrieb, Bett, Biene, Bier, Bild, Birke, Birne, Blatt, Blick, Blitz, Block, Blume, Bluse, Blut, Blüte, Boden, Boot, Bremse, Brief, Brille, Brot, Brücke, Bruder, Brust, Buch, Büchse, Büro, Bürste, Bus, Butter

Dach, Damm, Dame, Dampf, Dank, Decke, Dieb, Dienst, Ding, Doktor, Dorf, Draht, Dreck, Durst, Dusche

Ecke, Ehe, Ei, Eimer, Eingang, Einladung, Eintritt, Eis, Eigentum, Eisen, Eltern, Empfang, Ende, Engel, Ente, Entschuldigung, Erde, Ereignis, Erfahrung, Erfolg, Ergebnis, Erkältung, Erklärung, Erlaubnis, Erlebnis, Erzählung, Erziehung, Essen

Fach, Fabrik, Fahne, Fahrer, Fahrkarte, Familie, Farbe, Fass, Fehler, Feier, Feind, Feld, Fell, Felsen, Fenster, Ferien, Fest, Fett, Feuer, Fieber, Film, Finger, Firma, Fisch, Flamme, Flasche, Fleisch, Flugzeug, Flur, Fluss, Form, Formular, Foto, Frage, Frau, Freiheit, Freundschaft, Freude, Freund, Frieden, Frucht, Frühling, Frühstück, Fuß, Fußball, Futter

Gabel, Gang, Gans, Gas, Garage, Garten, Gast, Gebäude, Gebet, Geburt, Geburtstag, Gedanke, Gefahr, Gefängnis, Gefühl, Gegenstand, Gegenteil, Gehalt, Geheimnis, Geist, Geld, Gelegenheit, Gemüse, Genuss, Gepäck, Gerät, Gericht, Geschäft, Geschenk, Geschichte, Geschirr, Geschlecht, Geschmack, Geschwindigkeit, Geschwister, Gesellschaft, Gesetz, Gesicht, Gespräch, Gesundheit, Getränk, Getreide, Gewicht, Gewitter, Gewürz, Glas, Glück, Gold, Gott, Grad, Gramm, Gras, Grenze, Griff, Grippe, Grund, Gruß, Gruppe

Haar, Hafen, Hahn, Hälfte, Hals, Hammer, Hand, Hauptsache, Haus, Haut, Heft, Herd, Heimat, Heizung, Hemd, Herbst, Herr, Herz, Hilfe, Himmel, Hitze, Hof, Holz, Hose, Huhn, Hund, Hunger, Husten, Hut

Idee, Industrie, Inhalt, Insel, Interesse

Jacke, Jahr, Jugend, Junge

Kaffee, Kälte, Kamm, Kanne, Karte, Kartoffel, Käse, Kasse, Kasten, Katze, Keller, Kette, Kilometer, Kino, Kind, Kiosk, Kirche, Kirsche, Klasse, Kleid, Klinge, Knie, Knochen, Knopf, Koffer, Kopf, Körper, Kraft, Krankheit, Kreis, Krieg, Küche, Kuchen, Kurve, Kuss

Klaus Kleinmann: Die Turbo-Übungsgrammatik · Best.-Nr. 436
© Brigg Pädagogik Verlag GmbH, Augsburg

Laden, Lage, Lampe, Land, Lappen, Lärm, Latte, Laune, Leben, Lehrer, Leidenschaft, Leiter, Leute, Licht, Liebe, Lied, Limonade, Lineal, Linie, Liste, Liter, Loch, Löffel, Lohn, Luft, Lüge, Lust

Macht, Mädchen, Magen, Mann, Mantel, Mäppchen, Mappe, Marke, Markt, Maschine, Maß, Masse, Material, Mauer, Maus, Meer, Mehl, Meinung, Menge, Mensch, Messer, Metall, Meter, Milch, Minute, Miete, Mist, Mittag, Mitte, Mittel, Möbel, Möglichkeit, Mode, Moment, Monat, Mond, Morgen, Motor, Mund, Musik, Muskel, Mut, Mutter, Mütze

Nachbar, Nachmittag, Nacht, Nadel, Nagel, Nähe, Name, Nase, Natur, Nebel, Neid, Nest, Netz, Norden, Not, Nuss, Nutzen

Obst, Ofen, Ohr, Öl, Onkel, Ordnung, Ort, Osten

Paar, Päckchen, Paket, Panne, Papier, Park, Partei, Pass, Pause, Pech, Pelz, Person, Pfanne, Pfeffer, Pferd, Pflanze, Pflaster, Pfund, Pfütze, Pille, Pinsel, Plan, Platz, Polizei, Post, Preis, Probe, Problem, Programm, Prozent, Prüfung, Pudding, Pulver, Puppe, Punkt

Qualität, Quark, Quelle, Quittung

Rad, Radiergummi, Radio, Rand, Rat, Raum, Rechnung, Recht, Regal, Regel, Regen, Regierung, Reh, Reichtum, Reifen, Reihe, Reis, Reise, Restaurant, Rest, Richter, Richtung, Rind, Ring, Riss, Rock, Roller, Rose, Rost, Rücken, Ruhe

Saal, Sache, Sack, Saft, Sahne, Salat, Salbe, Salz, Sand, Satz, Schachtel, Schal, Schale, Schalter, Schatten, Schaufel, Scheck, Scheibe, Schere, Schiff, Schild, Schirm, Schlaf, Schloss, Schluss, Schlüssel, Schmerz, Schmetterling, Schmutz, Schnaps, Schnee, Schnitzel, Schnupfen, Schnur, Schönheit, Schrank, Schrift, Schritt, Schuh, Schuld, Schule, Schüler, Schulter, Schüssel, Schwamm, Schwanz, Schwester, Schwein, Schwierigkeit, See, Seife, Seil, Seite, Sekt, Sessel, Sicherheit, Silber, Socke, Sofa, Sohn, Soldat, Sonne, Sorge, Soße, Spaß, Spaziergang, Spiegel, Spiel, Spitze, Sport, Sprache, Spur, Staat, Stadt, Stamm, Start, Staub, Stein, Stelle, Stern, Stift, Stimme, Stock, Stoff, Strafe, Straße, Strauß, Streit, Strich, Strom, Strumpf, Stück, Stuhl, Stunde, Sturm, Süden, Summe, Suppe

Tablette, Tafel, Tag, Tal, Tankstelle, Tante, Tanz, Tasche, Tasse, Tee, Teich, Teil, Telefon, Teller, Teppich, Termin, Theater, Tier, Tisch, Tochter, Tod, Toilette, Ton, Topf, Träne, Traum, Treppe, Treue, Trinkgeld, Tropfen, Trost, Tuch, Turm, Tüte, Tür, Typ

Übung, Ufer, Uhr, Umleitung, Unfall, Unglück, Unterhaltung, Unterricht, Unterschied, Unterschrift, Urlaub, Urteil

Vase, Vater, Verband, Verbrechen, Verdienst, Verein, Vergangenheit, Verkäufer, Verkehr, Versprechen, Versuch, Vertrag, Vieh, Viertel, Vogel, Volk, Vorfahrt, Vormittag, Vorname, Vorschrift, Vorsicht

Waage, Wagen, Wahl, Wahrheit, Wald, Wand, Wanne, Wärme, Wäsche, Wasser, Wecker, Weg, Wein, Welle, Welt, Wert, Westen, Wetter, Wiese, Wind, Winter, Wirkung, Woche, Wochenende, Wohnung, Wolke, Wolle, Wort, Wunsch, Wunde, Wunder, Würfel, Wurst, Wurzel, Wut

Zahl, Zahn, Zange, Zeh, Zehe, Zeichen, Zeichnung, Zeit, Zeitung, Zeitschrift, Zettel, Zeuge, Zeugnis, Zigarette, Ziel, Zimmer, Zinsen, Zirkel, Zitrone, Zoo, Zorn, Zucker, Zug, Zukunft, Zunge, Zwang, Zweck, Zweifel, Zweig, Zwiebel

© Brigg Pädagogik Verlag GmbH, Augsburg